U0803387

# 比较视域下的高等教育评价

RESEARCH ON HIGHER EDUCATION EVALUATION IN A COMPARATIVE PERSPECTIVE

余小波　张欢欢　张然然　黄　好◎著

科学出版社
北　京

## 内 容 简 介

本书以比较研究视角切入，梳理分析了中美两国高等教育评价范式的演进及现状、差异及其原因，提出了对我国高等教育评价范式转换的启示；梳理分析了日本大学第三者评价制度的发展和现状，结合对我国高等教育第三方评价制度发展的研究，剖析了日本大学第三者评价制度的特点、存在的问题及其对我国的启示；梳理分析了中国台湾地区高等教育评鉴制度的发展和现状，结合对大陆高等教育评价制度发展的研究，剖析了台湾地区高等教育评鉴制度的特点、存在的问题及其对大陆的启示。

本书可供教育评价领域的研究人员和师生、高等教育办学者和管理者参阅。

**图书在版编目（CIP）数据**

比较视域下的高等教育评价 / 余小波等著. —北京：科学出版社，2022.12

ISBN 978-7-03-074216-2

Ⅰ. ①比… Ⅱ. ①余… Ⅲ. ①高等教育-教育评估-研究-中国 Ⅳ. ①G649.2

中国版本图书馆 CIP 数据核字（2022）第235653号

责任编辑：朱丽娜 高丽丽/责任校对：杨 然
责任印制：李 彤/封面设计：润一文化

科学出版社出版
北京东黄城根北街16号
邮政编码：100717
http://www.sciencep.com

北京市金木堂数码科技有限公司印刷
科学出版社发行 各地新华书店经销
*
2022年12月第 一 版 开本：720×1000 1/16
2024年 8 月第二次印刷 印张：16 1/2
字数：286 000

**定价：99.00 元**

（如有印装质量问题，我社负责调换）

# 前　　言

中国特色社会主义进入新时代，作为经济社会发展重要引擎的高等教育，不仅要“同频共振”，还要“引领发展”，而这离不开高等教育自身的健康发展。作为高等教育活动的“指挥棒”，高等教育评价在提升高等教育品质、促进高等教育健康发展方面发挥了重要作用。尽管中华人民共和国成立后，特别是改革开放以来，我国高等教育评价制度建设取得了长足的发展，但与发达国家和地区的高等教育评价制度相比还存在一定差距，还远不能满足我国高等教育发展的现实需要。如何借鉴其他国家和地区高等教育评价制度建设的先进经验，提升我国高等教育评价制度的建设水平，是我近些年一直在思考的一个问题，也是我组织编写本书的最初想法。

本书由“中美高等教育评价范式比较研究”“中日高等教育第三方评价制度比较研究”“海峡两岸高等教育评价制度比较研究”三个相对独立的研究组合而成。第一编通过梳理分析中美两国高等教育评价范式的演进及现状，从价值取向和实践方式两方面对比分析了中美两国高等教育评价范式的差异及原因，提出对我国高等教育评价范式转换的启示。第二编通过梳理分析日本大学第三者评价制度的发展和现状，研究了日本大学第三者评价制度的主要内容与具体实施，结合对中国高等教育第三方评价制度发展成效与问题的研究，剖析了日本大学第三者评价制度的特点、存在的问题及其对我国的启示。第三编通过梳理分析台湾地区高等教育评鉴制度的发展和现状，研究分析台湾地区高等教育评鉴制度的主要内容与具体实施，结合大陆高等教育评价制度发展的成效与问题，剖析了台湾地区高等教育评鉴制度的特点、存在的问题及对大陆高等教育评价的启示。

全书由我负责选编原则的确定和相关内容的组织，黄好负责第一编的撰写；

张然然负责第二编的撰写；张欢欢负责第三编的撰写；唐兴、童雨溪等参与了第二、三编部分章节的撰写工作。书稿的文字整理和校对工作主要由张欢欢负责，最后由我负责全书的统稿工作。本书是我主持承担的 2020 年国家社会科学基金教育学重点项目“促进教育治理能力提升的教育评价制度改革研究”（项目编号：AFA200009）、湖南省级教育研究基地专项课题“教育评价的范式转换与制度创新研究”（课题编号：XJK19JJG001）的阶段性成果，业内同行的相关研究成果为我们的研究提供了有益帮助，谨致谢意。由于我们的能力和水平所限，书中难免存在疏漏和不足，敬请批评指正！

余小波

## 第三编海峡两岸高等教育评价制度比较研究

# 目　　录

## 第二编 中日高等教育第三方评价制度比较研究

# 第一编

# 中美高等教育评价范式比较研究

# 第1章
# 中美高等教育评价范式比较研究概述

## 1.1 中美高等教育评价范式研究背景及研究意义

### 1.1.1 研究背景

中国高等教育的质量问题日益受到重视。在建设社会主义现代化强国的宏伟征程中，国家对学识卓越、能力拔尖的人才的需求较从前更为迫切。这类高素质人才的培养主要依靠高质量的高等教育。高等教育的质量与评价活动息息相关，高等教育能否健康发展受到高等教育评价的影响。因此，建立科学合理的高等教育评价范式，有助于确保高等教育适应国家发展需要、培养掌握科学知识和拥有创新能力的时代新人。

在我国，规范的高等教育评价活动起步于1978年之后。在吸收国外教育评价理论和实践经验的基础上，教育部门开始组织高等教育评价。近年来，广泛开展的高等教育评价活动对提升高等教育质量起到了积极作用。但是，不科学的评价导向和“唯分数、唯升学、唯文凭、唯论文、唯帽子”等问题依然存在，表明中国高等教育评价范式还存在一些问题和不足。

美国高等教育评价范式有可借鉴之处。经过百余年的发展与改进，美国高等教育评价活动在评价理论、评价理念、评价内容、评价方法等方面形成了独到之处。通过评价活动的监督和调控，美国高等教育质量达到了较高水平。“他山之石，可以攻玉”，把国外先进经验转换成“中国实践”，有助于实现中国高等教育评价范式的成功转换。

### 1.1.2 研究意义

**1. 理论意义**

第一，有助于充实高等教育评价的理论基础。本编将自然科学界的范式及其转换理论引入高等教育评价领域，以“范式”为切入点来剖析中国和美国的高等教育评价问题，并且尝试引用哲学的概念和理论，丰富高等教育评价研究的理论依据。

第二，有助于拓宽高等教育评价的研究视角。已有的高等教育评价研究主要集中在排行、评估等具体的评价活动上，本编试图打破只进行某一类高等教育评价活动的局限，从更宏观的角度来研究高等教育评价活动的整体样式。

第三，有助于提升高等教育评价的研究高度。根据国家治理转型的新要求，本编把高等教育评价置于整个社会发展的高度进行研究，力求依据现代教育治理的新理念，寻求高等教育评价范式变革的路径。

**2. 实践意义**

第一，有助于实现高等教育治理现代化。美国社会主导型高等教育评价范式取得的成效，将引发学者对中国高等教育治理的策略与路径，以及如何在政府、高校和社会间形成协作机制等问题的思考。对上述问题的探究，能推进放管服改革和管办评分离举措的落实，实现由高等教育管理到高等教育治理的转变。

第二，有助于完善高等教育评价体系。目前，高等教育评价体系发展不均衡、不充分的问题影响了我国高等教育评价的发展，对高等教育事业的发展也产生了影响。综合分析美国的高等教育评价系统及其经验教训，可为我国高等教育评估体系建设提供有价值的参考。

第三，有助于提升高等教育质量。中国高等教育面临的困境，部分原因是评价“指挥棒”出现了问题，本编旨在通过比较研究为中国高等教育评价范式的转换寻找可借鉴的经验。评价范式的成功转换既能对当下高等教育评价活动做出合理评价，又能为进一步提升高等教育质量提供指导和支持。

## 1.2 中美高等教育评价范式研究综述

笔者以“高等教育评价范式”为关键词，在中国知网、超星等多个数据库中进行检索，截止到 2022 年 12 月，仅检索到相关专著两部，分别是史秋衡和陈蕾的《中国特色高等教育质量评估体系的范式研究》，杜瑛的《高等教育评价范式转换研究》。在论文方面，2000—2022 年相关的期刊论文有十余篇，硕博论文则不足双数。由此可见，目前我国学者对高等教育评价范式的研究仍处于初级阶段。本研究既需要把握教育评价范式的核心含义，也就是教育评价的价值取向和实践方式，同时也要拓宽研究视野，将文献的检索范围延伸至教育评价、高等教育评价、评价范式及范式转换等相关领域，以求更加全面深入地了解相关研究的现状。

### 1.2.1 评价范式内涵的相关研究

#### 1. 范式内涵的研究

1962 年，美国科学哲学家库恩（T. S. Kuhn）提出“范式”这一概念，用来阐述科学进步的过程。他指出，范式是一套相互关联的理论和方法论的信念。① 当一种范式不能为解决当前问题提供合适的指导时，它就会被新的范式取代，这个过程被称为范式转换。范式转换理论揭示了科学研究发展的内在规律和根本动力，在科学界产生了深远影响。

玛斯特曼（M. Masterman）认为，库恩在《科学革命的结构》一书中并没有对范式做出明确的界定。她对库恩给出的关于“范式”的多种说法进行了归纳，

① 托马斯・库恩. 科学革命的结构[M]. 金吾伦，胡新和，译. 北京：北京大学出版社，2003：15.

认为它们主要涉及从抽象到具体三个层次的概念，分别是偏向于哲学思辨的形而上学范式、类似于制度规范的社会学范式和相当于操作工具的构造范式。[①]

### 2. 教育评价范式内涵的研究

近年来，人文社会科学领域的学者开始借用范式及范式转换理论开展研究，教育评价范式便是该理论被引入教育评价领域以后产生的概念。虽然范式这一概念是从国外引进的，但是国外研究者很少对教育评价范式的本质进行探讨。他们比较普遍的做法是，以教育评价理论来指导教育评价实践活动的开展和评价工具的研发，并将由此形成的活动样式归纳为某一种评价范式，具体分为量化、描述、判断和建构四类。

目前，国内直接从范式这一高度对教育评价展开的研究并不多。在相关研究中，学者大多基于库恩的范式理论并结合评价活动的特点，对教育评价范式或者高等教育评价范式的内涵进行阐述。依据朱铁成的解释，教育评价范式是在教育共同体认同的教育评价观的基础上形成的独特的教育评价理论和评价实践操作规范，是某一时期教育常规的一部分。[②]温雪梅、孙俊三指出，在时代背景以及当时哲学思想的影响下，教育评价范式在理论基础和操作方法两个层面对教育评价进行指导。他们从思想信念、实践模式和具体范例三个方面对教育评价范式的内容进行了阐述。[③]赵必华认为，范式是人们观察和理解某类问题的思维架构。当这种既定的架构不能解决现实问题时，就需要对范式进行变革。教育评价范式的变革意味着评价的理念、目的、内容、方法等方面发生了根本性改变。[④]杜瑛在其博士学位论文中将高等教育评价范式解读为评价模式的上位概念，它涉及的内容更抽象、范围更大，包含一组相关的模式。[⑤]陆启越将范式理论运用到德育评价中，提出高校德育评价范式是一套属于评价共同体的理论框架和操作模式，在信念、价值标准和方法论三个方面为其开展评价工作提供支持。[⑥]

---

① 玛格丽特·玛斯特曼. 范式的本质//伊姆雷·拉卡托斯，艾兰·马斯格雷夫. 批判与知识的增长[M]. 周寄中，译. 北京：华夏出版社，1987：83-84.

② 朱铁成. 论我国教育评价范式及其转型[J]. 浙江师范大学学报（自然科学版），2007（4）：476-480.

③ 温雪梅，孙俊三. 论教育评价范式的历史演变及趋势[J]. 现代大学教育，2012（1）：51-55.

④ 赵必华. 教育评价范式的变革与启示[J]. 全球教育展望，2003（11）：30-33.

⑤ 杜瑛. 我国高等教育评价的范式转换及其协商机制研究[D]. 上海：华东师范大学，2009：21-22.

⑥ 陆启越. 高校德育评价范式转换研究[D]. 长沙：湖南大学，2018：17-18.

也有学者对未来教育评价范式的发展趋势做出了预测。例如，温雪梅、孙俊三认为，未来的教育评价范式将是以凸显人的价值为特色的人本范式。[①]由于建构范式在实际操作中面临操作复杂、时间和经济成本高等问题，也有学者开始尝试提出更加实用的教育评价范式。伦德（G. E. Lund）提出的第五代教育评价范式在强调解释和构建评价价值、目标和结果的基础上，将教育评价的重点转向如何改进评价结果，以及怎样将评价结果运用于实际的教育活动中。[②]

## 1.2.2 教育评价范式类型划分的研究

共同体成员从更细致的角度选出一些可分离的因素，并以此作为他们研究的方向，便形成了更为详细的范式。[③]在同一研究领域中，不同的理论和其配套的应用代表着不同的范式划分。在教育评价研究中，也存在多种范式的划分。

### 1. 以评价理论为划分依据的研究

以前三代教育评价理论为基础建立的是实证主义范式。建构主义范式则植根于美国的教育评价学家古巴（E. Guba）和林肯（Y. S. Lincoln）提出的第四代评价理论。这两种范式在本体论、认识论和方法论上皆存在差异。前者认为客观事实是存在的，否认价值带来的影响，主要使用定量的方法去认识事实。后者的假设前提是事实并非客观存在的，而是人为建构的。有学者指出，在建构主义范式下，所有高等教育利益相关者的价值需求都得以表达和获得关注，评价共同体成员注重协商，具有民主意识。[④]

### 2. 以方法论为划分依据的研究

受瑞典教育学家胡森（T. Husen）的启发，部分学者以评价方法作为划分依据，将教育研究领域的科学范式和人文范式沿用至教育评价活动中。库克（Cook）和沙迪什（Shadish）将教育评价范式细分为实验法、利益相关者法和解

---

① 温雪梅，孙俊三. 论教育评价范式的历史演变及趋势[J]. 现代大学教育，2012（1）：51-55.

② Lund G E. Fifth generation evaluation[EB/OL]. http://www.researchgate.net/publication/325334758_Fifth_Generation_Evaluation（2013-06）[2020-10-21].

③ 托马斯•库恩. 科学革命的结构[M]. 金吾伦，胡新和，译. 北京：北京大学出版社，2003：40.

④ 李庆丰，周作宇. 高等教育评价中的价值冲突与融合[J]. 高等教育研究，2020（10）：23-34.

释性方法三类。[①]瑞安（A. G. Ryan）将哈贝马斯（J. Habermas）提出的经验-分析型、解释型和批判-理论型三类社会科学研究范式运用到教育评价领域，并且探析了在各种范式下教育评价活动如何进行。[②]严文蕃、韩玉梅认为，西方政策评估的范式可以分为实证主义、诠释主义和批判主义三种取向。三者之间的转换经历了量化主导、质性对抗、协商融合的过程，评价主体和评价对象的诉求均得到关注，效能的价值判断日益走向多元。[③]

### 3. 以评价功能为划分依据的研究

部分学者依据评价的基本功能将高等教育评价范式分为问责范式和提升范式两类。问责范式以外部控制为价值取向，以质量判断为目的，通过指令的方式监督形成终结性评估；提升范式以内部自治为价值取向，以质量改进为目的，通过对话和协商的形式主导实施形成性评估。[④]但是，这两种评价范式并不是完全对立的。罗斯科（D. D. Roscoe）在提出美国的高等教育评价应由重视评估的范式转向重视改进的范式时就指出，这一转变不是完全的取代，原本范式中有价值的部分会保留下来，同时一些已成为评价障碍的部分会被淘汰。[⑤]

德国社会学家马克斯·韦伯（M. Weber）提出的“合理性”概念也为教育评价范式的划分提供了思路。一些学者将高等教育评价范式分为工具理性和价值理性两类，前者在评价中强调高等教育的效率，后者更注重高等教育带来的价值。苏永建认为，高等院校作为学术机构，对知识价值的追求是其立身之本，因此价值理性评价范式更接近高等教育的本质。[⑥]

---

① T. 胡森，T. N. 波斯尔斯韦特. 教育大百科全书（第一卷）[M]. 张斌贤，译. 重庆：西南师范大学出版社，2006：620.

② Ryan A G. Program evaluation within the paradigms：Mapping the territory[J]. Knowledge，1988（1）：25-47.

③ 严文蕃，韩玉梅. 教育政策评估研究国际前沿进展及方法借鉴——严文蕃教授专访[J]. 苏州大学学报（教育科学版），2020（3）：76-85.

④ Sachs J. Strange yet compatible bedfellows：Quality assurance and quality improvement[J]. Australian Universities Review，1994（1）：22-25；Biggs J. The reflective institution：Assuring and enhancing the quality of teaching and learning[J]. Higher Education，2001（3）：221-238；Borden V M，Pike G R. Assessing and Accounting for Student Learning：Beyond the Spelling Commission[M]. San Francisco：Jossey-Bass，2009：9-11.

⑤ Roscoe D D. Toward an improvement paradigm for academic quality[J]. Liberal Education，2017（1）：14-21.

⑥ 苏永建. 高等教育质量保障中的价值冲突与整合[J]. 中国高教研究，2013（11）：19-25.

#### 4. 其他划分方式的研究

以评价的目标为划分依据，行为主义和人本主义也是一种常见的教育评价范式划分方法。前者认为评价的目标在于规范教学行为，后者强调通过评价培育高校的责任意识，形成追求卓越的教学文化。①此外，随着学科融合的日益紧密和治理理论研究的兴起，也有研究者依据管理学的理论将高等教育评价范式分为管理范式和治理范式。②

### 1.2.3 教育评价范式现状的研究

在对内涵界定和类型划分进行研究的同时，对范式现状的研究也是教育评价范式研究的一个重点。现有文献主要从中国教育评价范式的特征及问题，以及如何实现评价范式转换两个角度来展开研究。原因如下：一方面，当前教育评价范式本身的不足逐步暴露，如评价导向不科学、评价结论对教育质量的改进效果不明显；另一方面，随着时代的发展和进步，国家和社会对教育质量提出了更高的要求，教育评价范式亟待转换。

#### 1. 中国教育评价范式特征与问题的研究

部分学者认为，中国教育评价在某种程度上呈现出唯科学主义评价范式的特点，一些教育评价忽视了多元主体的价值需求和真实的教学情境。刘佳指出，基于传统的评价理论，教学评价活动主要体现强势主体的价值，奉行管理价值至上的观念，在实践中由科学主义评价范式主导。依据第四代评价理论，评价活动应该关注多元评价主体的不同价值诉求。③刘振天指出，目前的高等教育评价大多是出于政府和社会的需求而展开，由此形成的评价范式有利于增强高校的质量观、在高校间形成竞争机制，但其过分强调可测量的、统一规范的、及时的外部评价，忽视了不可测量的、自主创新的、长远的发展性评价。要改变这种现状，

---

① 刘强. 论我国高校教学质量保障体系价值理念与行为模式的重构[J]. 江苏高教，2018（2）：12-17.

② 胡仁东. “双一流”建设背景下高校评价体系之重构[J]. 国家教育行政学院学报，2019（5）：15-21.

③ 刘佳. 第四代评价理论视阈下高校教学评价制度的反思与重建[J]. 教育发展研究，2015（17）：56-61.

高等教育评价需要回归真实的教育教学场景，注重评价活动的自然性和过程性，同时兼顾评价主体和评价形式的多元性。①

还有一些学者认为，管理主义是中国教育评价范式的突出特征。苏昕、侯鹏生认为，中国高等教育评价采取的是由政府作为单一主体来主导的评价范式，强调通过政府的外部控制来促进高等教育质量的提升。这种高等教育评价范式主要存在三点不足：一是政府作为唯一评价主体容易导致评估活动行政化；二是高校被动地接受评估，没有积极地参与高等教育质量的改进；三是政府的统一要求影响了学术的多样化发展，从长远来看，不利于高等教育的发展。他们提出，高等教育评价范式应该向多元主体、彼此协调合作的方向转变。②熊杨敬指出，管理主义的教育评价范式使评价活动具有规范性和强制性，这既忽视了评价活动的教育意义，也没有考虑到多元评价的主观能动性和多样性特质。因此，该范式不仅无法确保教育评价的科学性与合理性，反而会使评价的利益相关者之间缺乏应有的信任。他建议教育评价活动以评价者互相对话和协商的形式进行。③胡仁东提出，评价范式的落后是造成当前高等教育评价中客体被主体忽略、目的被方法代替、内涵被外延置换等多种问题的根源之一。以公共价值治理理论为指导依据，他强调中国高等教育评价应该扭转管理主义评价范式，注重评价主体间的多元、开放和回应，在政府、高校和社会之间建立起平等的互动机制，构建治理主义评价范式。④

### 2. 中国教育评价范式转换的研究

依据范式及其转换理论可以知道，范式是特定时期的产物，并不是固定不变的。当一种范式不能应对外界新变化的时候，必须打破原有的惯性思维，建立一种新的范式。为了扭转当前不科学的评价导向，从根本上解决高等教育评价“指挥棒”的问题，一些学者从评价范式转换这个角度提出了整体性建议。赵必华认为，主要从以下五个方面着手：评价标准从常模参照转为标准参照，评价方法从

---

① 刘振天. 从象征性评估走向真实性评估——高等教育评估制度的反思与重建[J]. 高等教育研究，2014（2）：27-32.

② 苏昕，侯鹏生. 高等教育评价体系的结构多元化和价值冲突[J]. 教育研究，2009（10）：60-65.

③ 熊杨敬. 教育评价多元主体的共同建构——基于对话哲学的视域[J]. 教育研究与实验，2018（5）：74-78.

④ 胡仁东. “双一流”建设背景下高校评价体系之重构[J]. 国家教育行政学院学报，2019（5）：15-21.

量化表征转为质性描述，评价内容从情境无关转为情境关联，评价条件从限定孤立转为支持合作，评价过程从静态判断转为动态分析。[①]辛涛、李雪燕指出，中国教育评价范式的变革主要体现在评价主体多元化、评价方法多样化、评价机构中介化、评价结果解释全面化和利用谨慎化。[②]俞佳君提出，评价理念应该从重视管理转向促进发展，而在实际的评价过程中，评价标准应该从重输入转向重输出，评价方法则从一元转向多元等。[③]曹志峰认为，高等教育评价范式转换的关键在于价值层面的选择，世界一流大学的评价应该坚持大学自治、立德树人、开放包容，并且追求卓越。[④]张继明强调，在协同治理的背景下，高等教育应当打破行政本位的一元管控，拓宽社会第三方参与评价的空间。[⑤]吕鹏、朱德全指出，教育评价将由技术理性主导范式转向人文向度主导范式，其实现路径包括评价标准注重多元协同、评价内容坚持“意义建构”的价值取向、评价方法兼顾量化与质化。[⑥]朱德全、吴虑主张将重视数据的科学范式引入教育评价中，通过数据来解释教育中的现象和问题。[⑦]

另外，部分学者关注了实现范式转换的突破点。在荀振芳看来，中国高等教育评价范式转换的关键是将实证范式与人文范式整合。[⑧]朱铁成则强调，教育评价范式能否成功转换，主要取决于教育评价共同体成员是否掌握了新的评价方法和评价技术。[⑨]戚业国、杜瑛提出，唯有建立起协商机制的高等评价范式才能突破现实困境。[⑩]金涛认为，范式转换的核心在于批判性地分析传统的思维和

---

① 赵必华. 教育评价范式：变革与冲突[J]. 比较教育研究，2003（10）：62-66.

② 辛涛，李雪燕. 教育评价理论与实践的新进展[J]. 清华大学教育研究，2005（6）：38-43.

③ 俞佳君. 以学习为中心：高校教学评价的新范式[J]. 高教探索，2016（11）：11-15，20.

④ 曹志峰. 超越技术理性 回归大学之道——世界一流大学评价问题与反思[J]. 研究生教育研究，2018（5）：23-28.

⑤ 张继明. 现代化视角下我国高等教育治理模式的建构路径[J]. 当代教育科学，2019（5）：62-66.

⑥ 吕鹏，朱德全. 未来教育视域下教育评价的人文向度[J]. 现代远程教育研究，2019（1）：40-45，65.

⑦ 朱德全，吴虑. 大数据时代教育评价专业化何以可能：第四范式视角[J]. 现代远程教育研究，2019（6）：14-21.

⑧ 荀振芳. 大学教学评价范式的困境与现实问题思考[J]. 河南大学学报（社会科学版），2006（1）：147-151.

⑨ 朱铁成. 论我国教育评价范式及其转型[J]. 浙江师范大学学报（自然科学版），2007（4）：476-480.

⑩ 戚业国，杜瑛. 教育价值的多元与教育评价范式的转变[J]. 华东师范大学学报（教育科学版），2011（2）：11-18.

操作定式，规避其弊端，发挥其优势，运用逆向思维及假设论证过程构建新的范式。[①]

### 1.2.4 中外高等教育评价范式比较的研究

由于起步较晚，当前中国高等教育评价出现的问题和遇到的困境，许多高等教育发达国家也曾经历过。因此，不少学者试图通过研究国外的高等教育评价活动及其范式，为中国高等教育评价范式的转换提供参考。这部分文献主要集中在中美两国之间，以及中国与多个国家之间的比较研究上。

#### 1. 中美高等教育评价范式比较的研究

直接从范式角度宏观比较中美高等教育评价的文献并不多，其中，比较有代表性的是，桂庆平结合教育评价理论的发展沿革，对中国和美国高等教育评价范式分别做出归类和特征概括。他指出，中国高等教育评价还停留在描述范式阶段，而美国的评价活动则属于建构范式。[②]

除此之外，部分学者还剖析了美国高等教育评价范式及其转换带来的启示。例如，朱炎军、夏人青指出，中国高等教育评价范式应该弱化政府的外部问责，强化高校内部的质量提升。[③]贾莉莉认为，美国的学生学习结果评价之所以有效，是因为它的评价内容综合考查了学生在知识、能力等多方面的学习成果，在评价过程中，社会评价机构、高校和教师都积极参与评价活动的组织与实施，评价方式呈现出多元化、实证化的特征。[④]吴洪富、韩红敏认为，"以学生为中心"的高等教育评价范式正在逐渐成为主流，并且具有国际通用性和普适性。[⑤]

更多的中美高等教育评价范式的比较研究是选取评价活动的某一个或多个具体

① 金涛. 课程范式转换教学评价体系构建的方法性研究[J]. 黑龙江高教研究，2015（10）：135-137.

② 桂庆平. 论评估主体多元化与价值主体多元化[J]. 大学（学术版），2011（4）：10，11-19.

③ 朱炎军，夏人青. 走向"内部改进"质量评估模式——美国高等教育质量评估的转变及启示[J]. 高校教育管理，2016（2）：92-96，124.

④ 贾莉莉. "学生学习结果评价"：美国高校教学质量评估的有效范式[J]. 高教探索，2015（10）：63-67，97.

⑤ 吴洪富，韩红敏. 学生学习评价的国际性尝试："高等教育学习结果评价"解读[J]. 现代教育管理，2016（9）：97-101.

的方面来进行比较分析。比如，王致和认为，在评价目的上，中国高等教育评价强调为社会主义现代化服务，而美国的高等教育评价更加重视多元价值的实现；就评价的基本任务而言，中国的高等教育评价通过提供评价信息，为政府制定宏观管理政策服务，而美国的高等教育评价通过向社会公布评价结果来促进高校在社会舆论下进行自我调节和改善；从评价主体来看，中国的高等教育评价主要由行政部门负责，美国的高等教育评价一般由民间的专业机构组织。①康玮通过对中美两国高等教育质量评估体系的比较研究得出四点启示：更新高等教育质量观；明晰政府和高校在评价中的责、权、利；逐渐扩大评价主体的范围；开展高等教育评价的元评价。②

此外，还有学者从制度和机制的角度切入，对中美高等教育评价进行了比较研究。王建成从正式规则、非正式规则和实施机制三个方面进行比较，分析了中美高等教育评价的特点。他指出，借鉴美国的高等教育认证制度，建立并扶持独立的高等教育评价机构，同时保障专业人士在评价活动的中心地位，将有利于落实“以评促改”的方针。③吴学忠通过比较研究，强调维护评价机构在评估实施中的独立性，打造政府、高校和社会之间的和谐关系，建立并完善多元指标体系。④樊秀娣认为，美国自下而上的认证制度是高校能够积极主动参与评价的保证。⑤

### 2. 多国和地区高等教育评价范式比较的研究

除了学习美国高等教育评价范式的独到之处，其他国家和地区高等教育评价范式的经验同样对我们有参考和启发作用。例如，钟秉林、王新凤总结出当前各国高等教育评价范式的转换趋势，从评价模式、评价理念、评价方法、评价导向等维度对中国高等教育评价范式转换提出了建议。⑥

关于多国高等教育评价范式比较研究的文献主要分为两种类型。第一类是以评价机制、评价指标、评价制度、评价体系等为切入点，在多个国家和地区之间

① 王致和. 高等学校教育评估[M]. 北京：北京师范大学出版社，1995：15-16.

② 康玮. 中美高等教育质量评估体系比较研究[J]. 中国成人教育，2010（4）：91-92.

③ 王建成. 中美高等教育认证制度比较分析[J]. 教育科学，2006（6）：80-83.

④ 吴学忠. 中美高等教育评估机制的比较及其对我国的启示[J]. 教育探索，2010（4）：152-155.

⑤ 樊秀娣. 美国高等教育质量评估机制的特色与启示——访美国加州大学总校院校研究负责人常桐善博士[J]. 大学（研究版），2016（12）：4-11.

⑥ 钟秉林，王新凤. 普及化阶段我国高校教学质量评价范式的转变[J]. 中国大学教学，2019（9）：80-85.

进行比较研究。例如，管西亮通过对美国、日本、德国的高等院校评估认证机制进行比较研究，从大学制度、评价制度、政府职能、高校筹资等方面对中国高等教育的发展提出了建议。[①]杨天平、任永灿对比分析了国内外12个大学排行榜，总结出评价指标体系需要兼具共性和个性、合理分配教学和科研指标、协调定性与定量指标、重视产出和国际化指标等发展趋势。[②]通过对全球高等教育评估发展趋势的分析，魏红、钟秉林提出，从重视输入的条件转向重视输出的结果是中国高等教育评价范式转换的方向。[③]张君辉认为，英国、法国和日本三国的教育行政部门均通过市场调节高校与政府的新型关系，寻求政府管理与高校自治之间的平衡点，促进高等教育质量提升。[④]陈兴明、李璇指出，以英国、美国、法国为代表的高等教育评价制度主要有四个共同点值得学习，分别是细分评估类型、突出高校的主体地位、扶持社会机构、公开并合理运用评价结果。[⑤]第二类则围绕完善中国的审核评估而展开。别敦荣等对四大洲共11个国家和地区的高等教育质量保障的体系结构、立法、理念与原则以及评价的内容与方法等方面进行了研究，并据此对中国新一轮本科教育评估工作提出建议，如引导高校形成质量改进文化、重视评估的顶层设计等。[⑥]通过对比分析中国与新西兰的审核评估，雷雳、池海提出，中国下一阶段的审核评估应该以提升教育教学质量为导向、建立以学生为中心的评价观念，同时不断壮大社会中介机构，落实放管服改革和管办评分离举措，最终形成"评价—反馈—改进"闭环，从而实现高校教育教学质量的持续改进。[⑦]

---

① 管西亮. 世界高水平大学的评估机制对我国大学发展的启示[J]. 教育研究，2007（8）：23-27.

② 杨天平，任永灿. 国内外大学评价指标体系的发展趋势[J]. 高教发展与评估，2014（5）：1-11，114.

③ 魏红，钟秉林. 重视学生学习效果 改善教育评估效能——国际高等教育评估发展新趋势及其启示[J]. 中国高教研究，2009（10）：16-19.

④ 张君辉. 政府与高校治理关系调适的国际经验——基于近年英、法、日三国高等教育改革分析[J]. 教育研究，2015（9）：152-158.

⑤ 陈兴明，李璇. 比较视野下中国高等教育评估制度的实践演进[J]. 北京航空航天大学学报（社会科学版），2017（6）：84-90.

⑥ 别敦荣，易梦春，李志义等. 国际高等教育质量保障与评估发展趋势及其启示——基于11个国家（地区）高等教育质量保障体系的考察[J]. 中国高教研究，2018（11）：35-44.

⑦ 雷雳，池海. 中国本科教学工作审核评估与新西兰第五轮学术质量审核评估的比较研究[J]. 世界教育信息，2019（3）：53-58.

## 1.2.5 文献述评

已有的高等教育评价范式相关研究对于本编研究具有重要的参考价值。根据梳理和分析，我们总结出了现有研究的三个特点。

第一，高等教育评价范式和范式比较的相关理论研究不够深入。范式及其转换理论是从西方引进的，国内学者将其引入教育评价研究领域后，较少从理论层面进行深入分析，缺少对高等教育评价范式的界定、划分等核心问题的理论探究，导致高等教育评价范式的研究并没有真正从“范式”角度展开，大多只是借用“范式”之名来尝试解决中国高等教育评价实践中的具体问题，很少有研究兼顾范式的两个核心要素——价值取向和实践方式，这种现象在中外高等教育评价范式比较的研究中更为突出。由于没有涉及评价范式中最根本的价值取向，这类研究与传统的教育评价研究无异，没能体现出范式研究的新意。

第二，现有的高等教育评价范式的分类具有一定的合理性，但是不适合进行国别间的比较研究。总体而言，建构主义范式、人文范式、质量提升范式、价值理性主义范式、人本主义范式、治理范式等在一定程度上具有共通性，它们都体现出了研究者某种程度的创新，但是这样的划分方式存在一定的局限性。以中国的高等教育评价范式为例，现阶段其兼具实证主义范式、科学范式、质量问责范式、工具理性范式、行为主义范式和管理范式的特点，同时也在尝试朝着建构主义范式、人文范式、质量提升范式、价值理性主义范式、人本主义范式、治理范式转换，很难完全归于上述任何一种范式。也就是说，目前高等教育评价范式的划分更适合描述某一国家高等教育评价范式的不同发展阶段，进行纵向的比较研究。若要进行国别之间的横向比较，还需要有一个概括力更强的范式划分标准，使不同国家的高等教育评价范式具有可比性。

第三，现有的高等教育评价范式比较研究大多停留在表面，仅从评价实施的角度进行对比，没有结合不同国家的政治、经济、文化、教育等多方面背景进行深度探究。学者之所以进行高等教育评价范式的比较研究，一方面是因为他们已经意识到中国的高等教育评价范式需要转变，另一方面是由于他们希望借鉴别国范式的可取经验。可是，国外的成功经验是否可取，不仅在于该国的高等教育评价范式是否促进了该国高等教育质量的提升，更在于它能否为我所用。现有不少研究在介绍国外高等教育评价范式的特点时，并没有对这些范式特点的形成背景进行深入分析，也没有清楚地回答国外评价范式是否适合移植到中国高等教育情境中。如果不立足中国的国情和学情，"改良"后的高等教育评价范式在实践中就容易"水土不服"，对我国高等教育事业的发展难以起到预期的积极作用。

## 1.3 中美高等教育评价范式研究的目的、内容、思路与方法

本编以现代教育评价理论和范式理论为依据，力求对高等教育评价范式做出清晰的界定，针对国家间的比较研究需要，对高等教育评价范式种类进行划分，紧扣评价范式的核心要素，对中国、美国高等教育评价范式的演进过程和现状进行梳理，对两国高等教育评价范式的差异进行深入分析，并从政治、经济、文化、教育等方面探究差异产生的原因。最终，力图在保留中国高等教育评价范式已有优势特色的同时，吸收美国高等教育评价范式的有益之处，为中国高等教育评价范式的转换提供参考。

### 1.3.1 研究目的

本编以"范式"为切入点，对中国和美国的高等教育评价活动进行研究，希望通过梳理中美高等教育评价范式的演进过程、比较两国高等教育评价范式的差异，为我国高等教育评价范式的转换和高等教育质量的提升提供一些有益的参考。

### 1.3.2 研究内容

本编着重研究如下几个问题：一是何为高等教育评价范式；二是中美两国的高等教育评价范式分别属于哪种类型；三是中美两国的高等教育评价范式分别具有什么特点，是如何形成的，现状如何；四是中美两国的高等教育评价范式有何差异，产生差异的原因是什么；五是美国高等教育评价范式有可能为中国高等教育评价范式的转换带来何种启示。

### 1.3.3 研究思路与方法

本编以“分析现状—比较研究—提出对策”为总体思路。首先，厘清中美两国高等教育评价范式的演进过程和现状。其次，探索分析中美两国高等教育评价范式各自的成功经验和失败教训。最终，在比较研究的基础上，提炼美国高等教育评价范式中值得借鉴的经验，并结合中国国情进行分析，推进中国高等教育评价范式的成功转换。具体研究方法如下。

第一，文献研究法。本编文献资料的收集主要来源于学术专著、硕博士论文、期刊论文、报纸以及各政府和机构的官方网站发布的相关资料。基于对各类文献的整理和研究，本编提炼出中国和美国的高等教育评价范式分别属于政府主导型和社会主导型。

第二，历史研究法。从历史的动态视角对中美两国高等教育评价范式的演进过程进行追溯，并且结合不同历史时期高等教育界的标志性事件和社会情境，对其进行梳理和划分，为下一步的比较研究奠定了坚实的基础。

第三，比较研究法。从本体论、价值论和方法论三个维度分析中美两国高等教育评价范式的差异及其产生的原因，并且结合中国的现实国情，得出有助于中国高等教育评价范式成功转换的启示。

# 第2章 高等教育评价范式及其划分

## 2.1 范式、评价范式及高等教育评价范式

### 2.1.1 范式

在汉语中，“范式”一词可以分解为“范”“式”二字。在《新华字典》中，这二字分别有模子、榜样、法则和样式、典礼、模范的意思。[①]二者合一，取范例之意。范式对应的英文单词是 paradigm。也可拆分来看，前缀 para-表示在旁边，词根 digm 有说、展示之意，两相结合，在旁边展示给（他人），最终演绎、延伸为典范、样板。不难看出，无论是汉语还是英文，对于范式的解释都集中在模型、范例这类含义上。

作为一个重要的学术概念，“范式”由库恩在《科学革命的结构》一书中首次提出，用以说明某一时期某一科学领域研究中的公认范例。[②]之后，库恩还补充阐述了“范式”的两层含义：其一，“范式”代表某一共同体成员共有的信

① 中国社会科学院语言研究所. 新华字典[Z]. 12版. 北京：商务印书馆，2020：124，337.

② 托马斯•库恩. 科学革命的结构[M]. 金吾伦，胡新和，译. 北京：北京大学出版社，2003：9.

念、价值、技术等构成的整体；其二，它是可以代表上述整体的范例。①很明显，第二层释义与上文提到的《新华字典》的释义吻合。

对于“范式”的定义，陆续有学者给出了更为具体的诠释。美国社会学家巴比（E. Babbie）和中国学者赵必华都认为，在科学研究中，范式为共同体提供了看待事物的视角，并且决定了共同体解决问题的方式。②冯向东则指出，范式具有哲学意蕴，提供的是一套看世界的方法论，而非具体的研究方法。③在戚业国和杜瑛看来，科学研究的范式主要包含两个必需的要素，即理论基础和实践规范。④陆启越认为，在社会科学领域中，对于范式的含义，应该从三个层面来理解，首先是哲学思想，其次是实践模式，最后是标准化的范例。⑤

本编试将“范式”理解为某一时期内特定科学领域的研究者公认的价值取向和实践方式。为了避免纸上谈兵，对具体的、典型的范例进行分析将有助于理解“范式”这一概念。

### 2.1.2 评价范式

对“评价范式”的理解，不仅仅是给“评价”穿上一件“范式”的外衣，还应该回到对“评价”的理解上来。在《现代汉语词典》中，“评价”一词有两种释义：其一是评定价值高低；其二是评定的价值。⑥显然，“评价范式”中的“评价”应取前者之意，即对教育活动进行价值判断。这一点从“评价”（evaluation）的词源 value（价值）也可得到印证。需要说明的是，本编有时会用“评估”来代替“评价”。这仅仅是为了符合中文的表达习惯，同时，与教育部对 evaluation 一词的用法保持一致（如教育部教育质量评估中心的英文表示为

① 托马斯·库恩. 科学革命的结构[M]. 金吾伦，胡新和，译. 北京：北京大学出版社，2003：157.

② 艾尔·巴比. 社会研究方法[M]. 邱泽奇，译. 北京：华夏出版社，2009：69；赵必华. 教育评价范式：变革与冲突[J]. 比较教育研究，2003（10）：62-66.

③ 冯向东. 高等教育研究中的“范式”与“视角”辨析[J]. 北京大学教育评论，2006（3）：100-108，191.

④ 戚业国，杜瑛. 教育价值的多元与教育评价范式的转变[J]. 华东师范大学学报（教育科学版），2011（2）：11-18.

⑤ 陆启越. 高校德育评价范式转换研究[D]. 长沙：湖南大学，2018：17-18.

⑥ 中国社会科学院语言研究所词典编辑室. 现代汉语词典[Z]. 7 版. 北京：商务印书馆，2016：1009.

Education Quality Evaluation Agency of the Ministry of Education)。因此，在本编中，“评估”和“评价”两词含义一致，不做区分。

结合范式理论，评价范式的定义可以被推导为：评价领域科学共同体在特定时期内从事评价活动时共有的价值取向和实践方式，具体的关注点包括评价理念、评价标准、评价方法等。在实践中，评价共同体会依据评价范式规范评价活动。

### 2.1.3 高等教育评价范式

“高等教育评价范式”包括“高等教育”“评价范式”两个子概念。关于“高等教育”，联合国教科文组织[①]和我国高等教育学创始人潘懋元先生[②]都是从活动的视角来解读的，强调其根本任务就是人才培养。随着高等教育的普及，高校和社会的联系更加紧密，高等教育承担起了更多的职能。除了人才培养这一核心职能外，高等教育还致力于科学研究、社会服务以及文化传承与创新。

综合前文的界定，“高等教育评价范式”可以被理解为：特定时期内的高等教育评价共同体对高校的办学水平是否满足学生和社会的发展需要做出价值判断时，共同认可的价值取向和实践方式。它为高等教育评价工作提供了理论基础和操作方式的规则。

## 2.2 范式划分及其依据

高等教育评价活动十分复杂，具有层次各异、类型丰富、形式多样等特点，所以要找出能代表其基本存在样式的范式实属不易。经过多番尝试和综合考量，本编从国别比较的需要出发，主要依据评价主体的不同，将高等教育评价范式划分为政府主导型、高校主导型和社会主导型三种。

① 王晓辉. 联合国教科文组织首次世界高等教育大会的主要内容[J]. 世界教育信息，2000（5）：7-11.
② 潘懋元. 高等教育学[M]. 福州：福建教育出版社，1984：3.

### 2.2.1 范式划分

高等教育评价是评价主体进行价值选择的过程。由此可见，评价主体在高等教育评价活动中扮演着至关重要的角色。不同的评价主体具有不同的利益需要，持有不同的评价价值观，往往也会做出不同的价值选择和判断。无论是阿什比（E. Ashby）关于大学体系规模与形成的决定性力量的论述，还是克拉克（B. R. Clark）提出的三角协调分析框架，都反映出在高等教育大众化时代，政府、高校和社会是高等教育发展的三大利益相关者。①三者中的任何一方在高等教育评价活动中主导话语权，高等教育评价活动都会呈现出不同的评价范式，即政府主导型、高校主导型和社会主导型。三种评价范式的比较如表 2.1 所示。

**表 2.1 三种高等教育评价范式的比较**

| 范式类型 | 政府主导型 | 高校主导型 | 社会主导型 |
|---|---|---|---|
| 价值取向 | 政治导向、国家需要 | 知识导向、培养需要 | 市场导向、大众需求 |
| 评价目的 | 甄别、鉴定 | 改进、发展 | 问责、改进 |
| 评价主体 | 行政部门 | 学术机构 | 社会组织 |
| 评价标准 | 单一的评价标准 | 多元的评价标准 | 多元的评价标准 |
| 代表性国家 | 法国 | 英国 | 美国 |

以法国为代表的欧洲大陆国家大多形成了以政府为主导的高等教育评价范式。此范式下的高等教育评价活动主要由政府部门来组织和推进，侧重实现高等教育评价的工具价值，使其为政府的管理服务。

基于高等教育哲学政治论的观点，政府主导型高等教育评价范式更关注高等教育是否满足了政治、经济的目的以及是否满足了实现社会公平的需要。

高校主导型高等教育评价范式是指高等院校作为评价的主体，通过与学术机构合作来开展高等教育评价活动，旨在检验高校内部的质量保障情况。例如，较大程度地保留了自治传统的英国，便是高校主导型高等教育评价范式的典型。在该范式下，高校教师和学科专家参与到评价活动中，重点从授课知识、学科体系

① 阿什比. 科技发达时代的大学教育[M]. 滕大春，滕大生，译. 北京：人民教育出版社，1983：13-14；伯顿·R. 克拉克. 高等教育系统——学术组织的跨国研究[M]. 王承绪，徐辉，殷企平，等译. 杭州：杭州大学出版社，1994：159.

以及学术规范等方面对高等教育机构进行评估。①

社会主导型高等教育评价范式主要由美国开创。在该范式下，高等教育评价活动的发起、实施和改进都是由非官方的社会中介机构负责。此范式强调市场导向、大众需求，注重高等教育对各方利益相关者需求的满足程度。评价机构考察各高校的教育结果是否契合了社会、市场、学生及家长的需要，并且向公众汇报、解释、说明高等教育资源的使用情况。

## 2.2.2 划分依据

上述分类只是一种原则性的划分，这种划分体现了高等教育评价范式的本质特征，也反映出各国高等教育评价范式的现实情况。

**1. 理论依据**

评价是一种主体性的活动。从评价的本质来看，评价活动是评价主体对其需要是否得到满足进行判断的过程，评价主体的需求将会影响评价活动的价值取向。现代高等教育体系是一个由政府、大学和社会等利益相关者组成的共同体，高等教育的各方参与者基于不同的权责和利益诉求形成了不同的高等教育质量观。在评价实践中，各类质量观进一步细化成评价的价值取向和评价标准，来引导评价活动的实施。换言之，高等教育评价主体的不同从根本上决定了高等教育评价范式的不同。

随着发达国家和部分发展中国家的高等教育进入普及化发展阶段，高等教育不再遗世独立，而是与国家和社会的发展有着更加密切的联系。因此，政府代表的国家权力和社会机构代表的市场力量都参与到高等教育评价活动中来。那么，在评价主体多样化的背景下，如何确定某个国家的高等教育评价范式呢?

法国哲学家福柯（M. Foucault）曾提出，话语即权力。换言之，相较于说话的内容，掌握话语权的主体更为重要。在此基础上，史秋衡和陈蕾进一步指出，高等教育评价活动的价值取向直接受评价主体质量观的影响。高等教育质量观本质上就是一种观点输出，受话语权的支配。因此，在一个国家的高等教育系统

---

① 康宏. 从行为规范到价值生成：高等教育评价标准的价值反思[J]. 佛山科学技术学院学报（社会科学版），2013（1）：88-92.

中，拥有决定性话语权的评价主体决定了该国高等教育评价范式的类型。[①]当政府、高校、社会多个评价主体共存的时候，高等教育评价范式由拥有主导话语权的评价主体决定。一般而言，当政府在高等教育评价活动中拥有集中且明确的话语权时，该国的高等教育评价范式就属于政府主导型；在高等教育历史悠久、坚持高等教育质量由大学负责的国家，就形成了高校主导型高等教育评价范式；在政治体制分权化、市场经济发达、高等教育自主管理的国家，其高等教育评价范式则属于社会主导型。

**2. 现实依据**

20世纪末，欧美部分发达国家率先实现高等教育普及化。这意味着普通人能进入高等院校学习，高等教育与各行各业的联系日益紧密。不断扩充的高等教育利益群体对高等教育的质量提出了多样化的要求。

对政府来说，高等教育最重要的是为国家发展、经济建设和社会治理服务，而能否为国家输送实现上述目标的精英力量就是高等教育评价的关键标准。就高校本身而言，其对高等教育质量的考量主要围绕高等教育的三大职能——人才培养、科学研究、社会服务展开。从社会的角度来看，优质的高等教育主要体现在两个方面：一是学生学习深造的需求得以满足；二是高校毕业生质量达到用人单位的标准。[②]高等教育的投资者政府、高等教育的生产者高等院校、高等教育产品的购买者社会纷纷参与到高等教育评价中，三者之间博弈的结果决定了高等教育评价的范式。

20世纪下半叶以来，各国相继开展了高等教育评价理论和实践研究，并形成了具有本国特色的高等教育评价范式，其中，法国、英国和美国分别形成了三类高等教育评价范式：政府主导型——整个高等教育评价体系建设和具体评价的实施主要由政府部门负责；高校主导型——秉承高校自治的传统，高等教育质量监控是高校内部事务，不受外界干预；社会主导型——评价主要由社会中介机构来负责，借助舆论发挥影响力。

综上所述，结合理论基础和现实情况，根据国别比较的需要，本编也将高等教育评价范式划分为政府主导型、高校主导型和社会主导型三类。

---

① 史秋衡，陈蕾. 中国特色高等教育质量评估体系的范式研究[M]. 广州：广东高等教育出版社，2011：30.

② 张应强. 从完善大学制度来抓高等教育质量[J]. 大学教育科学，2012（5）：34-37.

# 第3章

# 美国高等教育评价范式的演进及现状

20世纪初，凭借创建社会中介性质的高等教育评价机构，美国成为开展高等教育评价活动、建立高等教育评价制度的先驱。以社会力量为主导，价值取向多元，强调以生为本，改进办学质量，回应公众对于高等教育质量的关注，是美国社会主导型高等教育评价范式的鲜明特征。

## 3.1 美国高等教育评价范式的演进

在美国，高等教育评价不是一种行政性行为，而是依靠社会力量推动的教育活动，美国的高等教育评价范式属于社会主导型。本章以最早的社会评价机构的成立时间为起点，以社会评价机构发展的关键节点为依据，将美国高等教育评价范式的演进过程划分为四个时期。

## 3.1.1 发轫期（1847—1912 年）

### 1. 背景

第一，高校数量大幅增长，办学水平参差不齐。1862 年，《莫雷尔赠地法案》（Morrill Land-Grant Act）的颁布促使政府大力资助高校，这使得高校的数量在短时间内急剧增加。①但是，在分权自治的高等教育管理体制下，缺少统一的质量评价标准，导致各州高等教育办学水平悬殊。

第二，高校课程设置多样，但标准模糊。19 世纪后半叶，美国高校开始推行课程选修制度，各个院校的课程呈现独立化和个性化的特征。②各个大学课程在标准上存在的差异，使中学为大学输送人才、高校之间的学分认证以及学生转学变得非常困难。

### 2. 举措

为满足自身发展的需要，各类协会陆续成立，并且建立起行业会员制，设置了会员标准。③1847 年，美国医学协会（American Medical Association）率先成立，成为美国首个专业评价机构。④随后，法学、传媒等领域也成立了自己的专业协会。⑤1905 年，美国医学协会开了专业评价先河，制定了一套用于评价高校医学专业质量的标准，随后对全国医学院进行等级排名。⑥这便是高等教育专业评估的雏形。

另外，在这一时期，美国社会上还出现了日后在美国高等院校评估方面发挥重要作用的区域性院校协会，如新英格兰院校协会（New England Association of Schools and Colleges，1885）⑦、中北部院校协会（North Central Association of Colleges and Schools，1895）⑧、南部院校协会（Southern Association of Colleges

---

① Morrill Act（1862）[EB/OL]. http://www.archives.gov/milestone-documents/morrill-act[2020-10-22].

② Kerr C. The Uses of the University[M]. Cambridge：Harvard University Press，2001：10.

③ 王建成. 美国高等教育认证制度研究[M]. 北京：教育科学出版社，2007：42，45.

④ 吴云. 浅析美国医学教育质量保障体系及启示[J]. 教育现代化，2017（37）：77-79.

⑤ 黄启兵，毛亚庆. 大众化高等教育质量保障：基于知识的解读[M]. 北京：北京师范大学出版社，2011：228.

⑥ Bogue E G，Saunders R L. The Evidence for Quality[M]. San Francisco：Jossey-Bass，1992：36.

⑦ About NEASC[EB/OL]. http://www.neasc.org/about[2020-08-11].

⑧ North Central Association of Colleges and Schools[EB/OL]. http://www.schoolsprotalk.com/north-central-association-of-colleges-and-schools/l[2020-08-11].

and Schools，1895）[1]。上述区域性院校协会的成立，旨在改善中学和高等院校之间的关系，方便两类学校就高校招生录取标准进行沟通，从而提升高等教育的质量。

### 3. 特点

高等教育评价机构具有非官方的属性，分权自治的高等教育管理体制为社会评价机构的产生提供了良好的环境。行业协会和区域性院校协会都是独立于政府存在的社会组织。经法律认可，它们有权对高等教育机构进行专业的评价，政府不得随意进行干涉。非官方的评估中介机构的成立，代表着社会力量主导高等教育评价活动的开端，为社会主导型评价范式的建立奠定了基础。

高等教育评价活动具有行业自律的特质。就专业评估而言，从机构成立的缘起到评估的具体操作都是由行业主导。对行业保护和教育质量的关注，催生了自愿性行业协会。各行业协会以专业教育质量来考察入会资格，形成了高等教育专业认证的雏形。最初院校协会虽未开展实际的高等教育评价活动，但其成立就是教育行业内部为解决中学和大学的衔接问题而产生的自发行为。

## 3.1.2 确立期（1913—1948 年）

### 1. 背景

教育评价理论和方法的持续研究为高等教育评价活动的开展提供了初步的理论和实践依据。20 世纪初，以桑代克（E. L. Thorndike）为代表的心理学家将统计方法和编制测验的原则引入教育评价领域，极大地促进了教育评价理论和技术的发展。此后，泰勒（R. W. Taylor）正式提出了教育评价的概念，并且对教育评价的方法进行了丰富。

现实的教育质量问题激发了对高等教育评价的现实需求。院校发展过快引发了高等教育利益相关者对教学质量的质疑，这促使院校协会开始着力研究如何以一定的标准对高校的办学水平进行鉴定。此外，在 1929 年的经济危机中，学生的就业需要与学校的课程设置之间产生的尖锐矛盾也引发了教育家对建立科学的

---

① Southern Association of Colleges and Schools. Southern Association of Colleges and Schools Records, 1895-2003[R]. Manuscript Collection No. 917.

教育教学评价体系的思考。

2. 举措

为了改变高等教育系统的无序状态，检验和提高高等教育质量，中北部院校协会率先开展高等院校评价。中北部院校协会在美国最早开始高等院校认证，认证制度的许多变革都是由它倡导并率先实行的，1912 年，中北部院校协会正式公布第一个大学认证标准[①]，从 1916 年开始，鉴定高等院校办学质量成为该协会的重要任务。之后，1919 —1954 年，南部院校协会、西部院校协会（Western Association of Schools and Colleges，WASC）、新英格兰院校协会等先后完成了院校认证。[②]除此之外，许多其他的自愿组织也以排名或认证的方式，关注学校的教育质量。美国大学妇女联合会（American Association of University Women）、卡内基教学促进基金会（Carnegie Foundation for the Advancement of Teaching）、美国大学协会（Association of American Universities）先后开展了高等教育评估活动。[③]

3. 特点

第一，高等教育评价机构逐步专业化。在此阶段，社会力量对中介机构的影响具体体现在两个方面。一是评价重点的转移。在社会各界对高等教育质量的持续关注下，院校协会将评价的重点由高等教育入学标准转移到高校办学水平，并将高等教育评价作为其主要职能。二是评价范式的建立。各机构在进行持续的实践和研究后，基于各自的评价指标系统形成了内外部评价相结合的评价模式。总之，民间的评价机构在市场导向和大众需求的影响下，不断提升专业水准，具备了以高等教育质量为评价重点来开展科学评估的能力。

第二，高等教育评价活动的目的在于改进教育质量。在由非官方机构负责评价的基础上，高等教育评价活动在理念上呈现出社会主导型高等教育评价范式的主要特征。无论是院校认证还是专业认证都强调通过评价来鉴定高等教育的质量，并且为进一步改进和完善教育教学提供参考和支撑。在此理念下，评价机构提供的是一种服务，旨在帮助高校或专业提升办学质量。评价结果的出炉并不意味着评价活动的结束，整个评价活动持续到帮助高校完成整改。因此，评价活动

---

① 熊耕. 试析美国高等院校认证标准演变的逻辑——以中北部地区大学与中学协会的认证标准为例[J]. 比较教育研究，2004（7）：78-82.

② 杨红霞. 影响美国高等教育发展的非政府组织探析[J]. 世界教育信息，2008（7）：25-29.

③ 王建成. 美国高等教育认证制度研究[M]. 北京：教育科学出版社，2008：42-46，51.

的最终落脚点在于帮助高校和专业完善教育教学、提高教育服务的质量。

第三，高等教育评价体系秩序混乱。在此阶段，区域性评价机构和专业评价机构数量不断增加，甚至宗教性质的教育评价机构也开始出现。然而，与评价机构体量和类型扩张相伴而生的是两大现实问题：一是评价机构的成立和运行缺乏规范，各机构在评价水平上的实力悬殊，拉大了各地区高等教育质量的差距；二是各评价机构互不关联，更谈不上分工合作、协调矛盾，这导致整个高等教育评价行业呈现出凌乱的状态。①

### 3.1.3 规范期（1949—1993 年）

#### 1. 背景

联邦政府通过资助高等教育与高等教育评价发生联系。一方面，第二次世界大战后，退伍军人受惠于政府资助，有机会接受高等教育；另一方面，1957 年，苏联人造卫星的成功上天促使美国政府加大对高等教育的资助力度。为了合理、有效地分配拨款，联邦政府通过《退伍军人安置援助法案》（Veterans' Readjustment Assistance Act，1952）、《国防教育法》（National Defense Education Act，1958）、《高等教育法》（Higher Education Act of 1965，1965）等法律宣布对通过认证的高等教育机构进行全面的资助。

高校数量、规模、类型上的扩张导致了教育质量下滑等一系列问题。政府的资助和社会经济的复苏促使美国高等教育快速发展，第二次世界大战后 30 年，美国高校的学生人数增加了数倍。②随着高等教育在规模上实现大众化，其类型和层次越来越丰富，高等教育的结构日益多样化。在高等教育发展繁荣的表象下，规模扩张也隐藏着很多危机，如高等院校教育质量有所下降、毕业生就业困难等，这些问题都给高等教育评价提出了更大的挑战。

#### 2. 举措

为了对各类区域性评价机构和专业机构进行协调管理，1975 年成立了中学后教育认证委员会（Council of Postsecondary Accreditation，COPA）。COPA 是美

① 陈华仔，黄双柳. 美国高等教育外部质量保障体系的百年发展[J]. 现代教育管理，2016（7）：61-65.
② 王英杰. 美国高等教育的发展与改革[M]. 北京：人民教育出版社，1993：34.

国第一个非官方、全国性的得到认可的高等教育组织，主要承担两大职能：一是负责审核评价机构，确保高等教育评估活动的专业性；二是负责评价机构、高等院校和联邦政府之间的沟通与协调。COPA 的成立促使美国高等教育评价活动逐步正规化，标志着美国高等教育评价活动已经形成了行业规范机制，意味着社会主导型高等教育评价范式得到了进一步强化。

20 世纪 80 年代开始，美国社会还出现了另一种重要的高等教育评价形式，即由新闻单位、公司、研究机构等发布大学排行榜。《美国新闻与世界报道》（U. S. News & World Report）杂志自 1983 年开始，从学术声誉、教师资源等方面对美国的本科院校和研究生院进行评价，并以排行榜的形式公布结果。该杂志推出的排行榜是美国持续时间较长、影响力较大的榜单之一。大学排行榜开通了社会力量参与评估、公众了解高等教育质量信息的新渠道。①

**3. 特点**

第一，高等教育评价行业规范形成。在这一时期，联邦政府一直试图加强对高等教育评价的控制。为了抵御来自政府部门的干预，美国社会通过增强高等教育评价行业的规范性来维护高等教育评价行业的自治。行业规范的建立标志着社会评价机构实现了由单打独斗向协同发展的转变。同时，社会评价领域通过加强自我管理和反控制的举措，使得联邦政府对高等教育评价的参与停留在财政资助和间接管理的层面。

第二，社会评价的实践形式更加丰富。大学排行榜直观、公开的评价结果弥补了认证活动在对外信息沟通上的不足，丰富了社会主导范式下高等教育评价活动的形式。尽管早期曾受到猛烈的批评，但随着指标设计和信息搜集方法的不断完善及其实施的持续性，大学排行榜逐渐被社会各界接受，并且成为学生选择就读学校和捐赠者选择捐赠对象的参照之一。至此，形式多样的社会评价活动进一步增强了社会力量在高等教育评价活动中的主导作用，强化了社会主导的高等教育评价范式的作用。

---

① U. S. news & world report［EB/OL］. http://www.britannica.com/topic/US-News-and-World-Report［2020-08-26］.

### 3.1.4 成熟期（1994 年至今）

1. 背景

首先是质量问责强化。20 世纪 90 年代以来，各州政府削减了对高等教育的经费投入，同时加强了对高等教育质量的问责。政府资金援助的减少，使得高校只能通过收取高额的学费来维持整体的运转。然而，高昂的学费与高辍学率、低毕业率之间的落差引发了公众对高等教育质量的强烈不满，所以社会各界也同政府一道强化了对高校的问责。[①]

其次是信任危机爆发。1990 年开始，高校中发生了很多学生贷款违约、联邦经费欺诈与滥用事件。这一系列失信事件使得联邦政府开始质疑原本自治的高等教育评价系统，也成为联邦政府从微观角度进一步干涉高等教育评价的契机。[②]最终，迫于各界的压力，COPA 于 1993 年底退出了美国高等教育评价的历史舞台。[③]

2. 举措

非官方的全国性组织高等教育认证理事会（Council for Higher Education Accreditation，CHEA）于 1996 年底成立。[④]它通过制定和执行认证标准对高等教育质量保障和改进做出贡献。与 COPA 相比，CHEA 更注重考察认证机构在认证过程中的客观性、公正性和严格性。CHEA 的成立标志着由社会力量主导的高等教育评价范式突破了瓶颈，走向了更为成熟的阶段。

CHEA 率领其他社会评价机构主要从两方面采取积极措施来完善高等教育评价制度，巩固社会力量对高等教育评价活动的主导权。一是维护社会评价的独立性。以 CHEA 主席伊顿（J. S. Eaton）为代表的社会评价的维护者通过演讲、撰文、召开会议、游说国会等形式，宣传高等教育认证制度的价值，揭示政府对高等教育认证过度介入的弊端。二是加强对评价活动的反思、完善和研究。例如，

① 熊耕. 透视美国高等教育中的学生学习结果评价[J]. 比较教育研究，2012（1）：33-38.

② 毕家驹. 美国高等教育鉴定及其管理机制的变迁[J]. 同济大学学报（社会科学版），1996（1）：111-117.

③ 王建成. 美国高等教育认证制度研究[M]. 北京：教育科学出版社，2008：54.

④ CHEA at a glance[EB/OL]. http://www.chea.org/sites/default/files/pdf/CHEA-At-A-Glance_0.pdf（2019-06）[2020-10-06].

为了让公众更便捷地获取高等教育质量的相关信息，所有的 CHEA 会员机构都要对外公布其年度报告；各评价机构通过不断修订评价标准来确保评估结果的科学性；CHEA 负责收集、研究、分析、讨论和推广有关认证评估中好的做法和质量保证的信息，提供非官方认证的全国性论坛，以便从事高等教育评价的工作者进行交流和研讨。

另外，以 CHEA 为代表的社会机构开始与联邦政府合作，形成了互为补充、彼此制衡的局面，其中，最具代表性的就是美国教育部和 CHEA 构成的双轨认可体系。前者代表着政府对资源使用效率的要求，后者代表着高等教育行业的发展要求。[①]截止到 2015 年，美国共有 87 个高等教育认证机构，其中 26 个仅接受教育部的认可，36 个仅接受 CHEA 的认可，还有 25 个接受教育部和 CHEA 的双重认可。[②]

**3. 特点**

第一，高等教育评价的行业体系得到进一步规范。在 CHEA 的引导下，各社会评价机构主动增强社会评价的权威性。一方面，积极应对外界要求。比如，CHEA 和各类评价机构回应《高等教育机会法案》（Higher Education Opportunity Act，2008）、《高等教育透明度法案》（Higher Education Transparency Act，2011）等法律的要求，提升了评价过程和结果的公开度。另一方面，不断完善自身制度。CHEA 主要通过考察评价机构的评价是否能促进高等教育质量的提升、加强机构间的合作和交流来增强社会评价的权威性；各评价机构则通过及时更新评价标准、加大对评价工具的研发力度等措施来保证评价活动的专业性和有效性。

第二，联邦政府与社会评价机构之间由控制与反控制的对立关系逐步转为彼此独立同时又互为补充、相互促进的合作关系。1998 年，CHEA 积极参与联邦政府对《高等教育法案》（Higher Education Act）的修正。在这个过程中，CHEA 致力于在非政府组织与政府之间进行沟通和协商，负责认证相关规定的上传下达。[③]以 CHEA 为代表的社会组织与政府之间的和谐关系为高等教育评价活动的

① Accreditation & recognition［EB/OL］. http://www.chea.org/about-accreditation［2020-08-25］.

② Eaton J S. Accreditation and recognition in the United States［J］. New Directions for Higher Education，2009（145）：79-86.

③ 1998 Higher Education Act：A summary of important and positive changes in federal policy toward voluntary accreditation［EB/OL］. http://www.chea.org/1998-higher-education-act-summary-important-and-positive-changes-federal-policy-toward-voluntary（1998-11-05）［2021-02-09］.

开展创设了良好氛围，有利于高等教育事业的蓬勃发展，标志着社会主导型高等教育评价范式日渐成熟。

综上可知，社会的需求和导向始终是促使美国高等教育评价活动产生、发展和完善的主要力量。评价机构的成立和管理也一直是社会力量根据现实需求自发组织的，美国高等教育评价范式具有鲜明的社会主导特征。20世纪后期，虽然联邦政府开始通过立法、财政资助等方式不断拓宽其在高等教育评价中的参与空间，但是社会机构依然坚持认为社会评价有一定的价值，通过积极沟通与调整，维持了评价活动的独立性。

## 3.2 美国高等教育评价范式的现状

当前，美国主要的高等教育评价活动包括院校认证、专业认证、高校排名、学生满意度调查等，其中，高等教育的专业认证至今已有百余年历史，是美国社会主导型评价范式下最有代表性的高等教育评价活动。美国六大区域性院校协会的评价范围覆盖到全美4000多所高校，此外还有50余家机构专门对高等院校的专业质量进行认证。[①]中北部院校协会的附属机构高等教育委员会（Higher Learning Commission，HLC）是较早开展高等教育评价活动的社会组织，在评价理念和评价实施方面具有先导性，而且其评价对象的覆盖范围广。因此，以HLC开展的院校认证为例来探析美国高等教育评价范式的现状，能够较为全面地呈现美国高等教育认证活动的全貌。

### 3.2.1 美国高等教育评价的价值取向

一般理解上的价值取向指某些价值观成为一定文化所选择的优势观念形态，或为个体所认同并内化为人格结构中的核心部分，具有评价事物、唤起态度、指

① 刘振天，罗晶. 高等教育评价“双刃剑”：何以兴利除弊[J]. 大学教育科学，2021（1）：4-12.

引和调节行为的定向功能。结合高等教育评价活动的特点，我们认为高等教育评价的价值取向是指评价者根据自身对于高等教育的需求和认知，在其价值观的支配下，选择评价标准与做出价值判断时持有的价值立场和表现出的价值倾向性。

从最初的教学测量到“泰勒评价模式”，再到如今各类高等教育评价形式的纷纷出现，美国的高等教育评价活动一直以教育为本，以促进教育质量全面提升为价值取向。

**1. 价值立场**

高等教育评价的价值取向归根结底是由评价者的需求决定的。在法律意义上，HLC 是一家独立的公司，并不依附于政府和高校。作为评价主体的社会组织，它对于高等教育有何需求呢？事实上，美国的高等教育评价机构是接受高校的委托，以中介身份参与高等教育评价活动的。本质上而言，评价机构的立场是中立的。HLC 的职责在于为确保高等教育质量服务。①换言之，HLC 提供的是一种专业、客观、公正的服务，通过运用科学的方式，充分满足教育本身以及教育参与者的需要，从根本上促进高等教育活动的有序推进和发展，这决定了高等教育认证的价值取向是以教育为本的。HLC 通过对本区域内的高等院校进行评价，帮助高校发现问题，提出改进意见，从而促进教育质量的提升。

**2. 价值倾向性**

在美国，受第四代评价理论和政治文化的影响，高等教育的利益相关者都能参与到高等教育评价活动中来，通过平等地沟通、交流帮助高校改进办学状况，从而促进高等教育质量的提升。

第一，评价观念开放化。美国多元的社会文化决定了高等教育评价在理念上也具有一定的开放性。一方面，高校申请认证和开展自评表达出教育本体自我提升的诉求。另一方面，社会力量对高等教育评价活动的关注和参与，传达了民众对于优质高等教育的需求。②

第二，评价实施独立化。中北部院校协会是完全独立于政府的社会组织，拥有自己的运行章程和规则，其分支机构 HLC 组织高等教育领域的专家对高等院校开展实际的评价工作。CHEA 主席伊顿也强调，为了保证高等教育的学术价

---

① Higher Learning Commission. About Higher Learning Commission[EB/OL]. http://www.hlcommission.org/About-HLC/about-hlc.html[2020-08-04].

② 唐晓萍. 高等教育评价的价值观研究[J]. 中国高等教育，2000（Z2）：54-55.

值，高等教育评价要避免受到政治的影响和干预。[①]

第三，评价指标差异化。从横向上来看，全国范围内不存在统一的评价指标体系，各个评价机构都建立了自己独特的考核标准。从纵向上来看，以 HLC 为例，其评价标准随着研究的深入和社会要求的变化处在动态的调整过程中。目前，基于评价目标和高校的办学定位，评价标准从单一量化指标转变为定量和定性指标相结合。

### 3.2.2 美国高等教育评价的实践方式

高等教育评价的价值取向往往渗透在具体的评价活动中。院校认证是最具美国特色的高等教育评价形式，以 HLC 为代表的社会评价机构通过对高等院校开展周期性的考核，为高校实现高质量、个性化的发展提供支持。

#### 1. 评价目的

总体而言，高等教育评价旨在确保并维持高等教育系统的活力、韧性，以及对社会需求的及时响应，具体可以细分为以下四个方面：①维持和提高高等教育的质量；②保持高等教育的学术价值；③为防止高等教育政治化提供缓冲；④服务于公共利益需要。[②]HLC 在其官网明确介绍了开展认证是为了帮助高等院校确定、制定并且实施改进的全面战略。[③]这表明院校认证以促进高等教育的发展和完善为根本目的，同时体现出了认证活动本身的服务属性。

#### 2. 评价主体

与其他负责院校评估的社会评价机构一样，HLC 是一家非官方的公司。拥有超过 50 名全职员工的 HLC 对中北部区域内 19 个州的高等院校的办学情况进行认证，其评价资质和出具的结果得到了法律和行业协会的认可。HLC 的核心部门——机构执行理事会专门负责组织由专职教师构成的同行评议团开展评价工

---

① Eaton J S. The value of accreditation：Four pivotal roles[EB/OL]. http://www.chea.org/value-accreditation-four-pivotal-roles（2003-05-30）[2020-10-23].

② Eaton J S. The value of accreditation：Four pivotal roles[EB/OL]. http://www.chea.org/value-accreditation-four-pivotal-roles（2003-05-30）[2020-10-23].

③ Higher Learning Commission. About Higher Learning Commission[EB/OL]. http://www.hlcommission.org/About-HLC/about-hlc.html[2020-08-04].

作。此外，公众也会全程参与评估、决策和信息公布这些关键环节。[①]

### 3. 评价内容

依据 2017 年修订版评价标准，HLC 主要从如下几个方面对高等院校进行整体考察：①高校是否有鲜明的办学定位并做出合理的规划；②是否符合道德伦理及采取负责任的行为；③是否为高质量的教学提供了资源支持；④是否有良好的教学评估与改进机制；⑤资源的使用是否合理；⑥办学效率是否达标。近年来，随着公众越来越关注高等教育产出的质量，HLC 开始将学生习得的效果作为评估的重点内容，希望以此为提升高等教育质量提供参考和支持。[②]

### 4. 评价程序

尽管由于诸多原因，HLC 对评价程序进行过调整，但其核心流程相对固定，主要包括以下六个步骤：①高等院校自主申请认证；②高等院校根据 HLC 提供的评价标准进行自评，递交自评报告；③同行评议委员基于对参评院校的了解，结合其自评报告进行综合评价；④考核组进入高等院校内深入考察，并提交考察报告；⑤对高等院校的自评报告、同行评议结果以及考察报告进行综合权衡后做出最终的判断，并将评价结果及时对外公布；⑥公布评价结果后，对高等院校进行定期考察，以确保其办学质量达到标准。[③]在整个评价过程中，HLC 都会及时向公众公布评价的流程及相关信息，同时也接受舆论的监督、投诉和建议。[④]

通过对 HLC 组织的高等院校认证活动进行剖析，我们可以发现它呈现出社会主导型高等教育评价范式的基本特征，包括认证的主体是独立于政府的民间非营利性机构，认证的标准和流程都由认证机构落实，由认证机构主导并且推进评价进程，等等。

---

① Higher Learning Commission. About Higher Learning Commission[EB/OL]. http://www.hlcommission.org/About-HLC/about-hlc.html[2020-08-04].

② Higher Learning Commission. Policy book[EB/OL]. http://shawneecc.edu/wp-content/uploads/2019/03/HLC PolicyBook_POL.pdf（2017-11）[2020-08-03].

③ Congressional Research Service. An overview of accreditation of higher education in the United States[EB/OL]. http://fas.org/sgp/crs/misc/R43826.pdf（2020-10-16）[2020-10-17].

④ Higher Learning Commission. American public university system[EB/OL]. http://www.hlcommission.org/?option=com_directory&Action=ShowBasic&instid=2853（2022-12-09）[2022-12-10].

# 第4章 中国高等教育评价范式的演进及现状

中华民族历史悠久，教育评价传统深厚，科举制度曾对世界教育评价的发展产生过重大影响。中华人民共和国成立后，现代规范的教育评价实践及其研究在教育领域逐步展开。考虑到资料收集和研究的需要，本章对中国高等教育评价范式的追溯主要以中华人民共和国成立为界。

## 4.1 中国高等教育评价范式的演进

中华人民共和国成立以来，政府在高等教育领域发挥了重要作用，扮演着管理者、办学者和评价者等多重角色。这样的办学和管理体制决定了中国高等教育评价活动必然由政府主导，在价值取向和实践方式上体现了强烈的政府意志，呈现出明显的政府主导型范式的特点。为了全面系统地揭示中国高等教育评价范式的演进过程及其现状，本章以政府在高等教育评价活动中发挥作用的程度为依据，将中国高等教育评价范式的演进历程分为如下四个阶段。

### 4.1.1 萌芽期（1949—1977 年）

**1. 背景**

中华人民共和国成立初期，受计划经济的制约和苏联模式的影响，政府对高等教育实行集中式管理，管理范围覆盖了高校办学的各个方面。即使在“文化大革命”期间，从领导和管理方式上看，高等教育仍然未脱离“集中统一”的框架，只不过管理部门的名称和各级掌权人发生了变化。①

**2. 举措**

1950 年出台的《关于高等学校领导关系的决定》明确规定了教育部和高校之间领导与被领导的关系，政府的领导范围涵盖了人力、财务以及教育教学等方面。②虽然文件中没有明确提及高等教育评价，但是诸如教育部颁布的高等学校的设立、变更或停办等决定，高校应执行，这些表述已具有考量和评估的意味，可视为高等教育评估活动的萌芽。政策规定了这些评价活动由教育部统一部署，高校负责执行。由此可见，政府主导型高等教育评价范式已初见端倪。

**3. 特点**

高等教育管理体制决定了政府拥有对高等教育评价的主导权，为政府主导型高等教育评价范式的形成奠定了基础。在这种体制下，政府是高等教育的行政上级，高校依附政府而存在，接受政府的全面领导，在教育部的指导下办学。当涉及高等教育质量问题时，教育部作为上级单位有权对高校的办学质量进行评估和监督，而作为下级单位的高校需要配合教育部的部署。

政府对高等教育评价指导思想的重视多于对实践的指导。在这一时期，政府通过出台一系列政策反复强调政府对高等教育的集中管理。因此，作为与高等教育管理相伴而生的教育评价活动，政府部门在其中的主导地位和作用不言而喻。具体到实践层面，由于起初的教育评价活动还不独立和明确，各类官方的文件中并没有做出详细的说明，政府部门也没有采取明确的措施来引导和规范高等教育评价活动的开展。

---

① 周川. 我国高等教育管理体制 70 年探索历程及其展望[J]. 高等教育研究，2019（7）：10-17.

② 关于高等学校领导关系的决定[J]. 人民教育，1950（5）：67.

### 4.1.2 形成期（1978—1992 年）

#### 1. 背景

“文化大革命”结束后，恢复和重建高等教育基本规则、秩序，重塑高等教育质量，成为当务之急。高考这一代表性教育评价活动的恢复，既有助于高校选拔优质生源，又有利于高校开展教学工作，从而在总体上提升了人才培养的效率和质量。

随着改革开放拉开帷幕，中国高等教育的开放性不断增强，西方发达国家高等教育评价的先进经验陆续传入，为中国高等教育评价实践活动的开展和理论研究的探索提供了一定的借鉴。

随着社会大局的稳定，高等教育出现了数量激增和地方化发展的趋势。[①]但是，办学水平衡量办法和监督机制的缺乏，导致新建高校在质量上的发展跟不上数量上的增长，迫切需要教育评价的规范。

#### 2. 举措

1985 年，《中共中央关于教育体制改革的决定》首次提出“对高等学校的办学水平进行评估”，明确了政府在高等教育评价活动中的组织和领导地位。该决定正式拉开了政府部署并实施高等教育评价活动的序幕，标志着政府主导型高等教育评价范式的形成。

1985—1987 年，国家教育委员会分别委托黑龙江、陕西和北京的教育部门分别对普通物理、高等数学和工科力学（理论力学、材料力学）开展课程教学质量评估试点工作。随后，多个专业和课程点参与了工科专业教学及课程评估。[②]

1990 年，国家教育委员会颁布的《普通高等学校教育评估暂行规定》对高等学校评估的主要目的、基本任务、办学方向、基本标准、基本形式、评估机构、评估程序等方面做出了明确规定，并且强调了评估是国家对高等学校实行监督的重要形式。

此外，《关于改进和加强研究生工作的通知》《关于加强普通高等专科教育工

---

① 王香丽. 20 世纪 80 年代至 90 年代中期中国高等教育体制改革——成绩、动因和特点[J]. 广东工业大学学报（社会科学版），2011（4）：6-10.

② 刘英杰. 中国教育大事典 1949—1990（下）. 杭州：浙江教育出版社，1993：1100-1101.

作的意见》的印发，标志着教育管理部门负责的高等教育评价活动范围延伸至研究生和高等专科教育阶段。

#### 3. 特点

政府在高等教育评价活动中的主导地位得到强化，具体表现在两个方面：一是政府以各种文件形式指导各类高等教育评价活动，并且坚持政府在高等教育评价工作中的主导地位。这一阶段出台的法规、政策均强调了教育管理部门是高等教育评价的主体。二是评价相关内容在政策中所占篇幅大幅增加。在前一时期，高等教育评价只是暗含在高等教育相关的政策中。在此阶段，高等教育评价在政策文件中的分量逐步增加，从用若干语句在宏观上规定高等院校需要接受评估，到出台专门性的高等教育评价文件，对评价的目的、方针、原则、功能、程序等方面做出了详细的规定。

政府开始组织正式的高等教育评价实践，并且种类多样。在政府主导型高等教育评价范式萌芽期，评价活动只是伴随着高等教育而存在，并不具有专门的活动形态。进入范式形成期后，高等教育评价活动成了一种专门化、规范化的教育活动，评价的对象从本科教育延伸至专科教育、研究生教育等多个层次，评价的形式扩展到学科评价、专业评价等多个方面。

### 4.1.3 发展期（1993—2009 年）

#### 1. 背景

首先，经济体制转型带动了高等教育管理体制转型。20 世纪 90 年代初，市场经济体制的引入推动政府改变其影响高等教育的方式。一方面，高校获得独立的法人地位，不再是依附于政府的下级部门；另一方面，政府开始让渡部分领域的权力，对高等教育的管理方式由微观管理转向宏观指导。

其次，高等教育体量与质量的发展不同步。1999 年开始的高校扩招促使中国高等学校数量和规模迅速增加，面对就读人数的急剧增长，高等教育系统在硬件设施、师资安排和管理理念等方面没有及时进行相应的调整，导致出现了一系列的高等教育质量问题。

2. 举措

1995 年，《中华人民共和国教育法》以法律形式提出国家要建立教育评估制度。1998 年，《中华人民共和国高等教育法》在赋予高校办学自主权的同时，也强调了其有接受教育主管部门监督和评估的义务。这意味着高等教育评价活动的行政主导逻辑得到了法律的认可，标志着政府主导型高等教育评价范式得到了进一步巩固。

在实践方面，在专业评估试点的基础上，在《关于进一步做好普通高等学校本科教学工作评价的若干意见》《2003—2007 年教育振兴行动计划》等文件的指导下，教育部实施了四轮规模化的本科教学评估，并且建立了五年一周期的高等教育评价制度。此外，高职高专院校评估、专业评估、课程评估、学位与研究生教育评估以及高校重点项目的评定纷纷在教育部和各省教育主管部门的主导下启动。

3. 特点

在指导思想上，政府通过系列法律和政策加强了对高等教育评价活动的指导。这一时期的官方文件具有两大特点。一是数量多。有学者统计，1990—2010 年，国家层面出台的 20 余项高等教育相关法律法规文件中，“评估”一词出现了 190 余次。[①]除了与高等教育评价直接相关的文本外，国务院和教育部制定的其他文件也对高等教育评价做出了明确规定。[②]二是效力强。相关法律和政策的颁布，一方面，明确了官方组织高等教育评价活动的合法地位，为评价活动的开展提供了便利条件和坚实保障；另一方面，对高校在配合参评和接受监督方面提出了硬性要求，从而使得接受官方评估的高校数量不断增加。

在实践层面上，政府组织扩大了高等教育评估范围，并且建立起周期性的高等教育评估制度。在此时期，国家和地方先后开展了针对专科、本科和研究生教育的各类教育评价活动；北京、上海、江苏等省市新成立的评估机构也定期开展院校和学科专业排名、就业质量评估等评价活动。需要指出的是，尽管“政社分离”的格局为社会评价机构开展高等教育评价活动创造了条件，但由于市场经济

---

① 董小平，史秋衡. 中国高等教育评估制度现代化：历程、挑战与展望[J]. 西南大学学报（社会科学版），2021（1）：104-111，227.

② 史秋衡，王爱萍. 高等教育质量观：从认识论向价值论转变[J]. 厦门大学学报（哲学社会科学版），2010（2）：72-78.

的影响力较小，在这期间出现的社会评价机构多由政府扶持成立，依附于政府而存在，执行政府的决策和政令，并不具有真正的社会属性。因此，各类高等教育评估活动主要还是由政府或者具有官方属性的评价机构组织实施。

### 4.1.4 流变期（2010 年至今）

#### 1. 背景

首先，国家治理体系的转型推动了高等教育治理体系的转型。21 世纪以来，随着提倡国家治理现代化，高等教育治理现代化的问题也被提上日程。各政策文件中提到的“推进管办分离”“转变政府职能”“依法落实高等学校办学自主权”等指导思想进一步推进了政府在高等教育领域的简政放权和“放管服”改革的进程。

其次，内涵式发展成为高等教育的发展方向。自我国启动高校扩招以来，在强化规模扩张的背景下，一定程度上忽略了质量建设。然而，建设高等教育强国的目标表明，国家需要的不仅是高等教育普及化，而且是高质量的高等教育普及化。[①]这意味着发挥“指挥棒”作用的高等教育评价也应该进行相应的改革，服务于高等教育内涵式发展的目标。

最后，已开展的各类高等教育评估活动暴露出现有评价范式的一系列问题。例如，评价导向不科学、评价标准单一且区分度弱、高校参评缺乏主动性、社会参与度不高等。[②]这些问题表明，现有的高等教育评价范式不能有效地反映高校办学质量的现状，传统政府主导型高等教育评价范式受到了前所未有的挑战，亟待转变。

#### 2. 举措

2010 年颁布的《国家中长期教育改革和发展规划纲要（2010—2020 年）》在强调转变政府管理职能的同时，提出了对教育评价进行改革。具体到高等教育领域，改进的方面主要涉及扩充高等教育评价活动的参与主体、构建兼具科学性和多元性的评价标准。

---

① 邬大光. 探索高等教育普及化的“大国道路”[J]. 中国高教研究，2021（2）：4-9.

② 刘振天. 我国新一轮高校本科教学评估总体设计与制度创新[J]. 高等教育研究，2012（3）：23-28.

从2011年开始，教育部致力于建设集学校自评、专业认证、院校评估、国际评估和教学基本状态数据常态监测于一体的本科教学评估制度体系。①受此影响，专科层次和研究生层次的教育评价制度逐步确立。这标志着中国的高等教育评价活动在专业性和规范性方面迈上了一个新台阶。

《教育部关于深入推进教育管办评分离 促进政府职能转变的若干意见》的颁布实施，基本确立了各类社会性的评价机构在高等教育评价活动中的主体地位，一批专门从事高等教育质量评价与咨询的社会组织应运而生。据统计，截至2019年底，国内已有将近40家社会评价机构。它们主要基于公开的数据，对大学进行各方面的排名。②

**3. 特点**

第一，政府对高等教育评价的主导隐秘化。透过评价机构和评价形式多样的表象，我们不难发现，政府仍然在高等教育评价活动中处于主导位置。首先，相较于社会机构发布的高等教育排名，有政府参与的高等教育评估活动更具权威性和公信力。其次，社会机构主要负责评价活动的具体执行，而评价相关核心问题的决定权仍然由政府掌握，例如，方案的制定、对象的指定、标准的设置等。换言之，社会机构对高等教育评价活动的参与是有限的，政府才是拥有实际话语权的评价主体。各种评价活动的实质是政府作为单一主体开展的多重评价，其在高等教育评价中的主导地位没有根本性动摇。③

第二，社会对高等教育评价的参与表面化。近年来，社会评价机构开展了形式多样的高等教育评价活动，为高等教育评价注入了活力。④但是，除了上文提及的受制于政府，社会机构在高等教育评价中起到的作用比较有限之外，这些机构及其开展的评价活动本身亦存在不足。由于没有形成行业规范，社会评价机构的资质标准和管理制度尚未确立，导致其专业化水准不高、自治水平较低，评价结果的说服力有限。

综上所述，中国高等教育政府主导型的评价范式经历了由弱至强，再由强至

① 余小波，刘潇华，张亮亮. 我国高等教育质量保障的发展与评析[J]. 高等教育研究，2020（2）：36-44.

② 刘振天，罗晶. 高等教育评价“双刃剑”：何以兴利除弊[J]. 大学教育科学，2021（1）：4-12.

③ 刘康宁，董云川. 中国高等教育评估组织多元发展的制度文本分析[J]. 中国高教研究，2010（6）：13-15.

④ 吴学忠. 中美高等教育评估机制的比较及其对我国的启示[J]. 教育探索，2010（4）：152-155.

弱的演进过程，而且这个转变是在政府政策的引导下逐步形成的。最初，中国高等教育评价范式由于高等教育管理体制和现实国情等原因呈现行政化的特点。法律法规对教育部作为评价主体的认可，强化了政府在高等教育评价活动中的主导地位。随着经济体制改革的逐步深入，社会机构逐渐加入评价主体的行列，社会力量开始渗透到高等教育评价活动中。尽管政府让渡了部分评价的话语权，但是政府力量仍然在高等教育评价活动中占据主导地位，中国高等教育评价范式依然属于政府主导型。

## 4.2 中国高等教育评价范式的现状

近年来，各类高等教育评价活动相继开展，其中由教育部教育质量评估中心组织的普通高等学校本科教学工作审核评估（以下简称为审核评估）是当前中国颇具影响力的高等教育评价活动。以下将以审核评估为例，从价值取向和实践方式两个方面来分析中国高等教育评价范式的现状。

### 4.2.1 中国高等教育评价的价值取向

如前所述，高等教育评价的价值取向可以从价值立场和价值倾向性两个角度来理解。

**1. 价值立场**

整个审核评估活动由教育部教育质量评估中心统筹负责，鉴于其事业单位的属性，教育行政部门是高等教育审核评估的实质主体。政府部门的高等教育需求是什么呢？“我国是中国共产党领导的社会主义国家，这就决定了我们的教育必须把培养社会主义建设者和接班人作为根本任务。”①由于高等教育必须为社会主

① 习近平在全国教育大会上强调 坚持中国特色社会主义教育发展道路 培养德智体美劳全面发展的社会主义建设者和接班人[EB/OL]. http://www.moe.gov.cn/jyb_xwfb/s6052/moe_838/201809/t20180910_348145.html（2018-09-10）[2020-10-22].

义现代化建设服务、培养德智体美劳全面发展的社会主义建设者和接班人，审核评估也相应地将此作为基本的价值立场。因此，审核评估除了对高等教育在立德树人、为党育人、为国育才等方面的成效进行判断之外，还需要为政府部门对高等教育的管理提供参考。总之，审核评估的价值立场体现出了政府对高等教育的要求。

2. 价值倾向性

审核评估由教育部统筹协调、制定总体方案及规划，并且指导监督评估工作。审核评估的价值取向的集中性较强，注重政府部门的意愿，具有管理主义倾向，呈现出一定的行政化色彩。

第一，评价理念工具化。受第二代和第三代评价理论的影响，中国的高等教育评价活动强调通过评估来判断教育目标的实现情况，并且为制定政策服务。“以评促管”的方针表明，评估活动在促进高等教育建设和改进后，最终指向政府部门的管理。这凸显了评估活动本质上是政府部门对高等教育实施监管的一种方法。

第二，评价实施指令化。审核评估是由教育部发布开展审核评估的通知和评估方案拉开帷幕的。在这些文件中，教育部对审核评估的对象及条件进行了强制性规定，“均应参加”“须参加”等字眼表明高等院校是在政府的要求下参加审核评估的。

第三，评价指标统一化。教育部制定的评估方案将评估指标划分为七个维度，分别是学校的定位与目标、师资队伍、教学资源、培养过程、学生发展、质量保障以及学校自选特色。除最后一项外，前六项指标均由教育部统一制定。由此可见，政府主导的评价思想通过评价指标得以具体呈现，并且在评价活动中占据着主导地位。

### 4.2.2 中国高等教育评价的实践方式

在评价的组织方面，审核评估主要由教育部统一部署、指导，与省级教育行政部门合作开展。因此，评价活动在实施中体现出较强的政府主导特征。

1. 评价目的

整体而言，开展审核评估的目的是提升高等教育育人的质量。这一评价目的可以通过两个渠道实现：一方面，通过对高等院校人才培养目标的实现状况进行评价，引起高校对人才培养效果的重视，推进高校内部质量保障体系的建设；另一方面，审核评估的结果将为行政部门对高等学校进行指导和管理提供参考，为人才培养质量的提升和高等教育的健康发展提供支持。①总之，借助评估这一手段，教育和政治结合，高校和政府形成合力，共同促进高等教育对优质人才的培养。

### 2. 评价主体

为了推进教育行政部门的职能转型，审核评估尝试将第三方评估机构纳入评价主体的范畴，发挥社会评价的作用。总体上来说，审核评估由教育部全权负责，主要涉及评估方案的制定、专家委员会的组建、评估标准的划分等，而具体评估活动的实施则交由中央和地方性的专门评估机构负责。②有学者通过对 20 个省（自治区、直辖市）情况的统计，发现全国将近 2/3 的省（自治区、直辖市）委托第三方评估机构组织开展评估。③

### 3. 评价内容

参考国内外高等教育发展与改革的趋势，审核评估的重点是考察“五个度”：一是人才培养效果与培养目标的达成度；二是办学定位和人才培养目标与国家和区域经济社会发展需求的适应度；三是教师和教学资源条件的保障度；四是教学和质量保障体系运行的有效度；五是学生和社会用人单位的满意度。这“五个度”形成了人才培养的一个完整的逻辑，即人才培养方向与社会的需求是否一致、各所学校自己设定的培养目标是否达成、师资力量和其他教学资源是否有保障、高校内部的教学质量保障体系是否有效、学生和招聘单位对高校的教学质量是否满意。④为此，教育部在 2013 年提出的“6+1”评价项目⑤的基础上，进一步细化评

---

① 教育部. 教育部关于开展普通高等学校本科教学工作审核评估的通知[EB/OL]. http://www.moe.gov.cn/srcsite/A08/s7056/201312/t20131212_160919.html（2013-12-05）[2020-10-22].

② 教育部. 教育部关于开展普通高等学校本科教学工作审核评估的通知[EB/OL]. http://www.moe.gov.cn/srcsite/A08/s7056/201312/t20131212_160919.html（2013-12-05）[2020-10-22].

③ 陆根书，贾小娟，李珍艳等. 全国普通高校本科教学工作审核评估：成效、问题与发展策略[J]. 大学教育科学，2020（2）：90-96.

④ 深化新时代教育评价改革 全面提升本科教育教学质量——教育部教育督导局负责人就《普通高等学校本科教育教学审核评估实施方案（2021—2025 年）》答记者问[EB/OL]. http://www.moe.gov.cn/jyb_xwfb/s271/202102/t20210207_512832.html（2021-02-07）[2022-05-10].

⑤ “6+1”评价项目包括定位与目标、师资队伍、教学资源、培养过程、学生发展、质量保障 6 个审核项目和 1 个自选特色项目。

价要素和评价要点，于 2021 年正式启动新一轮审核评估。

**4. 评价程序**

审核评估实施的过程主要由四个环节组成。首先，参评院校开展自评。在这一过程中，接受审核评估的高校以之前评估后的整改情况和学校发展的现状为基础，如实填报评估所需材料，撰写自评报告。其次，评估专家进行现场考察。在查阅高校提交的各项参评材料后，针对材料所反映出的问题，专家组成员进入高校开展具有针对性的大约为期四天的实地考察，依据所见所感形成客观、翔实的审核评估报告。再次，评估结果的审议和发布。评估结果的审议由教育部的专家委员会来负责，而评估结果的发布由教育部教育质量评估中心和各地的教育行政部门来执行。最后，参评学校根据审核结果中提出的问题和建议进行整改。教育部会通过回访了解高校的整改情况，并以此为依据谋划高校未来的发展。①

审核评估方案在一定程度上体现了政府部门改革以往的高等教育评价模式、实现多元评价主体参与、促进高校个性化发展的愿望。事实上，整个评价活动的方案设计、过程实施、纪律监督等都是在教育部的主导下推进的。因此，尽管高校自评及第三方评估得到了一定的重视和强化，但是审核评估仍然主要是由政府主导。

综上所述，作为主管教育的政府行政部门，教育部的身影贯穿审核评估的始终。审核评估服务于政府的宏观调控，突出体现了政府部门的价值诉求。在评估实施的过程中，教育部在评估人员的选拔与培训、评估方案的设计、评估标准的制定、评估实践的组织等方面都起到了决定性作用。总之，从为何评、谁来评、评什么、怎么评四个方面来看，审核评估体现出由政府主导的高等教育评价范式特征。

---

① 教育部. 教育部关于印发《普通高等学校本科教育教学审核评估实施方案（2021—2025 年）》的通知[EB/OL]. http://www.moe.gov.cn/srcsite/A11/s7057/202102/t20210205_512709.html（2021-01-21）[2022-05-10].

# 第5章 中美高等教育评价范式比较分析

在当今世界交流开放的大背景下，不同国家间高等教育评价经验的分享与交流成为一种常态，这也使得中美两国在高等教育评价方面表现出一些趋同特征。例如，中美两国都设置了专门的高等教育评价机构。在中国，目前影响最大、受关注程度最高的高等教育评价机构是教育部教育质量评估中心。在美国，最为人熟知的高等教育质量保障机构是六大区域性院校协会。它们都是非官方的社会机构，独立制定评价方案，且对本区域内提出申请的高等院校开展评估。此外，在实施评价时，依循相似的评价流程也是中美两国高等教育评价的相同特征。无论是在中国还是在美国，高等教育评价活动大致都包含高校自评、专家考察和评议、结果公布与整改等几个阶段。

尽管中美两国高等教育评价活动呈现出许多共性特征，但由于制度环境和文化传统的差异，中美两国高等教育评价体现出明显的差异，各具鲜明的本土特征。本章着重对中美两国高等教育评价范式的差异进行分析。

# 5.1 中美高等教育评价范式的差异分析

古今中外，一切事物都会涉及如下三个最基本的问题：是什么？为什么？怎么做？就高等教育评价而言，是什么的问题主要涉及高等教育评价的本体论，探究的是高等教育评价的本质；为什么的问题主要涉及高等教育评价的价值论，即高等教育评价具有什么功能和作用；怎么做的问题主要涉及高等教育的方法论，即如何选择评价方法和评价工具。这也是我们比较中美两国高等教育评价范式差异的基本分析框架。

## 5.1.1 实证主义本体论与建构主义本体论

本体论是探究世界的本原或基质的哲学理论。高等教育评价范式本体论关注的是高等教育评价活动的本质，是关于高等教育评价是什么的假设前提，限定了高等教育评价理念和实践的方向。

### 1. 实证主义本体论

目前，中国高等教育评价理念深受泰勒的目标行为模式和斯塔弗尔比姆（L. D. Stufflebeam）的 CIPP（背景评估，context evaluation；输入评估，input evaluation；过程评估，process evaluation；成果评估，product evaluation）评价模式的影响。人们在谈及教育评价时，倾向于用二元主客体的思路来理解评价主体和评价对象之间的关系。换言之，在评价活动中，评价对象被当作被动的评价客体，评价者希望对其进行客观的描述和精准的判断。[①]在此理念下开展的高等教育评价工作容易忽视参评高校的主动性。在长期集中统一管理的体制下，中国高等教育评价的主体和标准单一，主要是政府部门以自己的价值需要为基础，对高等学校的办学质量做出评价，这决定了中国高等教育评价活动主要由政府左右，呈现出政府主导的评价范式特征。与此同时，在追求实证化和数量化教育评价的过程中，由

① 桂庆平. 论评估主体多元化与价值主体多元化[J]. 大学（学术版），2011（4）：10，11-19.

于理解的偏差和操作的不规范，实际的高等教育评价活动中较易产生功利化、绩效化和标签化等倾向。

### 2. 建构主义本体论

美国的高等教育评价活动从最初的心理测量开始，也曾经历过实证化的发展阶段。随着评价方法和手段的不断发展，受人文主义、存在主义以及多元哲学理论的影响，美国教育评价界对评价本质的认识也在不断深化。如今，美国学界对高等教育评价的本质解释主要是在建构主义基础上形成的。建构主义评价观认为，应该从根本上摆脱主客体二元论的传统认知，建立起主体间性的评价观念，教育评价应该是每一个高等教育的价值主体通过平等的对话、协商，将所关注的问题客观化，并且最终实现价值统一的过程。[①]源于民主社会的思想，政府部门以及学界等对高等教育评价的理解超越了主客体关系二元论。作为高等教育的利益相关者，其强调在评价活动中各自地位的平等，以及对彼此需求、关注点和现存问题的应答。在高等教育评价活动中，社会中介机构发挥着重要的作用，它们将高等教育的各利益相关者组织、协调起来，共同参与到高等教育评价活动中。

### 3. 小结

第一，对教育评价内涵的不同理解，使得高等教育评价活动的主客体关系不同。如上文所述，当前，中美两国关于高等教育评价活动的理念和认知存在差异。在中国的高等教育评价活动中，政府是评价主体，高校是对象化的评价客体，处于被动地位。美国的高等教育评价活动以高校、政府和社会力量等价值主体的参与、应答、协商为主要特征。

第二，政治体制和社会文化的不同，决定了高等教育评价活动的主体不同。受管理体制和传统思想的影响，中国政府部门理所应当地成了高等教育评价主客体关系中的主体，从而形成了政府主导的高等教育评价范式。美国分权而治的政治体制和相应的文化，使得社会评价机构成为中介，协调高等教育众多利益相关者的价值诉求，主导评价活动的开展，最终促成了社会主导型高等教育评价范式的形成。

---

① 刘志军. 教育评价的反思和建构[J]. 教育研究，2004（2）：59-64.

### 5.1.2 管理取向价值论与服务取向价值论

价值论主要从主体的需要和客体能否满足主体需要以及如何满足主体需要的角度，考察和评价各种现象及主体行为对个体和社会的意义。高等教育评价的价值论是指评价活动能实现何种功用，以及能为评价主体带来什么价值。

**1. 管理取向价值论**

回顾中国高等教育评价范式演进的历史，不难发现贯穿始终的一条主线，即评价活动采用一种自上而下的、以政府管理为主的逻辑。高等教育为政治、经济发展服务的功能历来都受到格外的重视。在中国，高等教育评价的目的不仅仅是促进高等教育机构办学质量的提升，更在于通过评价活动实现政府对高等教育的引导和监管。

**2. 服务取向价值论**

美国高等教育评价活动产生的最初原因在于高校自身对整合教育资源、统一高等教育质量标准的需求，以及社会上用人单位对高等教育质量的担忧。美国公众倾向于依靠行业力量来解决社会问题，所以非官方性质的教育评价协会应运而生，以第三方的身份对高等院校的办学质量进行评估，从而帮助高校提升办学质量、获得联邦政府和社会各界的资金援助，同时为学生转学、就业提供重要参考。由此可见，美国的高等教育评价活动最初就具备了自下而上的服务属性。随着高等教育的日益普及，高等教育评价活动的利益相关者覆盖面越来越广，评价活动需要服务的对象也越来越多。

**3. 小结**

第一，高等教育的使命决定了高等教育评价活动的目的。中国的高等教育属于后发赶超型，从晚清时期到今时今日，高等教育都是以服务国家为首要使命。这直接决定了高等教育评价的目的是判断高等教育完成使命的程度，为政策的制定提供参考和依据，为国家的发展指明方向并且提供支持。美国的高等教育属于早发内生型，高等院校形成了相对独立的自组织生态，大学自治的传统得到了传承，人才培养的核心地位一直比较突出。因此，美国的高等教育评价活动强调以学生为中心，帮助高校发现并且解决在教育教学过程中存在的问题，以实现培养高质量人才的目标。

第二，高等教育评价的主体决定了高等教育评价的功用。在中国，政府是高等教育评价的主体。政府的管理者身份决定了高等教育评价自上而下的管理属性。具体而言，各类评估活动是教育行政部门监控高等教育质量的方式，同时评价结果成为资源再分配的重要依据。非官方的社会中介组织是美国高等教育评价的主体。根据克拉克的观点，这类独立于高校和政府的第三方机构是政府与高校之间的"缓冲器"。[①]发挥协调和缓冲作用的社会评价机构本质上是高等教育评价活动中的服务者，这为高等教育评价自下而上地开展提供了必要的前提条件。

### 5.1.3 单一传统方法论与融合多元方法论

方法论是人们认识世界、改造世界的一般方法。高等教育评价活动的方法论是指评价者在高等教育活动中运用什么样的方式和工具来评价高等教育质量。

**1. 单一传统方法论**

中国高等教育评价活动对于评价方法和技术的选用通常是基于服务政府管理的需要，以高等教育管理体制为依托。在这样的背景下，量化的评价方法和评价结果往往能更为直观地展示高校的办学质量，方便后续的高校等级评定和资源分配。因此，评价者更关注客观的数值，更倾向于采用量化方法对院校、教师、学生等进行测评。近年来，认识到单一定量评价方法的局限性，对高校的审核评估开始注重定性评价的运用。由于不分等级的写实性评价对高校缺乏刚性约束，部分高校在评估过程中被动应付，对评估的效果造成了负面影响。[②]此外，中国的高等教育评价在对院校评估、专业鉴定、课程评价、学生评教等多种评估活动的方法、技术资源的自主开发与改良创新方面还存在较大的提升空间。[③]

**2. 融合多元方法论**

美国高等教育评价最初也是以量化测量的方式起步。但随着高等教育的发展以及对教育评价研究认识的深入，人们开始意识到仅依靠量化测评并不能真实反

---

① 伯顿·R. 克拉克. 高等教育系统——学术组织的跨国研究[M]. 王承绪，徐辉，殷企平，等译. 杭州：杭州大学出版社，1994：109.

② 眭依凡. 关于本科教学评估的理性思考[J]. 大学教育科学，2019（5）：4-6.

③ 沈玉顺. 高等教育评价方法技术的误用、滥用及其矫正[J]. 复旦教育论坛，2010（5）：10-13，36.

映高等学校的办学质量。于是，评价机构开始运用能反映更深层内容的质性评价方法。但是，这种由量化向质性的方法论转化并不意味着两种方法的完全对立和更替，而是代表一种有所侧重、互相融合的趋势。[①]另外，为了提升评价结果的科学性和有效性，降低评价成本，美国的研究机构和学者一直致力于评价工具的研发，大学生学习评价（collegiate learning assessment，CLA）、研究型大学本科生就读经历调查（student experience in research university，SERU）等项目使用的评价工具被很多国家引用和借鉴。[②]

### 3. 小结

第一，评价发展的成熟度决定了评价方法的使用。美国的高等教育评价也曾以量化测量为主要的评价方法，经历上百年的发展后，如今的评价活动已经能根据评价的目标来灵活选取、综合运用不同的评价方式。在中国，规范的高等教育评价活动起步较晚，发展历史较短，评价方式方法还不够优化。

第二，评价主体和经济体制的不同影响了评价工具的开发。为了在市场上确立优势地位，美国高等教育评价机构需要不断研制、开发评价工具，以提升评估的科学性和有效性。中国的评估机构受到市场的冲击和影响较小，因此在研发评价工具、提升评价水平方面缺少一定的动力。

## 5.2 美国高等教育评价范式的启示与借鉴

高等教育评价范式是特定历史条件和体制机制的产物，各个国家的高等教育评价范式不尽相同，它们各自指导着本国的高等教育评价活动。每个国家的高等教育评价范式各具特色和优势，评价范式中各个维度的匹配度越高，评价活动就越能促进高等教育质量的提升和高等教育事业的健康发展。通过对比分析中美两国高等教育评价范式的异同，我们可以获得如下几个方面的启示。

---

① 熊耕. 试析美国高等院校认证标准演变的逻辑——以中北部地区大学与中学协会的认证标准为例[J]. 比较教育研究，2004（7）：78-82.

② 朱炎军，夏人青. 走向“内部改进”质量评估模式——美国高等教育质量评估的转变及启示[J]. 高校教育管理，2016（2）：92-96，124.

### 5.2.1 以多元价值主体的充分参与为前提

首先，吸收第四代评价理论的先进理念，将评价主体从一元转向多元。除了政府部门之外，高等院校、家长和学生、用人单位、普通民众都是高等教育的利益相关者。他们持有不同的高等教育质量观，对高等教育也有着不同的诉求。理想的高等教育评价应该是包含高等教育利益相关者价值诉求的集合体。

其次，赋予每个评价主体相应的权利，使其能充分地参与到评价活动中，政府部门、高等院校、家长和学生、用人单位、普通民众等高等教育利益相关主体都能参与到评价准则和实施方案的制定中来，并在评估实施的过程中发挥各自应有的作用。

### 5.2.2 以促进高等教育质量提升为根本目标

随着中国高等教育在规模上实现普及化，为实现高等教育数量与质量的协调发展，适当借助政府的影响力来督促高等院校建立成熟的内部质量保障机制是必要和可取的。但需要明确的是，高等教育评估的根本目的是促进高等教育质量的提升和高等院校自身的发展。①

那么，如何在实践中淡化高等教育评估的行政管理倾向呢？最重要的是政府要实现角色转换，从具体评价者变为宏观调控者。高等教育评估活动的开展应该交由专业的第三方机构具体负责实施，这样才能做到兼顾政府的导向、社会的需求和学校的发展目标，以中立的态度进行高等教育评估。政府应该致力于建立元评价机制，即对评价的评价。社会评价机构的资质水平如何、评价活动的开展是否合法合规，都需要通过建立教育评价的“元评价”机制来保障。

### 5.2.3 以衡量人才培养质量为核心

美国高等教育评价范式之所以成功，其中一个重要的原因是以为受教育者提

---

① 董云川. 二八分治：中国高等教育质量评估制度改良的必然归属[J]. 高教探索，2010（4）：5-9.

供更好的教育环境、提供质量更高的教育和更优的教育资源为导向。[①]典型的例子是，六大区域性院校协会的认证标准不仅重视院校使命和培养目标的确立以及办学资源的投入，还特别重视教育的产出，即学生的学习效果。这正是值得中国在进行高等教育评价活动时需要借鉴的地方。

大学的本质是培养人，尽管在适应社会变革的过程中，高等教育的职能不断扩展，但人才培养从来都是高等教育最本质的职能。高等教育评价自然也应该以人才培养为核心，围绕人才培养的质量来设置评价考核内容。例如，将评估的重点从办学资源的投入量转移到学校资源是否及如何用于培养学生、学生的学习体验感和效果如何等与学生学习相关的方面。这既是高等教育普及化阶段的重大使命，也是回归高等教育初心的必由之路。[②]

### 5.2.4 以多样的评价方法和创新的评价工具为途径

一所高校的综合实力可以分为硬实力和软实力两个方面。硬实力主要是指师资力量、财务情况、硬件设备等可测量的内容。软实力则是一些看不见、摸不着的难以衡量的部分，比如，学校历史、学校声誉、校园文化、办学特色等。目前，我国高校评价多通过量化的方法测评学校的部分硬实力，对于软实力缺少应有的重视。因此，高校评价应根据评价需要科学地设计评价指标体系，协调处理好定性指标和定量指标之间的关系，合理增加定性指标的内容，使高校评价能够尽可能全面地反映高校的整体实力。

方法论的改进不仅体现在评价方法的选择上，同时需要操作技术的支撑。充分利用信息化、智能化的技术手段，创新评价工具和评价方式是大势所趋。鉴于高等教育体系的复杂性，可以考虑利用大数据及时、大量地获取各类数据信息，提升评估的效率。大数据分析法有助于揭示传统评价方法无法发现的教育质量问题及其产生的原因，能够从新的角度为完善高等教育质量保障体系提供支持。

---

① 刘振天. 从象征性评估走向真实性评估——高等教育评估制度的反思与重建[J]. 高等教育研究，2014（2）：27-32.

② 邬大光. 探索高等教育普及化的“大国道路”[J]. 中国高教研究，2021（2）：4-9.

# 结　论

美国在高等教育评价方面积累了一些经验，本编主要以美国为研究对象，旨在通过对比分析，为中国高等教育评价范式的转换提供一些有益参考。具体而言，本编聚焦以下四大核心问题：第一，何为高等教育评价范式？高等教育评价范式种类如何划分？第二，中美两国高等教育评价范式的演进过程及现状如何？第三，中美两国高等教育评价范式存在哪些差异？这些差异是如何产生的？第四，美国高等教育评价范式有哪些方面值得借鉴？

本编首先在文献综述的基础上对核心概念做出界定，认为高等教育评价范式是特定时期内的高等教育评价共同体在高等教育评价活动中共同认可的价值取向和实践方式。其次，基于理论和现实依据，以评价主体的不同，将高等教育评价范式主要划分为政府主导型、社会主导型和高校主导型三个类别。对应此划分标准，中国的高等教育评价范式属于政府主导型，经历了萌芽期、形成期、发展期和流变期四个演进阶段。美国的高等教育评价范式属于社会主导型，经历了发轫期、确立期、规范期和成熟期四个演进阶段。再次，以美国的中北部院校协会开展的院校认证和中国的教育部教育质量评估中心组织的审核评估为例，从范式的核心要素——价值取向和实践方式两方面分析比较了中美两国高等教育评价范式的现状。最后，以本体论、价值论和方法论为分析框架，从何为高等教育评价、为何进行高等教育评价以及如何进行高等教育评价三个方面分析了中美两国高等教育评价范式存在的差异，并且从政治、经济、文化和教育四个方面探讨了这种差异产生的原因。

通过中美两国高等教育评价范式的比较研究，本编对中国高等教育评价范式的转换提出如下四点建议。①以多元价值主体的充分参与为前提。高等教育评价不是单一主体的价值判断，而是多元利益主体不断沟通、交流，实现价值统一的过程。②以促进高等教育质量提升为根本目标。无论是高等教育的内部评价还是外部监督，其最终目的都是帮助高校发现问题，寻求改进之道。③以衡量人才培养质量为核心。高等教育评价应服务于人才培养这一中心任务，评价的重点应从资源投入转移至学生学习产出方面。④以多样的评价方法和创新的评价工具为途径。相关主体应该突破单一定量或者定性方法的束缚，在“质”与“量”之间寻求平衡，同时充分利用信息时代的技术优势研发出新的评价工具和分析方法。

本编的创新点主要有三方面：第一，以“范式”为切入点对中美两国的高等教育评价活动进行比较研究；第二，紧扣范式界定的两个关键词“价值取向”和“实践方式”，梳理中美两国高等教育评价范式的演进过程和现状；第三，从本体论、价值论、方法论三个维度对中美两国的高等教育评价范式进行对比，在此基础上探讨中国高等教育评价范式的完善之路。

# 第二编

# 中日高等教育第三方评价制度比较研究

# 第6章
# 日本大学第三者评价制度研究概述

## 6.1 日本大学第三者评价制度研究背景及意义

### 6.1.1 研究背景

近年来，中国高等教育发展迅速，在高等教育数量迅速扩大的同时，如何更好地保障大学的办学质量越来越受到公众的关注，尤其是在中国“双一流”建设计划提出后，如何提升大学的教育质量，使中国的大学早日达到一流大学的标准，成为中国高等教育发展面临的一项重要课题。为了有效提升中国大学的办学水平，尽快实现建设一流大学和一流学科的目标，需要不断对大学评价制度进行完善和创新。早在《2003—2007 年教育振兴行动计划》中便提出要尽快完善高校教学质量保障体系，并定期对教学工作水平展开评估。2015 年，《教育部关于深入推进教育管办评分离 促进政府职能转变的若干意见》中明确指出，要加快推进教育的管办评分离，健全教育评价制度。可见，尽快建立并完善科学合理的大学评价制度，对于我国高等教育的健康发展具有十分重要的意义。

日本大学在第二次世界大战结束后便开始对大学评价制度进行不断探索与改

进。最初，日本仿效其他国家建立了自主型认证评价制度，随之由重视大学自我评价转变为重视第三者评价，最后第三者评价制度被法律规定为一项正式的评价制度。由此可见，随着经济社会的不断发展，日本对高等教育的评价理念不断更新，第三者评价制度从最初的不受重视发展成为保障大学办学质量的重要手段，成为日本高等教育质量保障制度的核心。通过第三者评价制度，日本大学在教育质量的保障和提高方面取得了明显的进步，建立了一批在世界上享有良好声誉的大学。因此，对日本大学第三者评价制度进行研究，对于中国大学第三方评价制度的建设具有重要参考意义。

### 6.1.2 研究意义

**1. 理论意义**

日本大学第三者评价制度作为高等教育质量保障的一种重要手段，在为日本培养一大批优秀的人才方面发挥了重要作用，为日本社会的全面发展提供了坚实的人才基础，提高了其核心竞争力。中国高等教育处于改革深化期，在构建科学合理的评价制度方面还有很大的探索空间。目前，中国构建第三方评价制度的理论研究尚不够全面和深入，研究日本大学第三者评价制度的发展历程，分析第三者评价制度的主要内容与实施，借鉴其成功经验，无论是对中国大学第三方评价制度的建立，还是对充实和完善大学评价的相关理论，都具有重要参考价值。

**2. 实践意义**

通过对日本大学第三者评价制度进行系统性的研究，梳理日本大学第三者评价制度发展的历程，研究日本当下第三者评价制度的基本特征和内容构成，探究其独特优势与存在的问题，有利于推动中国高等教育体制机制改革，有利于完善中国的高等教育评价制度，实现大学评价的制度化，对于提高大学办学质量、尽快实现建设一流大学和一流学科的宏伟目标，具有一定的现实意义。

# 6.2 日本大学第三者评价制度研究综述

日本大学第三者评价制度是日本在新时期的教育改革中引入的一项由第三者评价机构对大学实施外部评价的制度，外部性也在一定程度上增强了大学评价的客观性与科学性，有助于保障大学的办学水平及教育教学质量。建立大学第三者评价制度对于保障高等教育质量起到了重要作用。以下主要从国外和国内两方面对现有研究进行综述。

## 6.2.1 国外研究现状

本部分主要从日本大学评价制度和日本大学第三者评价制度两个方面对国外学者的研究进行综述。

### 1. 关于日本大学评价制度的研究

作为大学评价制度的一部分，对第三者评价制度进行研究离不开对大学评价制度的探讨。日本大学评价经历了从自主认证到自我评价，再到自我评价与外部评价相结合的过程，很多学者对其发展过程进行了相关研究。

对于是否需要实施大学评价制度，越野泰成从法律和经济学的视角对大学评价制度进行了分析，他对没有大学评价的情况和有大学评价的情况进行了责任化的比较，并对其效果进行了考察。结果表明，从社会剩余的角度来看，当教育水平和教育服务处于互补关系、边际劣势逐渐增加时，引入大学评价是可取的。除此以外，考虑到教育标准对认证评价的影响，当教育水平和教育服务处于另类关系（边际劣势增加或减少）时，引入大学评价也是可取的。[①]喜多村和之指出，进行大学评价是十分必要的，大学评价的目的在于更好地进行教育和研究，提高教育质量。在当代日本，大学评价已成为大学健康发展不可或缺

① 越野泰成. 大学評価についての——考察（1）法と経済学の視点より[J]. 琉球大学経済研究，2018（95）：1-10.

的一部分。[1]关喜比古同样认为，大学评价是日本高等教育发展和提高国际竞争力的关键，日本大学评价体系未来发展方向是使大学能够完成“知识的创造与传承”的使命。[2]德永保指出，实施大学评价活动十分有必要。近年来，世界各国均开展了大学评价体系的研究与实践，各项评价活动不断发展和壮大，国际上不断强调大学教育质量保证的必要性及其制度建设，也进行了学习成果评价等方面的尝试，其根本均在于确保对大学进行公平和有效的资源分配。[3]村泽昌崇认为，当代大学评价具有以下几个特征：对成果评价高度关心，承担着说明责任的重任，是一种具有高度市场性、国际性的评价。[4]经济同友会在其报告中提出了“大学评价体系”，指出为了实现大学教育改革，希望能够积极地开展大学间的竞争，提高大学教育质量。[5]米泽彰纯等认为日本大学评价制度在世界大学评价体系中占有极其重要的地位。[6]

日本的大学评价制度虽然受到很多学者的赞赏和支持，但也存在一些问题。服部宪儿指出，当前的日本大学评价制度存在以下三个问题。其一，大学评价活动的方向和限制问题，即由于大学评价大学，活动变得统一化，资源与精力也集中于易于产生成果的部分，而某些对于教育研究很重要的难以量化和产生成果的部分则会被舍弃。其二，大学评价的目的较为模糊且多种多样，并不总是能够同时实现。其三，“评价疲劳”和高校对大学评价的消极态度。“评价疲劳”是指与大学评价相关的大量行政工作影响了评价的效率，而消极态度则是指为了迎接大学评价，大学不得不四处收集资料和数据，处于被动迎评的状态。[7]山东功指出，无论是自我评价还是第三者评价，大学均需要提供必要的材料和数据支撑，如何保证这些材料和数据的真实性与公正性，是大学评价必须

---

① 喜多村和之. 大学評価の可能性についての考察[J]. 大学論集，1989（18）：53-73.

② 関喜比古. 大学評価制度充実に向けての——考察：評価する側・される側[J]. 立法と調査，2010（307）：84-97.

③ 德永保. 大学評価及び評価活動の現状と課題[R]. 東京大学政策ビジョン研究センター，2012（7）：2-30.

④ 村澤昌崇. 高等教育における評価の動向・課題[J]. 大学論集，2014（9）：173-189.

⑤ 経済同友会. 大学評価制度の新段階——有為な人材の育成のために好循環サイクルの構築を——（概要）[EB/OL]. http://www.doyukai.or.jp/policyproposals/articles/ 2013/pdf/ 130403a.pdf（2013-04-03）[2018-12-11].

⑥ 米澤彰純，村澤昌崇，作田良三. 日本の大学評価システムの構造と機能——自己点検・評価が生み出したもの[J]. 高等教育研究，2000（3）：173-193.

⑦ 服部憲児. 大学評価の課題と可能性[J]. 日本教育経営学会紀要，2017（59）：36-45.

解决的问题。[①]

### 2. 关于日本大学第三者评价制度的研究

有学者高度评价了日本大学第三者评价制度。他们指出由于日本高等教育是一个高度复杂的系统，高等教育中的质量保障必须反映出对这一事实的认识。20 世纪 90 年代后期，高等教育系统的质量保障基本上通过大学自我评价、依靠大学自主努力来实现。自 2004 年日本开始对大学进行第三者评价后，高等教育系统的水平得到了不断提高，这不仅是日本政府或大学的关键任务，也是整个国家的责任。[②]有学者认为，在实施第三者评价制度之前，由于日本的一些大学在进行自我评价时未能站在客观公正的立场，直接导致了学校自我评价的失败。因此，引入第三者评价制度是非常重要的，而大学评价和学位授予机构的建立不仅丰富了评价机构的多样性，也意味着日本的高等教育质量保障开始进入以大学评价为核心手段的时代。[③]

法律政策作为日本大学第三者评价制度实施的重要前提，也是其得以正常运作的保障。喜多村和之认为，最开始针对第三者评价制度修订的法案是存在问题的，法案中规定第三者评价必须面向所有大学展开。从这一点来看，政府有加强对大学进行行政干预的倾向。此外，法案中虽然规定了对大学的评价需要与资金分配相互配合，对大学必须要接受经过文部科学省审核的认证机构进行的第三者评价做了规定，却未说明为何必须是经过文部科学省认证的评价机构。最后，法案中规定了经过认证评价机构认证过的即为“认证评价”，但并未对“认证评价”的详细内涵进行更深入的阐述和解释。因此，法案中仍存在大量需要改进和完善的地方。[④]

第三者评价机构作为评价活动的主体，在整个评价活动中扮演着重要的角色。天野郁夫认为，第三者评价机构的人员组成至关重要，是由从事高等教育研究的人员组成，还是由政治经济财团的相关人士组成，或是直接由消费者组成，

---

① 山東功. 大学評価と研究公正[J]. 学術情報リポジトリ，2018（3）：33-44.

② Sorin-George T，Naruo S. Quality assurance in the Japanese universities[J]. The Amfiteatru Economic Journal，2009（26）：574-584.

③ Zhang T. Reform measures and enlightenment of the education quality assurance about Japanese private universities[J]. Creative Education，2016（1）：189-197.

④ 喜多村和之. 日本における大学評価の政策の形成と立法過程[J]. 教育社会学研究，2003（72）：53-71.

会直接影响第三者评价的意义和结果。①喜多村和之也曾提出，认证机构的认证权由国家掌握，与规制违和、与政策相违背，由政府设置的评价机构对大学进行认证评价不能保证其评价的公平和客观。尤其是在日本占比很高的私立大学，更不应该由国家和政府指定的评价机构来进行评价，而应有符合私立大学自身发展特点的评价方式和评价标准。②江原武一提出，独立于政府、学校之外的第三者评价机构进行的大学评价，相比基于大学联合组织和从事大学教育的人员的自主评价具有更大的意义。③高森智嗣指出，经过文部科学大臣认证的第三者评价机构，在经过官方认证的同时，有明文规定的法律作为保障，因此具有很强的标准性。另外，针对每所大学形成的最终评价报告，也必须在第三者评价机构网站上予以公示。④对于第三者评价制度今后的发展方向，喜多村和之指出，日本大学的第三者评价制度设置之初虽以美国的认证评价制度为原型，但是无法充分体现美国认证评价的内涵，最终导致第三者评价制度流于形式。⑤

有学者认为，日本在 1995—2015 年建立了一个相当复杂和全面的评价体系，即从设置审核系统发展到包括自我监测评价和第三者评价在内的系统。自日本大学实施第三者评价制度后，评价制度更加严格，以加强问责制和推进改革，建立具有国际竞争力的高等教育机构。然而，这个系统是否会培育强大而有竞争力的机构仍然不确定。⑥经济同友会也提出，第三者评价机构公布的评价结果无法对大学教育成果进行完全正确的评价，对于许多利益相关者（如学生、家长）而言，它既不被认可也没有参考价值，因此无法完全发挥第三者评价的功能。⑦

---

① 天野郁夫. 大学評価の新段階（今月のテーマ 大学評価の新段階）[J]. 現代の高等教育，2002（442）：5-11.

② 喜多村和之. 第三者評価機関の意味するもの（今月のテーマ 本格化する大学評価）[J]. 現代の高等教育，2000（8）：10-15.

③ 江原武一. 日本における大学評価の進展[J]. 立命館高等教育研究，2009（3）：93-108.

④ 高森智嗣. 認証評価における「教育の成果」の記述内容分析：大学評価・学位授与機構を対象に[J]. 福島大学総合教育研究センター紀要，2013（1）：93-100.

⑤ 喜多村和之. 大学評価の日米比較——アクレディテーションの精神をめぐって（今月のテーマ 大学評価の新段階）[J]. 現代の高等教育，2002（9）：11-17.

⑥ Yamaguchi A M，Tsukahara S. Quality assurance and evaluation system in Japanese higher education[J]. Avaliação：Revista da Avaliação da Educação Superior（Campinas），2016，21（1）：71-87.

⑦ 経済同友会. 大学評価制度の新段階——有為な人材の育成のために好循環サイクルの構築を——（概要）[EB/OL]. http://www.doyukai.or.jp/policyproposals/articles/2013/pdf/130403a.pdf（2013-04-03）[2018-12-11].

## 6.2.2 国内研究现状

### 1. 关于日本大学评价制度的研究

国内对日本大学评价制度整体进行研究的学者不在少数。李雪梅指出，第二次世界大战后日本大学评价制度的侧重点经历了从自我评价到外部评价的转移，从一开始的鼓励大学开展自我评价，到后来的自我评价义务化，再到之后的以第三者评价制度为核心的外部评价。[①]胡建华认为，日本大学评价制度的发展经历了先进行自我评价，后设置专门的评价机构实施外部评价的过程，这种先内后外的大学评价制度形成顺序遵循了一种先易后难的大学改革原则。[②]梅红、宋晓平结合日本高等教育近年来改革发展的社会背景，提出日本大学评价活动种类繁多，除了媒体进行的大学排名，也包括由大学评价与学位授予机构对大学进行的第三者评价，种类多样的评价活动共同促进了日本高等教育改革，大学评价已成为促进日本大学有序发展的重要手段。[③]闫飞龙认为，自 20 世纪 90 年代以来，日本的大学评价实现了制度化的发展，并在此基础上不断完善，即形成了以大学自我评价为基础、第三者评价为核心的新型评价制度。[④]丁妍提出，高等教育规模的快速壮大、高等教育国际化的影响、公众对大学履行社会责任要求的提高以及政府对教育资源和财政资源分配的调整，共同推动了日本大学评价制度的不断完善。[⑤]

### 2. 关于日本大学第三者评价制度的研究

作为第三者评价制度顺利运行的前提，张春浩指出，日本根据修订的《学校教育法》实行第三者对大学进行评价的制度，对推动大学之间竞争、提高大学的自身水平极为重要。[⑥]张爱认为，《学校教育法》作为第三者评价制度的基础性文件，是日本大学第三者评价制度运行的前提和保障。[⑦]黄福涛指出，日本大学由

---

① 李雪梅. 战后日本大学评价制度的变化和发展研究[D]. 北京：首都师范大学，2008：19-21.

② 胡建华. 90 年代以来日本大学评价制度的形成与发展[J]. 外国教育研究，2001（1）：6-10.

③ 梅红，宋晓平. 日本高等教育评估体系及自评历程与背景研究[J]. 世界教育信息，2007（7）：20-23.

④ 闫飞龙. 以自我评价为基础的日本大学多元化评价体系研究[J]. 复旦教育论坛，2008（2）：13-17，37.

⑤ 丁妍. 日本大学评价制度建立的背景、现状及问题的研究[J]. 评价与管理，2016（1）：45-49.

⑥ 张春浩. 中日韩建设世界一流大学政策比较研究[D]. 长春：东北师范大学，2003：12.

⑦ 张爱. 日本大学第三者评价的运行机制[J]. 比较教育研究，2006（4）：70-74.

第三者实施的认证评价主要指非大学或政府机构按照一定的标准对高校实施的评价，认证特指这些机构必须事先得到政府的认可或认证，才有资格作为第三者对大学进行评价。①

我国对日本大学第三者评价机构的研究有很多。张燕等认为，作为第三者评价机构之一的大学评价与学位授予机构具有职责明确、评价过程公正透明、重视研究评价活动和重视国际化交流等特点，保障了第三者评价活动得以顺利进行。②同样，郭朝红、林江涌认为，大学评价与学位授予机构作为第三者评价机构对日本大学的评价，促进了日本高等教育质量的改善，进一步完善了日本的大学评价体系，其成立是日本大学评价事业发展的标志性事件。③施雨丹提出，大学评价与学位授予机构是日本大学第三者评价制度的主要实施者，既需要对各大学的自我检查与评价进行分析调查，对各大学进行第三者评价，又需要不断改进评价体制，调整评价基准、评价内容、评价方法等。④王宁、郄海霞提出，因为第三者评价机构具有评价标准明确、评价过程科学等多种优点，已成为当下日本大学的核心评价方式。⑤齐小鹍等指出，当前日本的三大认证评价机构为了对大学进行多角度、全方位的评价，均制定了详细的评价标准，避免对大学进行单一的同质化评价，而且在制定评价标准时考虑到了大学在办学和发展过程中的特色。⑥

此外，也有不少学者对日本大学第三者评价制度的发展历程及整体运行进行了研究。胡国勇认为，日本大学评价制度的发展历程实际上是与大学相关方力量不断博弈制衡的历程，从最初的自主型认证到当前的第三者评价，日本政府顺利实现了职能转换。⑦王国辉提出，作为第三者评价制度的重要内容之一，日本将认证评价提升到法律层面，目的在于增强大学的自律性以及实现大学的特色化发

---

① 黄福涛. 日本大学质量保障体系的建立与基本特征[J]. 深圳大学学报（人文社会科学版），2016（4）：143-149.

② 张燕，李彦武，李丽刚. NIAD-UE 对我国大学评估的启示[J]. 理工高教研究，2005（6）：48-50.

③ 郭朝红，林江涌. 日本大学评价学位授予机构（NIAD-UE）探究[J]. 化工高等教育，2006（4）：10-13.

④ 施雨丹. 二战后日本大学评价的发展历程及基本特点[J]. 外国教育研究，2004（10）：48-52.

⑤ 王宁，郄海霞. 日本短期大学第三方评价的经验与启示——以日本高等教育评价机构为例[J]. 中国职业技术教育，2016（24）：75-82.

⑥ 齐小鹍，郝香贺，唐志勇. 日本高等教育三大认证评价机构的借鉴与启示[J]. 煤炭高等教育，2018（2）：54-60.

⑦ 胡国勇. 第三者评价——日本的大学质量保证体系改革[J]. 外国教育研究，2005（12）：52-56.

展。[①]张爱指出，在日本大学第三者评价制度的运行中，文部科学省、评价机构和大学三个主体之间存在着复杂的关系。她分别从法律关系、统一关系和制约关系三方面对这种复杂的关系进行了详细阐述，提出第三者评价制度的顺利运行得益于文部科学省、评价机构和大学之间的相互配合。只有三大主体发挥各自的优势，同时互相尊重彼此的发展需要，才能真正实现第三者评价的目的，促使第三者评价制度良好运行。[②]自引入第三者评价制度后，在很大程度上促进了日本大学的健康发展。王蒙指出，第三者评价制度对法人化的国立大学意义重大，它在提高大学办学质量、促进大学履行社会责任、帮助政府实现教育资源和财政资源的合理分配等方面发挥了重要的作用。[③]

### 6.2.3 文献述评

通过对以上相关研究的整理不难发现，日本大学第三者评价制度受到众多国内外学者的关注和重视，有针对日本大学第三者评价政策及形成过程的具体分析，也有针对第三者评价机构的详细介绍，还有对第三者评价整体运行机制的梳理，但这些研究还有一定的局限性，即关注点主要在日本大学第三者评价制度建立的初期，大多停留在对局部问题的探讨上，对日本大学第三者评价制度的整体把握和系统分析仍然不足。因此，从深度和广度上对日本大学第三者评价制度的研究还有进一步拓展的空间。本编力求在已有研究的基础上，对日本大学第三者评价制度的发展历程进行系统梳理，考察该制度运行的基本现状，对其优点和存在的问题进行深入分析，并结合中国高等教育第三方评价制度的研究，探讨其对中国高等教育第三方评价制度建设的启示。

---

① 王国辉. 从事前规制转向事后确认：日本大学现行认证评价制度研究[J]. 高教探索，2015（7）：67-72.

② 张爱. 日本大学第三者评价的运行机制[J]. 比较教育研究，2006（4）：70-74.

③ 王蒙. 日本国立大学法人评价研究[D]. 沈阳：东北大学，2015：40-42.

# 6.3 日本大学第三者评价制度的研究目的、内容与方法

## 6.3.1 研究目的

日本大学第三者评价制度是当下日本高等教育质量保障的核心部分，通过第三者评价制度，既可以对大学的办学质量进行评价，促进其更好地发展，又可以辅助政府实现对大学的监督，同时可以方便社会各界获取大学情况和信息。目前，中国正处于建设第三方评价制度的探索期，日本大学第三者评价制度已趋于完善，对其进行研究可以为中国高等教育第三方评价制度的建设提供一些借鉴和启示。

## 6.3.2 研究内容

日本大学第三者评价制度是日本在教育体制改革中引入的一项保障和提高大学办学质量的大学评价制度。本编拟围绕日本大学第三者评价制度，首先对日本大学第三者评价制度的发展阶段进行梳理，探讨其在不同历史时期的发展背景、具体实施以及特点；其次，从评价主体、评价标准、评价程序等维度对包括认证评价和国立大学法人评价两种形式在内的第三者评价制度的现状进行探析，并以东京大学为例进一步分析第三者评价制度的运作过程；最后，分析日本大学第三者评价制度的优点和存在的问题，并结合中国高等教育第三方评价制度建设现状，分析其对中国大学第三方评价制度建设的有益启示。

### 6.3.3 研究方法

1. 文献研究法

根据研究的需要，笔者主要以“第三者评价”“评价制度”“认证评价”“国立大学法人评价”等为关键词在中国知网、日本学术论文数据库以及其他数据库搜寻相关研究资料，查阅大学基准协会、大学改革支援与学位授予机构、日本高等教育评价机构以及国立大学法人评价委员会在其官方网站上公布的相关资料，查阅日本文部科学省以及其他政府部门在官网发布的信息及法律政策等，进行相关文献的研究。

2. 比较研究法

通过对已掌握文献资料的研究分析，从日本与中国高等教育第三者评价的比较中，探索符合中国国情的高等教育第三方评价制度建设的有益经验。

3. 案例分析法

研究日本大学第三者评价制度，只依靠理论探讨是不充分的，需要结合具体实例才能更直观地了解日本大学第三者评价制度的实际运行情况。本编选取东京大学为研究对象，结合其同时接受认证评价和国立大学法人评价的具体实例，对日本大学第三者评价制度进行典型案例剖析。

## 6.4 日本大学第三者评价制度的基本概念

### 6.4.1 大学评价

日本高等教育类型多样，从高等院校层次上来说，有大学、短期大学、高等专门学校、专门职大学、专门职短期大学、专门职学科、专修学校等几类。因为专门职大学、专门职短期大学、专门职学科于 2019 年开始首次招生，而专修学校因为不能颁发毕业文凭，不属于严格意义上的正规学校，所以在日本，高等院校一般多指前3类。大学一般为四年制，短期大学一般为两年制，高等专门学校为非大学高等教育机构，学制为五年，招收初中毕业生。本编的日本大学专指四年制大学，并不涉及短期大学及高等专门学校。

从字面上解释，“评价”就是评定价值，是一种对客体满足主体需要程度进行价值判断的活动。评价（evaluate）在英语词源学上与value（价值）紧密联系，前缀e-表示“出，出来”的意思，可见评价具有引出和阐发价值的意思，是掌握事物或活动的价值的行为。评价本质上是一种价值判断，是评价主体根据价值主体的需要，衡量价值客体是否满足价值主体的需要，以及在多大程度上满足价值主体需要的一种判断。大学评价是教育评价的重要组成部分，既具有教育评价的一般特性，又有自己的特殊性。与教育评价主要以活动为评价对象不同，大学评价更多是以大学组织为评价对象。日本学者庆伊富长等指出，所谓大学评价是测定和决定大学具有的价值和其机能效果的过程。[①]李守福认为，大学评价是根据目标和标准对高等教育整体或个别教育组织进行科学判断的过程。[②]刘创、刘红英认为，大学评价是根据某特定目的，按照高等教育设置的发展原则与要求，对大学进行分析与界定，并根据结果对大学的设置进行调整与规划。[③]在本编中，大学评价是指由评价主体依据一定的评价标准对大学的人才培养、科学研究以及社会服务等进行价值判断的活动。

## 6.4.2 大学第三者评价

自从日本政府在高等教育评价中引入第三者评价以来，学术界对第三者的界定尚未达成共识。目前，学术界对第三者的界定大体上分为两种：第一，第三者是独立于大学的评价主体；第二，第三者是独立于大学和教育主管部门的机构。[④]笔者认为，大学第三者评价是日本政府为了监督和提升大学质量，由专门的评价机构对大学进行价值判断的活动。

---

① 庆伊富长等. 大学评价——评价的理论与方法[M]. 王桂，周蕴石，周鸿志等，译. 长春：吉林教育出版社，1990：10.

② 李守福. 国外大学评价的几种模式[J]. 评价与管理，2015（4）：26-29.

③ 刘创，刘红英. 学术声誉：大学评价体系建构的基点[J]. 中国高教研究，2006（6）：36-37.

④ 李守福. 论大学的社会评价[J]. 比较教育研究，2003（5）：1-5.

### 6.4.3 评价制度

制度最一般的含义是要求大家共同遵守的办事规程或行动准则。在我国，“制度”一词出于《周易・节》，“天地节而四时成；节以制度，不伤财不害民”“君子以制数度，议德行”。[①] “制”有节制、限制的意思，“度”有尺度、标准的意思。这两个字结合起来，表明制度是节制人们行为的尺度，在古代则称为“规矩”。按照《辞海》的解释，“制度”是指要求成员共同遵守的、按一定程序办事的规程。[②]在经济学上，诺斯认为制度是一个社会的游戏规则，更规范地讲，它们是为决定人们的相互关系而人为设定的一些制约。他将制度分为三种类型，即正式规则、非正式规则和这些规则的执行机制。[③]教育制度是指一个国家为实现其国民教育目的，从组织系统上建立起来的所有教育设施和一切有关的规章制度。教育评价制度是指一个国家为保证教育评价活动的有效开展，从组织系统上建立起来的所有教育设施和一切有关的规章制度。

综上所述，研究者将评价制度界定为以某种评价模式为核心而建立起来的对评价对象进行价值判断的一套严谨的规则体系。该体系以正式文本形式明确规定，并制定了强制性的正式规则，包括评价主体、评价标准以及评价程序等。

① 韩立平. 周易译注[M]. 上海：上海三联书店，2014：223.

② 辞海编辑委员会. 辞海[Z]. 上海：上海辞书出版社，2010：2949.

③ 道格拉斯・C. 诺斯. 制度、制度变迁与经济绩效[M]. 刘守英，译. 上海：上海三联书店，1994：3-5.

# 第7章 日本大学第三者评价制度的发展

研究日本大学第三者评价制度，需要对其发展历程进行整体把握，分析各阶段的发展背景、特征以及当时的具体实施情况。本章以法律政策以及相关研究文献为基础，对日本大学第三者评价制度的发展阶段进行整理。

## 7.1 酝酿期：自主型认证评价（第二次世界大战结束至1991年）

第二次世界大战结束后，在日本开始有了“大学评价”观念，但由于教育体制不完善、评价理念不成熟等原因，并未形成系统的评价制度。这一阶段，日本大学评价活动主要是通过第三者评价机构——大学基准协会来开展的，并未建立起完备的第三者评价制度。

## 7.1.1 背景：教育机构合并，行政体制改革

日本大学的评价制度始于第二次世界大战后。第二次世界大战后，西方的政治思想及教育理念极大地影响了日本社会。1946 年，美国教育使节团对日本进行了长达一个月的实地考察，教育使节团由美国的教育专家组成，考察后向日本政府提交了一份针对教育的报告书。日本之后对教育的一系列改革均是以该报告书为参考进行的。根据报告书的相关建议，日本政府颁布了《教育基本法》《学校教育法》，对高等教育进行了教育行政体制改革。改革中最引人注目的便是对第二次世界大战前的高等教育机构进行合并重构，形成了新制大学。在新制大学建立后，受到美国评价制度的影响，日本建立了自主型认证评价制度，即由大学自己组织成立了大学基准协会，通过以一定的标准对大学进行评价来决定大学是否有资格成为协会成员，因此大学的教育教学质量在一定程度上得到了保障。

20 世纪 80 年代，日本对教育体制进行了改革。1986 年，《关于教育改革的第二次答申》提出，为了促进高等教育的发展，应设置多种类型和具有特色的高等教育机构。[①]为了建立更科学、完善的大学评价制度，政府提出大学应同时开展自我评价和外部评价。1991 年 6 月修订的《大学设置基准》明确规定，所有大学必须定期开展自我评价，自我评价以法律形式被纳入整个大学的评价体系。自此，日本大学进入自我评价和外部评价相结合的时代。大学基准协会作为独立的第三者评价机构，承担了当时日本大学的主要外部评价事务。同时，日本大学评价制度的变化，促使作为外部评价机构的大学基准协会相应地对自身进行了变革。

## 7.1.2 具体实施

大学基准协会于 1947 年正式成立。大学基准协会通过颁布《大学基准》对大学在申请入会时应满足的标准做了统一规定。这是日本首次将对大学的评价权由政府移交给作为第三者的民间评价机构。

---

① 臨時教育審議会. 教育改革に関する第二次答申（抄）［EB/OL］. http://www.mext.go.jp/a_menu/shotou/senkou/1256677.htm（1986-04-23）［2018-12-11］.

大学基准协会在这个阶段对大学的评价是通过对大学是否有入会资格的鉴定来实现的。所有的国立、公立、私立大学均可提出加入大学基准协会的申请，其需要对照大学基准协会制定的《大学基准》的各项标准自行检查并提出申请，大学基准协会根据大学的申请并通过实地考察对其办学质量进行第三者评价。考察结束之后，大学基准协会会将通过考察的大学名单发布在官方杂志上，并接受其为会员。1948 年，申请入会的学校即达到 219 所，经过评价，合格的大学有 167 所[①]，大学基准协会设立之初便是通过这种“准入型评价”来实现对大学的第三者评价的。随着社会对大学教育质量要求的不断提高，“准入型评价”无法实现大学办学质量的有效提升，于是在 1979 年设立了大学自我评价研究会。大学自我评价研究会定期对已成为协会会员的大学进行评价，对大学的评价周期为至少每 10 年一次。定期评价的方法类似入会的方法，即大学形成自我评价报告书，大学自我评价研究会经过实地考察后将评价结果反馈给各大学。

### 7.1.3 阶段特点

**1. 评价完全依靠自觉**

大学基准协会的建立使日本大学评价事业有了新的突破，开始有作为第三者的评价机构参与到大学评价中。然而，大学基准协会作为一个独立于政府之外的民间评价机构，其开展的评价并不具有强制性。是否接受大学基准协会的评价，完全取决于各大学自身的意愿。大学可以选择加入大学基准协会，成为其会员学校并接受定期评价，也可以选择不加入，这导致日本大学的教育教学质量参差不齐。

**2. 评价不具有连续性**

各大学在申请加入大学基准协会时会通过必要的评价，然而在正式入会后的定期评价得不到保障，没有相对固定的评价周期，导致大学的教育教学质量得不到有效的监督，不利于大学的长期持续发展。

---

① 林晓霞. 关于日本高等教育质量保证机制改革的初步研究[D]. 福州：福建师范大学，2003：6.

#### 3. 评价不受重视

虽然大学基准协会在 1947 年便已经成立，却一直没有受到足够的重视。申请入会的会员数量一直较少，原因在于对于国立大学而言，本身在社会上享有较高的声誉，其运营发展以及教育经费的获得完全由政府掌握，并不需要通过大学基准协会的评价来获得社会更高的认可和更多的教育经费。对于私立大学而言，其设立之初便已通过了文部科学省的认可，办学质量也有一定的保障，也没有必要申请参加大学基准协会的评价。

## 7.2 启动期：自我评价制度的补充（1992—2002年）

1991 年 6 月修订的《大学设置基准》规定，大学应对自身的教育教学以及科学研究状况进行检查和评价，将大学的自我评价提升到了法律层面。然而，正是由于自我评价制度在客观性、科学性、透明度等方面存在诸多问题，第三者评价制度逐渐受到公众的重视，各方均强烈要求政府对大学的评价制度进行改革。

### 7.2.1 背景：经济社会发展，评价改革推动，政策支持

#### 1. 科技、经济的发展

20 世纪 90 年代，各国经济高速发展，日本号召科技创新、科技立国，力图通过科技发展在国际上占得先机。因此，日本政府制定了《科学技术基本计划》。该计划提出要将竞争机制引入大学教育资源的配置中，以便对大学进行有效的资源配置，使大学得到更合理、更完善的发展。因此，通过建立科学、公平的第三者评价制度来实现对大学教育资源的有效配置逐渐得到重视。

#### 2. 各国高等教育评价改革的推动

20 世纪 90 年代以来，为了提高大学教育质量，增强本国的国际竞争力，世界各国纷纷将大学评价作为促进经济社会发展和保障教育质量的有效手段。为使

高等教育更好地为社会发展服务，以教育促进经济发展，英国实施了自我评价和外部评价相结合的大学评价模式。20 世纪 90 年代以后，美国法律就明确规定大学必须接受经联邦政府认证的认证机构的评价，由机构和大学共同制定评价标准。欧洲各国建立起高等教育质量保障网络，使得欧洲各国的大学办学质量有了统一的评价标准。韩国也对大学实施综合评价认定制度，并成立了大学教育协会。在世界各国大学评价改革浪潮的推动下，日本意识到只有改革以往的以自我评价制度为核心的大学评价方式，引入第三者评价制度，才能在世界教育改革中占得优势。

**3. 政府政策的大力支持**

1997 年 12 月，日本的《关于高等教育更进一步改善的报告》提出，虽然当前教育改革的焦点在于通过自我检查和评价改善大学的教育活动，但第三者评价将成为今后高等教育的重要研究课题。①1998 年 10 月，《21 世纪的大学与今后的改革方针——竞争环境中个性闪耀的大学（答申）》中提出，要进一步推进高等教育改革，重新大胆地审视教育研究，构建新的高等教育体系。另外，有必要确立多元的评价体系，在加强大学自我评价的基础上，通过引入第三者评价体系来增强大学的个性，改善教育研究的内容和方法。②同时，大学作为社会实体，负有向社会公示其活动情况的责任，设立专门的第三者评价机构对于促进对大学相关信息的收集和共享、实现高度透明且有效的评价具有十分重要的意义。文部科学省随即于 1999 年成立了大学评价机构准备委员会，对设立第三者评价机构的多项细则进行了商讨和决议，最终形成的报告成为日后引入第三者评价制度的基础性文件。

2001 年，《关于规制改革推进的第一次审议报告》要求引入认证评价制度，为高等教育的发展提供了良好的环境。③所谓认证评价制度，即为了维持和提高大学教育研究水平的评价系统，由评价机构每 5—10 年对大学是否满足办学要求进行一次评价。同年 6 月，《国立大学结构改革的方针》提出，要在大学中引入

---

① 大学審議会. 高等教育の一層の改善について（答申）[EB/OL]. http://www.mext.go.jp/b_menu/shingi/chukyo/chukyo4/003/gijiroku/attach/1416196.htm（1997-12-18）[2018-12-11].

② 大学審議会. 21 世紀の大学像と今後の改革方策について（答申）——競争的環境の中で個性が輝く大学. http://m-ac.jp/education/administration/mext/shingikai/1998_10_toshin/whole/index_j.html（1998-10-26）[2018-12-11].

③ 総合規制改革会議. 規制改革の推進に関する第 1 次答申[EB/OL]. http://www8.cao.go.jp/kisei/siryo/011211/（2001-12-11）[2018-12-11].

第三者评价系统，活用大学评价与学位授予机构。评价结果向公众、学生、企业等团体全面公开，利用评价结果实现资金的重点分配，扩充国立、公立、私立大学的竞争性资金。①

2002 年 8 月，《大学质量保障新系统的构建》提出，随着社会、经济等各方面的全球化，各国之间相互依存、相互合作的趋势越发明显，同时竞争也变得越发激烈。在这种情况下，各国均在充实、完善各自的教育建设，通过教育水平的提升增强国际竞争力，其中，很多国家都将大学评价作为改革的主题。考虑到大学的独立性和自主性，建立一种政府干预度低的评价制度是十分必要的。另外，该文件中还对大学第三者评价制度的具体内容进行了说明：经过认证的机构需要根据各自的评价标准对大学的教育研究活动状况进行定期评价，并将结果向社会明示，接受社会的监督，实现大学内部的改善和提升。更为重要的是，各评价机构需要在考虑大学特色的基础上开展评价。此外，该文件还提出了对不遵守第三者评价制度的大学的惩罚建议。②

2002 年 11 月 12 日，关于引入第三者评价的相关问题在《学校教育法修正案》中得以体现并通过决议。根据新修订的《学校教育法》，所有类型（国立、公立、私立）的大学必须定期接受经文部科学大臣认证的评价机构的评价，这标志着日本大学第三者评价制度的法制化正式形成。

### 7.2.2 具体实施

在第三者评价制度的启动阶段，除了已建立的大学基准协会，对四年制大学实施第三者评价的机构还有大学评价与学位授予机构。

大学基准协会于 1996 年开始第一次大学评价，根据政府的要求，大学基准协会筹划修订了评价手册，以改善对大学的评价工作。首先，修订后的评价程序如下：各大学根据大学基准协会的要求进行自我评价，形成自我评价报告书，由各领域的专家学者对其自我评价报告书进行评价后形成结果报告；大学基准协会

① 文部科学省. 大学（国立大学）の構造改革の方針[EB/OL]. http://www.mext.go.jp/b_menu/shingi/gijyutu/gijyutu8/toushin/attach/1331038.htm（2001-06）[2018-12-11].

② 中央教育審議会. 大学の質の保証に係る新たなシステムの構築について（答申）[EB/OL]. http://www.mext.go.jp/b_menu/shingi/chukyo/chukyo0/toushin/020801.htm（2002-08-05）[2018-12-11].

收到大学的结果报告后，对大学提出建议。其次，新的评价手册也增添了新的评价内容，如学校的自我检查和评价制度、图书馆藏书情况等。此外，除了以往的定期评价，还引进了相互评价，即由同一领域的专家学者和评价委员会共同审阅大学的自评报告，进行考察并形成最终的评价结果，相互评价每年进行一次。最后，为了防止评价活动中可能出现的不公平现象，成立了申诉委员会。若受评大学对评价结果存在异议，可向申诉委员会提出申诉，要求重新进行评价。

大学评价与学位授予机构于 2000 年成立后，便开展了以国立大学为中心的三年“试行评价”，主要分为以大学为单位的院校评价和以研究所（学部）为单位的学科评价。院校评价采取主题评价的方式，即每年设定一个专门的主题进行评价。学科评价分为学科教育评价和学科研究评价。评价过程包括先由相关专家学者组成大学评价委员会和专门委员会，制定当年的评价主题、评价内容及实施要领，再由各受评大学依据大学评价与学位授予机构的评价标准形成自我评价报告书，将自我评价报告书和相关的数据支撑材料提交给大学评价与学位授予机构，由大学评价与学位授予机构对其进行书面调查和访问调查，最终形成评价报告书。评价的结果将向社会公示，主要有以下表述方式：贡献特别大；贡献很大，但仍有改善的余地；有一定的贡献，有必要改善；贡献很小，需要大幅度改善。

2000 年试行评价的主题为“教育服务对社会的贡献”，这次评价以大学是否提供“教育活动并为正规课程以外的其他人提供学习机会”（教育服务）作为评价的主题，在本科生部门和其他部门开展针对性的活动。具体从为达成目标所做的努力、目的和目标的达成状况、改善体系三个方面来评价，目标院校共 112 所，包括 98 所国立大学和 14 所大学共同利用机构。学科评价（理学系和医学系）分为学科教育评价和学科研究评价。学科教育评价从准入政策、教育内容、教育方法和成绩、教育达成状况、对学生的资助、教育质量的提升和改进体系六个方面来具体评价，共有 12 所大学参加了学科教育评价。学科研究评价从研究体制及研究保障体制、各种措施的实施和职能的实现情况、研究内容和水平、对社会（政治、经济和文化）的贡献、教育质量的提升和改进体系五个方面来具体评价，共有 12 所大学参加了学科研究评价。①2001 年的院校评价主题有 2 个，分别为“教养教育”“在研究活动方面与社会的合作”。由于各大学教养教育开展的

① 大学改革支援・学位授与機構. 平成 12 年度着手分大学評価（平成 14 年 3 月評価結果公表）[EB/OL]. http://www.niad.ac.jp/evaluation/other_evaluation/report/daigakuhyouka_h12/（2002-03）[2018-12-11].

形式多种多样，将该次评价的教养教育定义为“培养丰富人性和综合判断能力的教育”，具体从实施体制、教育课程、教育方法、教育效果四个方面进行评价，共有 95 所国立大学参加了此次评价。“在研究活动方面与社会的合作”这一主题从该方面的举措、工作成果、改善方法三个方面进行评价，共有 99 所国立大学和 14 个大学共同利用机构参加了此次评价。学科评价（法学系、教育学系和工学系）同样分为学科教育评价和学科研究评价。学科教育评价从教育实施体制、教育内容和举措、教育方法及成绩评价举措、教育成就、对学生的资助、改善和提高教育质量的体系六个方面进行评价。学科研究评价从研究体制及研究保障体制、研究内容和水平、对社会（政治、经济、文化）的影响、各种措施的实施和职能的实现情况、教育质量的提升和改进体系五个方面来具体评价。①2002 年的院校评价主题为“国际交流与合作”，以国际交流活动为对象，以改善和向社会宣传国际交流为目的，具体从实施体制（活动目标、改善系统）、活动内容及方法、活动成绩及效果三个层面进行评价，有 97 所国立大学、14 所大学共同利用机构、4 所公立大学参加了此次评价。②学科评价（人文学、经济学、农学和综合科学）同样分为学科教育评价和学科研究评价。学科教育评价和学科研究评价的具体评价项目与 2001 年相同。具体如表 7.1 所示。

**表 7.1　大学评价与学位授予机构试行评价情况**

| 年份 | 评价主题 | 评价学科 | 参评学校（所） | 国立大学所占比例/% |
| --- | --- | --- | --- | --- |
| 2000 | 教育服务对社会的贡献 | 理学系、医学系 | 112（98） | 87.5 |
| 2001 | 教养教育 | 法学系、教育学系、工学系 | 95（95） | 100.0 |
| | 在研究活动方面与社会的合作 | | 113（99） | 87.6 |
| 2002 | 国际交流与合作 | 人文学、经济学、农学和综合科学 | 115（97） | 84.3 |

注：根据大学改革支援与学位授予机构官方网站公布的资料整理；括号外为参加试行评价学校总数，括号内为国立大学数量。例如，112（98）表示参加试行评价的 112 所学校中国立大学为 98 所

2000—2002 年，在由大学评价与学位授予机构实施的三年试行评价期间，几乎所有的国立大学每年都接受了该机构的评价。在三年试行评价结束之后，大学

① 大学改革支援・学位授与機構. 平成 13 年度着手分大学評価（平成 15 年 3 月評価結果公表）[EB/OL]. http://www.niad.ac.jp/evaluation/other_evaluation/report/daigakuhyouka_h13/（2003-03）[2018-12-11].

② 大学改革支援・学位授与機構. 平成 14 年度着手分大学評価（平成 16 年 3 月評価結果公表）[EB/OL]. http://www.niad.ac.jp/evaluation/other_evaluation/report/daigakuhyouka_h14/（2004-03）[2018-12-11].

评价与学位授予机构对这一阶段的试行评价进行了检讨和反思，总结了取得的成果，指出了今后应努力的方向。

## 7.2.3 阶段特点

### 1. 评价对象单一

首先，根据文部科学省的相关规定，该阶段大学评价与学位授予机构进行的大学试行评价对象是国立大学，对公立大学、私立大学甚至高等专门学校的评价，2004 年才正式开始。从当时日本国内大学的构成来看，国立大学只是其中的一部分，而公立大学、私立大学以及高等专门学校在大学体系中占有重要地位，对于促进日本高等教育的发展具有举足轻重的作用。因而试行评价虽然在一定程度上改善了国立大学的教育和研究情况，但对于日本大学整体的教育状况的改善仍是不彻底和不充分的。其次，对于接受试行评价的国立大学，每年只对一两个系进行试行评价，对其他系的教育和研究情况不做评价，导致大学内部各学院、科系的发展不平衡，不利于大学的正常运营和健康发展。

### 2. 评价内容片面

首先，虽然每年均会依照某个具体的主题对受评的大学进行专题评价，在一定程度上鼓励了大学发掘和彰显办学特色，但一些受评大学为了得到好的评价结果，刻意迎合评价主题，导致各大学同质化，从而背离了评价的目的。其次，对于每年受评的系所而言，将教育实施体制、教育内容和举措、教育方法及成绩评价举措、教育成就、对学生的资助、改善和提高教育质量的体系这几个方面作为评价内容，在一定程度上促进了该系所的改善和发展，但对于教师、学生、课程这些重要因素，只有学生和课程被纳入评价的内容中，而作为教育主体之一的教师却未受到足够的重视，因此评价内容还存在片面性。

### 3. 评价方法完善

在试行评价阶段，先由受评大学提交自我评价报告书，大学评价与学位授予机构根据大学的自我评价报告书对其采取书面调查和访问调查相结合的评价方法。这一做法结合了大学自身和外部机构双方的评价，使评价更完备和具体，因此在第三者评价制度的后续完善过程中，一直延续了此方法。

总体来看，大学评价与学位授予机构作为当时日本国内唯一经过文部科学省认证的第三者评价机构，在大学第三者评价的试行阶段做了有效的探索，对于改善国立大学的教育和研究状况做出了一定贡献。但由于试行时间较短，在评价对象和评价内容的设计上还不够完善，还需要进一步地探索和努力。

## 7.3 深化期：第三者评价制度法制化（2003年至今）

### 7.3.1 背景：教育投入失衡，呼唤教育公平

日本相当一部分大学属于私立大学，无法得到足够的财政支持，很多学校面临办学困难的局面。相比之下，国立大学及公立大学占比低，却可以得到来自国家充足的财政支持。政府在对私立大学与国立大学、公立大学的教育资源分配方面存在的严重不平等现象，使民众对高等教育的公平性产生了质疑。政府每年对国立大学的大量教育资源和财政资源投入，却没有换来国立大学符合公众期待的高水平教育回报，从而加重了社会对教育公平的质疑。公众要求国立大学进行改革，改善教育投入严重失衡的现象，履行必要的社会责任。

由于上述原因，政府不得不引进新的评价制度来改善国内大学评价现状。文部科学省试图建立专门的大学评价机构来对大学进行评价，通过形成统一的评价标准，将评价结果向社会公众公示，以此实现相对公平的目的。国立大学作为日本重点建设的大学，为了提高其竞争力和增强其办学自主性，日本政府决定对国立大学进行改革，于 2003 年颁布了《国立大学法人法》，并于 2004 年 4 月正式实施。与此同时，大学评价与学位授予机构成了独立的行政法人。至此，日本大学第三者评价制度的内容不仅包括经过文部科学省认证的评价机构面向所有大学、国立大学法人实施的认证评价，也包括只针对国立大学法人实施的国立大学法人评价，日本大学第三者评价制度开始进入多元化发展的新阶段。

## 7.3.2 具体实施

自《学校教育法》规定日本所有类型的高校均有义务接受经文部科学省认证的评价机构的评价以来，有多个评价机构陆续通过了认证，开始对大学实施第三者评价。目前，日本有资格对大学进行第三者评价的机构如表 7.2 所示。

**表 7.2 日本大学第三者评价机构表**

| 种类 | | 名称 | 通过认证日期 |
|---|---|---|---|
| 大学评价机构 | 大学 | 大学基准协会（公益财团法人） | 2004 年 8 月 31 日 |
| | | 大学改革支援与学位授予机构（独立行政法人） | 2005 年 1 月 14 日 |
| | | 日本高等教育评价机构（公益财团法人） | 2005 年 7 月 12 日 |
| | 短期大学 | 短期大学基准协会（一般财团法人） | 2005 年 1 月 14 日 |
| | | 大学基准协会（公益财团法人） | 2007 年 1 月 25 日 |
| | | 日本高等教育评价机构（公益财团法人） | 2009 年 9 月 4 日 |
| | 高等专门学校 | 大学改革支援与学位授予机构（独立行政法人） | 2005 年 7 月 12 日 |
| 专门职业研究所评价机构 | 法科大学院 | 日弁连法务研究财团（公益财团法人） | 2004 年 8 月 31 日 |
| | | 大学改革支援与学位授予机构（独立行政法人） | 2005 年 1 月 14 日 |
| | | 大学基准协会（公益财团法人） | 2007 年 2 月 16 日 |
| | 其他：9 个专门职业研究所评价机构（详细名称略） | | |

注：根据日本文部科学省官方网站（https://www.mext.go.jp/）公布的资料整理

## 7.3.3 阶段特点

### 1. 评价对象全面

在国立大学法人化改革后，日本大学第三者评价制度发展成为比较完善的评价制度。在第三者评价制度建立的初期，只对国立大学做了要求，并未考虑在日本高等教育中占比较高的公立大学和私立大学。在第三者评价制度的深化阶段，所有大学均被纳入第三者评价体系。至此，日本大学无论国立、公立、私立均必须按照法律规定接受第三者评价机构实施的评价。这在很大程度上保障了日本大学的教育质量，使各类大学都得到有序发展，在一定程度上也兼顾了高等教育的公平。

### 2. 评价机构数量增多

与评价对象扩展为国立大学、公立大学和私立大学相呼应，有资格对其进行评价的第三者评价机构的数量也增加了。不同的评价机构在评价目的、对象、标准、方法上各有不同，不仅可增加大学提交评价申请时选择的多样性，也在一定程度上缓解了大学评价与学位授予机构的工作压力。

### 3. 评价类型多样

除了 20 世纪 90 年代实施的认证评价和只针对国立大学实施的国立大学法人评价，由于越来越多的评价机构参与进来，日本大学参与的评价类型也逐渐多样化。类型多样的第三者评价使得日本的大学评价更加丰富，日本大学进入全面评价时代。

# 第 8 章 日本大学第三者评价制度的主要内容与实施

本章将分别从评价主体、评价标准以及评价程序三个维度对包括认证评价和国立大学法人评价在内的第三者评价制度内容进行全面分析。

## 8.1 认证评价

日本大学作为学术研究的中心，目标是广泛传播知识，宣传和研究艺术与科学，发展智力、道德和应用能力，并以国立、公立和私立三种形式存在。截止到 2018 年，日本共有国立大学 86 所，公立大学 93 所，私立大学 603 所。[①]鉴于日本大学类型的多样性，需要不同类型的评价机构与之相匹配。根据《学校教育法》的规定，日本国立大学、公立大学和私立大学均有义务每 7 年接受一次经文部科学省认证的评价机构实施的第三者评价，目的在于通过第三者评价，促使大学不断对自身进行改善。同时，通过公布第三者评价结果，缓解社会和大学之间

① 調査結果の概要（学校調査）[EB/OL]. http://www.mext.go.jp/component/b_menu/other/__icsFiles/afieldfile/2018/12/25/1407449_3.pdf（2018-12）[2018-12-31].

获取信息不对称的矛盾，促使大学履行社会责任。

### 8.1.1 评价主体

作为实施第三者评价的主体，评价机构只有在得到文部科学省的认证后才具备评价资格。目前，经过认证的评价机构有很多，但具有对四年制大学进行评价资格的机构只有三个，分别为大学基准协会、大学改革支援与学位授予机构以及日本高等教育评价机构。

**1. 大学基准协会**

大学基准协会以美国认证评价模式为参照于 1947 年成立，由当时包括国立大学、公立大学、私立大学在内的 46 所大学发起组建。大学基准协会的目的在于通过成员的努力和互助促进日本大学质量的提高。该协会于 1951 年开始对大学进行资格判定，以此决定是否接纳大学成为其正式会员。自 1996 年以来，该协会以每所大学的自我检查和评价为基础，对大学实施第三者评价。随着《学校教育法》的修订，日本大学不得不在 7 年或更短的时间内接受经文部科学省认证的评价机构的评价。2004 年，该协会通过文部科学省的认证，作为制度化的认证评价机构对日本大学进行了第一次评价，并公布了评价结果。①

如图 8.1 所示，大学基准协会原则上针对所有国立大学、公立大学、私立大学实施评价，但实际上的评价业务主要针对私立大学。2005—2017 年，大学基准协会共对 608 所大学实施了评价，其中的私立大学达到 521 所，占所评大学的 85.69%。②

自 2018 年起，大学基准协会对大学评价进行了调整和新的说明。目前，大学基准协会设有专门进行大学评价的组织部门，理事会下设大学评价委员会和异议申立审查会。大学评价委员会在大学评价工作中发挥着核心作用，负责对大学评价结果进行整理和汇编等。大学评价委员会由 20 人组成，由理事会从常规成员大学的候选人中选出 10 名委员、理事会指定的 5 名委员和 5 名外部专家组

---

① 大学基準協会. 大学基準協会の概要[EB/OL]. http://www.juaa.or.jp/outline/about/index.html[2018-12-11].

② 大学基準協会. 大学評価・評価結果等[EB/OL]. http://www.juaa.or.jp/accreditation/institution/ result/[2018-12-11].

成。除此之外，还可以设置协助正、副委员长工作的大学评价员。大学评价委员会下设大学评价分科会、大学财务评价分科会、改善报告书检讨分科会、再评价分科会和追评价分科会[①]，具体如图 8.2 所示。

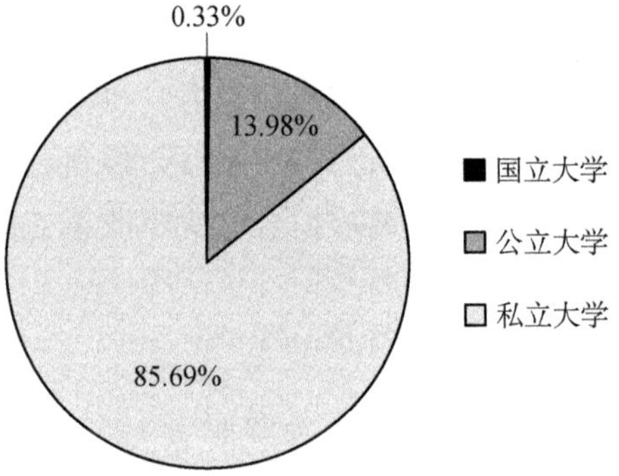


图 8.1 大学基准协会 2005—2017 年所评大学占比图

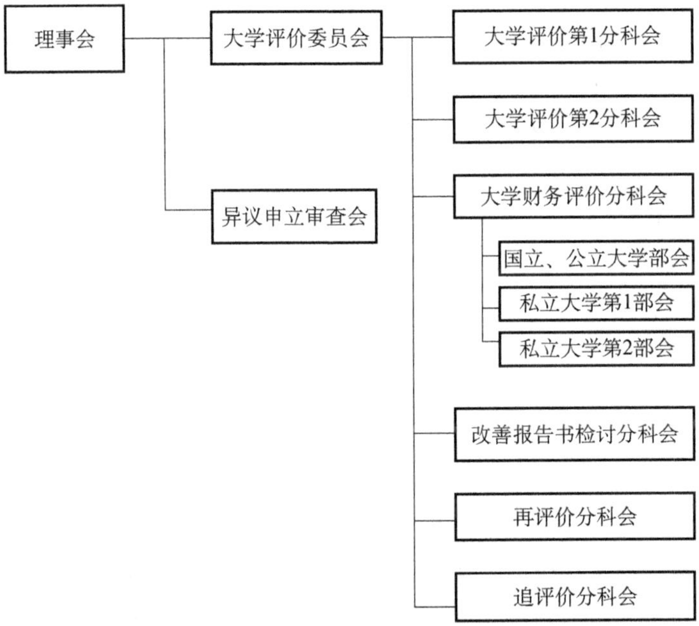


图 8.2 大学基准协会评价组织图

① 大学基準協会. 大学評価 組織体制[EB/OL]. http://www.juaa.or.jp/accreditation/university/h30/system.html[2018-12-11].

### 2. 大学改革支援与学位授予机构

大学改革支援与学位授予机构是 2016 年 4 月由日本原大学评价与学位授予机构、原国立大学财务与经营中心统合而成的。该机构旨在提高教育研究质量和支援大学活动，向社会提供值得期待与信赖的高等教育。大学改革支援与学位授予机构承担着包括评价事业、学位授予事业等在内的一系列调查研究任务，其下设的评价事业部是具体负责与评价事务相关的机构，评价事业部下设评价企划科、评价支援科以及国际科。此外，大学改革支援与学位授予机构还设有大学机构评价委员会和国立大学教育研究评价委员会负责对大学的评价。

大学改革支援与学位授予机构以提高教育研究活动的质量为目的，对大学实施第三者评价。作为日本另一个制度化的认证评价机构，大学改革支援与学位授予机构在 2005—2017 年累计对包括 169 所国立大学、70 所公立大学和 12 所私立大学在内的共计 251 所大学进行了评价。[①]原则上，大学改革支援与学位授予机构针对所有国立、公立、私立大学实施认证评价，但实际上的评价业务主要针对国立大学和公立大学。2005—2017 年，大学改革支援与学位授予机构评价的 251 所大学中，国立大学达到 169 所，占比 67.33%，公立大学达到 70 所，占比 27.89%，而私立大学仅有 12 所，占比 4.78%，具体如图 8.3 所示。

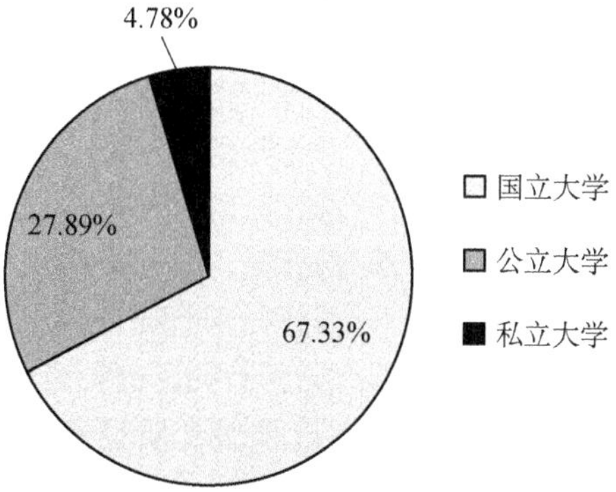


图 8.3　大学改革支援与学位授予机构 2005—2017 年所评大学占比图

### 3. 日本高等教育评价机构

日本高等教育评价机构的前身是日本私立大学协会。私立大学是日本大学体系中的重要组成部分，具有不同于国立大学、公立大学的特点。在日本实施第三

① 根据大学改革支援与学位授予机构官方网站（https://www.niad.ac.jp）公布的资料整理。

者评价制度以后，在私立大学占绝大多数的现实背景下，高等教育评价机构始终坚持对私立大学实施符合其特点的评价。经文部科学省认证后，日本高等教育评价机构主要针对大学、短期大学、时尚・商务系专门职业大学院实施评价。日本高等教育评价机构在 2005—2017 年对包括 7 所公立大学、609 所私立大学（包含 4 所株式会社立大学）在内的共计 616 所大学进行了评价，其中，私立大学占 98.86%[①]，具体如图 8.4 所示。

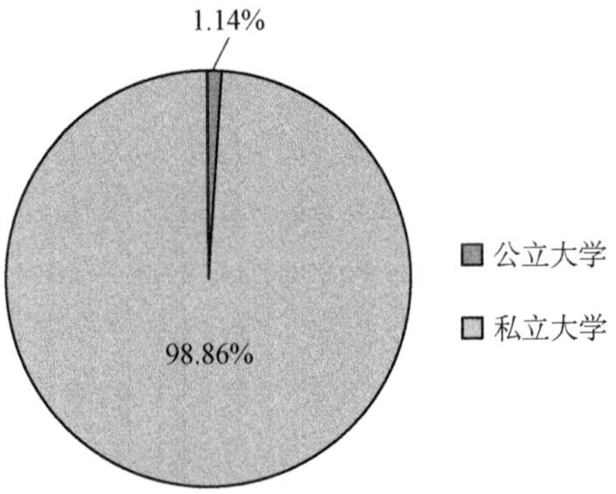


图 8.4　日本高等教育评价机构 2005—2017 年所评大学占比图

日本高等教育评价机构设有专门负责大学评价的大学评价判定委员会，由评价员组成评价小组实施评价。大学评价判定委员会下设意见申立审查会、评价系统改善检讨委员会、评价员教育检讨委员会以及改善报告审查会[②]，具体如图 8.5 所示。

## 8.1.2　评价标准

评价标准是开展评价活动的依据，也是教育质量的保障。在文部科学省颁布的评价机构认证细则中，规定各机构的评价标准应以促进大学开展有特色的教育研究为目标。

---

① 日本高等教育評価機構. 評価事業[EB/OL]. http://www.jihee.or.jp/achievement/[2018-12-11].

② 日本高等教育評価機構. 組織と名簿[EB/OL]. http://www.jihee.or.jp/outline/organization.html [2018-12-11].

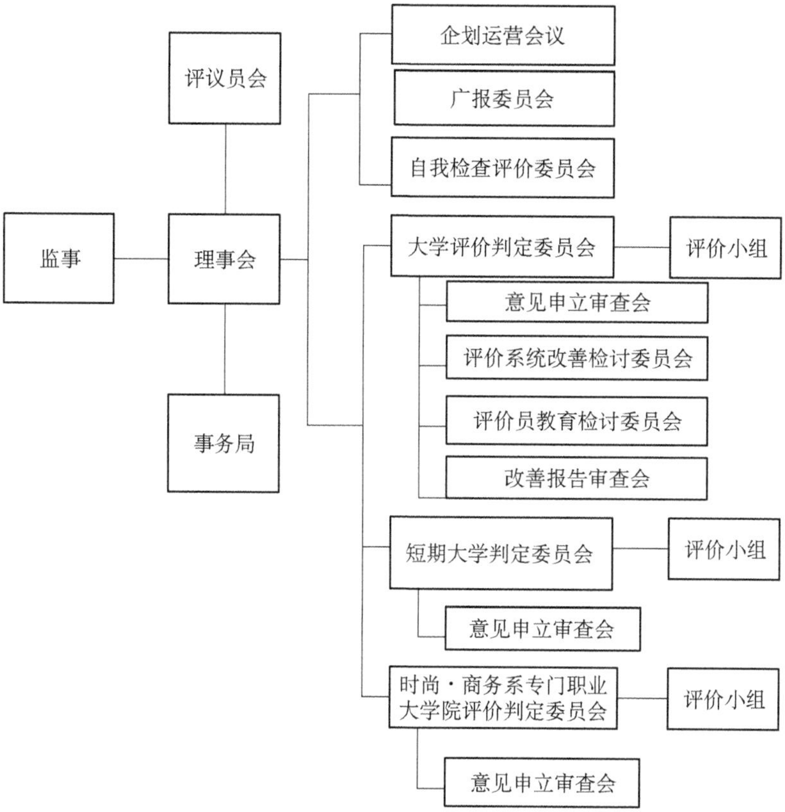


图 8.5　日本高等教育评价机构组织图

大学基准协会的评价标准是以《大学基准》为依据设定的。大学基准协会于 2017 年 3 月对《大学基准》进行了修订，并于 2018 年 4 月 1 日正式实行。新修订的《大学基准》规定的评价标准有以下 10 项：理念和目的；内部质量保障；教育研究组织；教育课程及学习成果；学生的准入；教师及教师组织；学生支援；教育研究环境；社会合作及社会贡献；大学运营及财务。①在 10 项标准之下，还有更详细的评价内容和项目。大学基准协会新修订的评价大纲指出，在自 2018 年开始实施的第 3 期认证评价中，关于内部质量的保障是其重点关注的评价项目。

大学改革支援与学位授予机构于 2018 年 3 月修订了评价实施大纲。新大纲

① 「大学基準」及びその解説[EB/OL]. http://www.juaa.or.jp/upload/files/accreditation/institution/standard/「大学基準」及びその解説（29.03.21 改定）.pdf[2018-12-11].

明确指出了该机构的评价方针：制定《大学评价标准》；以教育活动为中心；促进大学个性发展和质量改善；重视内部质量保障；重视学习成果；公正；紧跟国际质量保障的发展动向。[①]该机构制定的《大学评价标准》包括6个领域：教育研究基本组织；内部质量保障；财务运营、管理运营及信息公开；设施设备及学生支援；学生准入；教育课程及学习成果。[②]与大学基准协会相似，内部质量保障也是大学改革支援与学位授予机构的重点评价领域。

2018年，日本高等教育评价机构也对评价大纲进行了修订，新大纲制定的评价方针如下：重视大学内部质量保障；以《评价标准》为依据进行评价；以教育活动状况为中心；考虑各大学的个性和特色；促进各大学的改革和改善；以同行评价为中心；重视定性评价；重视交流；构筑透明度高、值得信赖的评价系统。在新修订的大纲中，日本高等教育评价机构的评价内容分为评价基准、各自的基准和特记事项三个方面。评价基准有6个，分别为使命和目的、学生、教育课程、教师和职员、经营管理和财务、内部质量保障。各自的基准则是除了以上6个评价基准以外，针对不同大学设定符合其发展特色的评价标准和评价内容。特记事项则是记录大学具有鲜明特点的教育活动和事务（表8.1）。[③]

**表8.1　三大机构认证评价基准表**

| 机构 | 大学基准协会 | 大学改革支援与学位授予机构 | 日本高等教育评价机构 |
|---|---|---|---|
| 评价基准 | 以《大学基准》为依据 | 以《大学评价标准》为依据 | 以《评价标准》为依据 |
| | 10个基准 | 6个基准 | 6个基准 |
| 具体的基准内容 | 基准1：理念和目的 | 基准1：教育研究基本组织 | 基准1：使命和目的 |
| | 基准2：内部质量保障 | 基准2：内部质量保障 | 基准2：学生 |
| | 基准3：教育研究组织 | 基准3：财务运营、管理运营及信息公开 | 基准3：教育课程 |
| | 基准4：教育课程及学习成果 | 基准4：设施设备及学生支援 | 基准4：教师和职员 |
| | 基准5：学生的准入 | 基准5：学生准入 | 基准5：经营管理和财务 |

① 大学改革支援・学位授与機構. 大学機関別認証評価：実施大綱[EB/OL]. http://niad.ac.jp/media/006/202006/no6_1_1_daigakutaikouR2.pdf（2004-10）[2018-12-11].

② 大学改革支援・学位授与機構. 大学機関別認証評価：大学評価基準[EB/OL]. http://niad.ac.jp/media/006/201806/no6_1_1_daigakukijun31.pdf（2004-10）[2018-12-11].

③ 大学改革支援・学位授与機構. 大学機関別認証評価：実施大綱[EB/OL]. http://www.jihee.or.jp/achievement/college/pdf/jisshitaiko1704.pdf（2004-10）[2018-12-11].

续表

| 机构 | 大学基准协会 | 大学改革支援与学位授予机构 | 日本高等教育评价机构 |
|---|---|---|---|
| 具体的基准内容 | 基准 6：教师及教师组织 | 基准 6：教育课程及学习成果 | 基准 6：内部质量保障 |
| | 基准 7：学生支援 | | |
| | 基准 8：教育研究环境 | | |
| | 基准 9：社会合作及社会贡献 | | |
| | 基准 10：大学运营及财务 | | |

资料来源：根据大学基准协会、大学改革支援与学位授予机构和日本高等教育评价机构官方网站公布的资料整理

## 8.1.3 评价程序

目前，三大评价机构都依照相关规定制定了实施评价的基本程序，整个过程包括大学提交自评报告、评价机构实施评价及向申请大学及社会公示三个阶段。

**1. 大学自我评价**

外部评价机构对大学进行第三者评价前，大学首先要按照机构的评价标准进行自我评价并形成自我评价报告书。大学基准协会要求申请大学在 4 月底前向大学基准协会提交自我评价报告书和相关的数据资料，自评报告书需要以大学基准协会制定的评价指标为依据，主要由序章、本章和终章三部分构成。序章是本章的导入部分，主要记述针对上次的评价结果，大学是如何进行改善的。本章是自我评价报告书的核心部分，主要记述大学目前的具体现状，包括现状说明、特色、问题以及总结四个部分。终章是自我评价报告书的总结部分，并表达了对未来的展望。①

大学改革支援与学位授予机构规定申请评价的大学首先应按照自我评价实施要领进行自我评价，提交自我评价报告书。申请评价的大学需要在实施评价前一年进行自我评价，并向大学改革支援与学位授予机构提交评价申请。自我评价要领规定自我评价报告书由大学的现状、目的和特征，以及自我评价两部分组成。自我评价的部分除了需要对照评价项目进行自我评价外，也需要给出明确的数据来源。②

---

① 大学による対応[EB/OL]. http://www.juaa.or.jp/common/docs/accreditation/handbook/university/2019/h_honbun_02.pdf[2018-12-11].

② 大学改革支援・学位授与機構. 大学機関別認証評価：実施大綱[EB/OL]. http://www.niad.ac.jp/media/006/202006/no6_1_1_daigakutaikouR2.pdf（2004-10）[2018-12-11].

日本高等教育评价机构也要求申请接受评价的大学在提交自我评价报告书的同时，提交相应的数据和材料。自我评价报告书需要以《学校教育法》《大学设立标准》为基础，根据每个标准项目的评价要求分析教育研究活动的情况，进行“满足”与“不满足”的自我评价，简要描述自我评价的理由，提出改善计划。除了评价机构的评价要求外，大学还可以根据实际情况确定自己的评价项目，然后综合考虑标准项目的判断结果，简明地描述每个标准项目的自我评价情况。

**2. 评价机构评价**

在接受大学的评价申请后，评价机构将对大学实施评价，评价方法包括书面评价和实地考察两种。

大学基准协会收到大学提交的资料后，评价分科会在5—9月对大学进行书面评价，针对书面材料中出现的问题，大学可以提交必要的追加材料。书面评价结束后，在9—10月进行实地考察，评价分科会的评价人员通过对包括大学校长、教师、学生以及其他职员在内的有关人员进行访问调查，确认大学研究以及质量保障的实际状况，以保证评价的客观性和准确性。

大学改革支援与学位授予机构形成评价小组，于当年7月及次年1月通过书面评价和访问调查对大学进行评价。评价小组以申请大学的自我评价报告书为基准，根据评价标准对大学的相关情况进行调查、分析和判断，并将结果报告给评价小组委员会。在书面调查过程中，如果出现表述不明确或材料数据不足时，可以要求申请大学提交必要的补充说明材料。书面调查主要是评价小组就大学自我评价报告书中对各个标准的分析进行判断，内容如下：第一，确认分析项目，即大学是否按照评价标准对所有要求的项目进行了说明；第二，对分析项目进行判断，即是否有相应的数据材料对自我评价报告书中的分析进行支撑和说明；第三，按标准进行评价，即以分析项目的判断结果为基础，判断大学是否满足评价标准；第四，指出优秀之处及需要改进之处。访问调查主要包括以下内容：第一，与大学责任人会谈，即就书面调查中出现的问题与大学责任人进行交流；第二，与教职工会谈，即以各自不同的立场，指出大学办学的优缺点；第三，与在校学生以及毕业生会谈，即从学生的立场提出学校教育研究的优势以及需要改进之处，鼓励学生提出个人的入学动机、分享入学体验以及对学校设施和环境的感想；第四，对教育现场的考察，即对教学场所、实验场所等教育现场的实地考察；第五，对学习环境的调查，包括对图书馆、教育研究设施等学习环境以及安全设施的便捷性、完备性的调查；第六，对大学责任人访问结果的说明以及意见听取。①

日本高等教育评价机构于 7—11 月对大学进行评价。评价委员会成员约由 18 人组成，包括大学的利益相关者、学术团体和经济组织。在对大学进行评价时，由固定人数的评价员组成评价小组对申请大学进行评价。虽然评价小组人员的数量会因目标大学和部门结构规模的大小而有所不同，但原则上约为 5 人。日本高等教育评价机构对大学进行的评价主要包括三个方面。第一，根据申请大学的自我评价报告书，针对以下事项进行评价和判定：以评价要求为基础，对各标准项目进行“满意”“基本满意”“不满意”的判定；根据标准项目的评价，对各标准进行“满意”“基本满意”“不满意”的判定；对整个评价标准进行“满意”“基本满意”“不满意”的判定。第二，本着对社会负责的原则，对申请大学进行整体评价。第三，记述申请大学具有特色的教育研究活动，以促使大学发挥特长，促进大学改革。②

### 3. 形成评价结果

大学基准协会的大学分科会在评价实施当年 12 月以书面评价和实地考察为依据，形成“大学评价结果（分科会案）”，并将其提交给大学评价委员会。大学评价委员会以分科会案为基础，形成“大学评价委员会（委员会案）”并将其寄送至大学。如果大学对“大学评价委员会（委员会案）”存在异议，可于次年 1 月提出意见，大学评价委员会在对其意见进行商讨的基础上形成“大学评价结果（案）”。经过理事会审议，次年 3 月将大学评价结果通知大学，同时向文部科学大臣报告，并在大学基准协会网站予以公示。大学在收到评价结果 3 年后的当年 7 月前，针对评价结果中提出的改善建议形成“改善报告书”，并提交给大学基准协会。在改善报告检讨会上，在对“改善报告书”进行商讨后，形成“针对改善报告书的检讨结果”，将结果通知大学并在相关网站公示。③“大学评价结果（案）”中除了判定大学合格与否，还追加了总评，包括对各项指标的概评以及建议。

大学改革支援与学位授予机构通过书面评价和实地考察形成“大学评价（案）”。

---

① 大学改革支援・学位授与機構. 大学機関別認証評価実施大綱等・評価手数料・自己評価書様式等[EB/OL]. http://www.niad.ac.jp/evaluation/certification_evaluation/ce_university/ce_un_outline/[2018-12-11].

② 日本高等教育評価评价機構. 大学機関別認証評価 評価システムの概要[EB/OL]. http://www.jihee.or.jp/achievement/college/[2018-12-11].

③ 大学基準協会. 大学評価 ハンドブック[EB/OL]. http://www.juaa.or.jp/accreditation/institution/handbook/[2018-12-11].

“大学评价（案）”包括对大学整体情况的判定以及大学内部质量保障情况的描述。对于完全满足大学各项评价标准的学校判定为合格。若重点评价项目（2-1 或者 2-2）不满足标准，即判定为不合格；若出现重点评价项目满足标准，但一般项目不满足标准的情况，将综合考虑各项标准，确认大学教育研究质量的情况，若办学质量与大学水平相符则判定为合格，若办学质量与大学水平不符则判定为不合格。对大学内部质量保障情况的评价，主要针对重点评价项目的标准 2-3 进行，如果判定属于以下任何一种或所有情况，则将其归入优秀有效的内部质量保障中。第一，系统、持续地收集和检查必要的信息且有效；第二，听取包括学生在内的关系者的意见且有效；第三，接受可信赖的第三者提出的意见。重点评价项目如表 8.2 所示。

**表 8.2　大学改革支援与学位授予机构的重点评价项目**

| 项目 | 内容 |
| --- | --- |
| 领域 2：与内部质量保障有关的标准 | 标准 2-1（重点评价项目）明确规定与内部质量保障相关的体制 |
| | 标准 2-2（重点评价项目）明确规定内部质量保障的程序 |
| | 标准 2-3（重点评价项目）内部质量保障有效运作 |
| | 标准 2-4 发生教育研究组织设立及变更等重大事项时，具有监督其适切性的机制 |
| | 标准 2-5 确保并提高教师及教育研究活动人员的素质 |

资料来源：根据大学改革支援与学位授予机构官方网站资料整理

在最终确定评价结果前，1 月将结果通知大学，大学可在 2 月提出异议和建议，评价委员会对大学的异议进行审议后，日本高等教育评价机构于 3 月正式形成大学评价结果，并予以公示。评价结束后第二年的 6 月，大学可向日本高等教育评价机构提交改善报告书。

日本高等教育评价机构评价小组于 12 月中旬形成“评价报告书案”，并在 12 月下旬接受大学的意见，在实施评价的第二年 1 月，时尚・商务系专门职业大学院评价判定委员会对“评价报告书案”进行判定，2 月上旬，接受大学对该案提出的异议。经过意见申立审查会的审议，判定委员会于 2 月下旬正式形成“评价报告书案”，3 月末将评价结果通知大学和报文部科学大臣，并向社会公示。在日本高等教育评价机构的评价结果中，满足全部六个评价标准即判定为合格，一旦有一个标准不满足即为不合格。被判定为不合格的大学，在规定期限内有可能达到标准的，判定为“保留”。日本高等教育评价机构将对被判定为“保留”的大学进行再评价，对于没有在规定期限内提交再评价申请的大学，即判定为不合格。

日本三大评价机构的评价流程如图 8.6—图 8.8 所示。

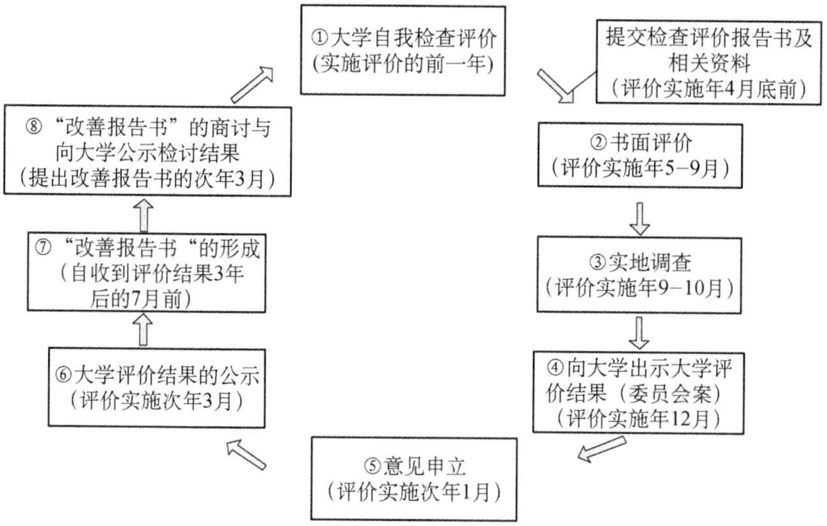


图 8.6　大学基准协会评价流程

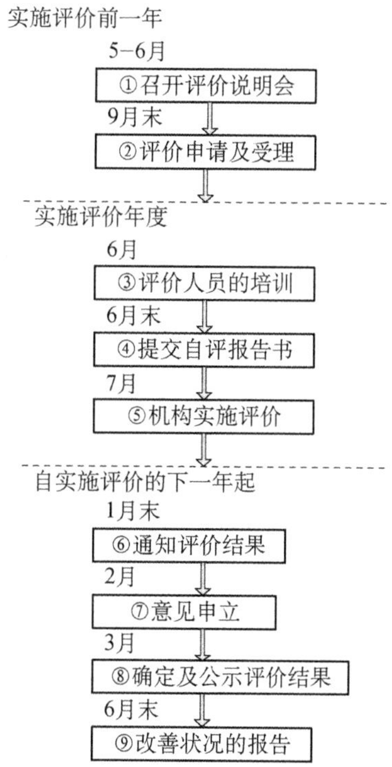


图 8.7　大学改革支援与学位授予机构评价流程

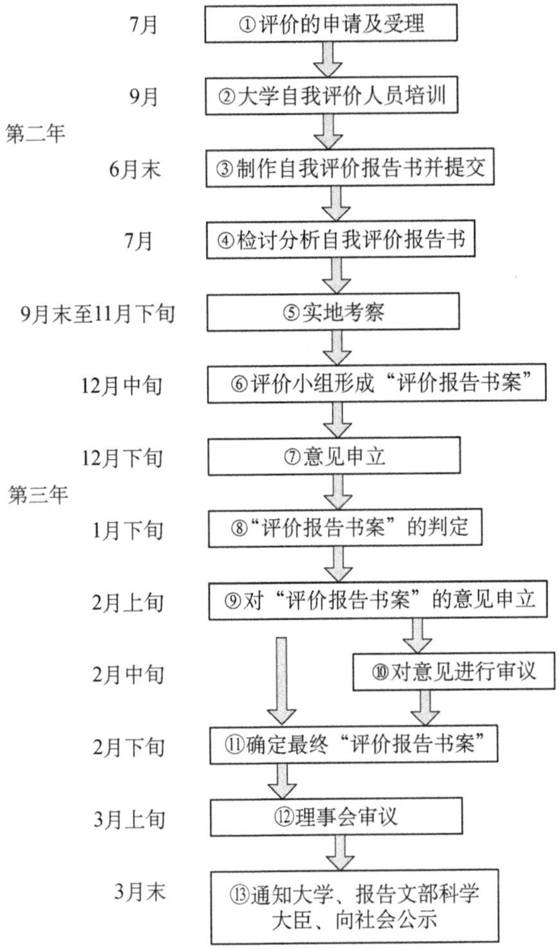


图 8.8 日本高等教育评价机构评价流程

# 8.2 国立大学法人评价

《国立大学法人法》规定，大学由国家行政组织的一部分转变为独立法人，大学校长作为法人代表，拥有独立的自主权，不再接受政府的管理。从某种程度上说，大学与大学法人为同样的教育机构。

日本政府设置了国立大学法人评价委员会负责对国立大学法人进行评价。各国立大学法人需要结合自身的发展情况制定 6 年中期目标，并根据 6 年中期目标制定各年度的发展计划。国立大学法人评价就是对中期目标达成状况的评价，以确认国家资金是否得到了有效分配和使用。目前，日本大学正处于第 3 期中期目标评价期间，需要对国立大学法人进行四年末评价，一方面检查前 4 年是否按照计划在顺利进行；另一方面预测后 2 年的教育研究状况。年度评价是由国立大学法人评价委员会在各法人自我检查评价的基础上，对其在本年度的中期目标与计划的实施状况的评价，每年进行一次。国立大学法人评价委员会通过中期评价和年度评价实现对法人的业绩评价。按照《国立大学法人法》的要求，国立大学法人评价委员会负责中期目标期间有关业务运营及财务内容的评价，而有关教育研究的评价则由大学改革支援与学位授予机构负责实施。国立大学法人评价的整体情况如图 8.9 所示。

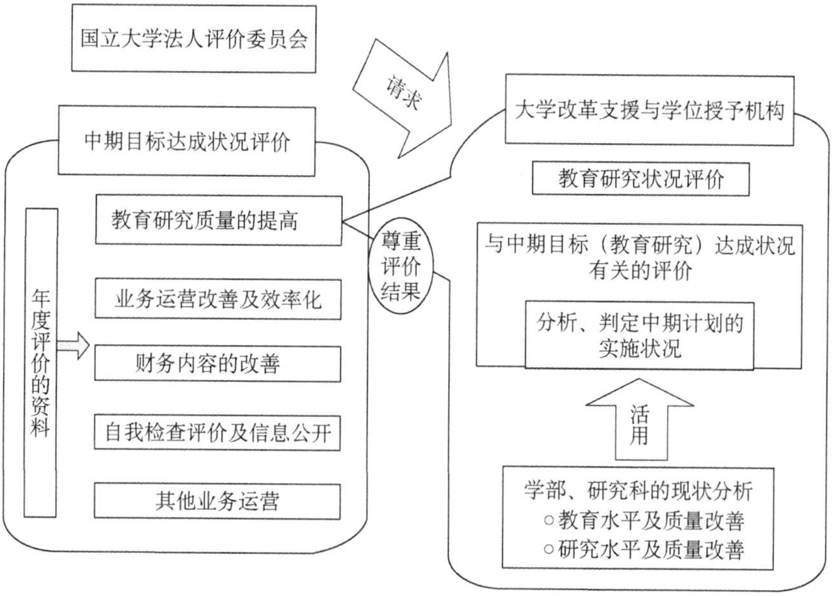


图 8.9　国立大学法人评价的整体情况

### 8.2.1 评价主体

#### 1. 国立大学法人评价委员会

作为国立大学改革的一环，文部科学省于 2003 年 10 月设立了国立大学法人评价委员会。该委员会负责的主要事项有以下几点：实施大学法人的业务实绩（各年度、四年末、中期目标结束）评价；向文部科学大臣报告对制定中期目标、批准中期计划的意见；中期目标评价结束时，向文部科学大臣报告对组织和业务的审查意见；向文部科学大臣报告关于国立大学法人的指定以及关于指定撤销的意见。国立大学法人评价委员会的委员不超过 20 人，委员任期为 2 年，并且可以连任。[①]委员会下设两个分科会，其中，国立大学法人分科会负责国立大学法人的评价，大学共同利用机关法人分科会负责大学共同利用机关法人的评价。此外，可以增设临时委员和专门委员，也可以根据实际情况在委员会和分科会下设立评价小组。

#### 2. 大学改革支援与学位授予机构

根据《国立大学法人法》第三十一条的规定，大学改革支援与学位授予机构需要对国立大学法人中期目标期间的教育研究状况实施评价，因此专门设立了国立大学教育研究评价委员会。该委员会由大学校长及专门从事研究或教育的人员以及在社会、经济、文化和其他领域具有一定学术经验的专家组成。该委员会下设达成状况判定小组、现状分析小组、研究业绩水平判定小组以及意见申立审查会。

### 8.2.2 评价标准

对大学进行评价需要有一定的标准。由于各国立大学法人制定的中期目标和中期计划有所不同，相应的评价项目也有所不同。对国立大学法人的中期目标达成状况的评价主要包括教育研究、业务运营和财务内容两方面。评价标准如表 8.3 所示。

---

① 文部科学省. 国立大学法人評価委員会の概要[EB/OL]. http://www.mext.go.jp/b_menu/shingi/kokuritu/gaiyou/05111601.htm（2018-11-20）[2018-12-31].

表 8.3 中期目标达成状况评价标准

| 一级指标 | 二级指标 | 三级指标 |
|---|---|---|
| 教育研究 | 教育现状 | 教育内容及成果、教育实施体制、学生支援等 |
| | 研究现状 | 研究水平及成果、研究实施体制等 |
| | 其他 | 社会贡献、国际化等 |
| 业务运营和财务内容 | 业务运营改善及效率化 | 组织运营的改善（增强治理效能、人事和薪酬制度弹性化、校内资源分配等） |
| | | 审视教育研究组织，强化大学职能 |
| | | 审查行政组织，促进办公效率化、合理化 |
| | 财务内容的改善 | 努力增加外部研究经费、捐款和其他自筹收入 |
| | | 节省经费支出 |
| | | 改善资产运用管理 |
| | 自我检查评价及信息公开 | 充实评价 |
| | | 促进信息公开和信息传播 |
| | 其他业务运营 | 促进教育研究质量的提高，研究老龄化对策 |
| | | 安全管理 |
| | | 遵守法律 |

资料来源：根据文部科学省官方网站资料整理

国立大学法人评价是通过年度评价和中期目标期间评价来实现的。年度评价是对国立大学法人在各年度完成中期计划实施状况进行的评价。中期目标期间评价则包括四年末评价和中期计划结束时的最终评价，其中四年末评价是在中期计划进行到第 4 年的时候，对前 4 年的中期目标达成状况进行评价，同时预测接下来两年的完成情况，以便国立大学法人更好地制定年度计划。在年度评价中，教育研究状况的评价由国立大学法人评价委员会负责，而四年末和中期目标期间的教育研究状况评价委托给大学改革支援与学位授予机构来负责。大学改革支援与学位授予机构在中期目标计划期间对国立大学法人的评价分为四年末评价和中期目标结束时的评价。

1. 年度评价

年度评价是国立大学法人评价委员会对各国立大学法人各年度中期计划的实施状况进行的评价。年度评价中对业务运营的评价标准与中期目标达成状况中对业务运营的评价标准是一致的。对于教育研究质量的评价，则首先由大学自评，记述本年度有特色的教学科研活动，再经由国立大学法人评价委员会确认。

**2. 四年末评价**

在大学改革支援与学位授予机构公布的第 3 期中期目标期间教育研究状况评价的实施纲领中，教育研究状况的评价分为学部、研究科的现状分析和中期目标达成状况整体评价两部分。

学部、研究科的现状分析是对国立大学法人教育研究水平的分析，评价标准与表 8.3 中“教育研究”项目的评价标准一致，包括对教育现状和研究现状两部分的评价，其中对教育现状（研究现状同）进行判定的尺度如表 8.4 所示。

**表 8.4　教育现状判定尺度**

| 判定等级 | 判定尺度 |
| --- | --- |
| 质量非常高 | 根据各学部、研究科的教育目标，教育活动和成果非常优秀 |
| 质量较高 | 根据各学部、研究科的教育目标，教育活动和成果较优秀 |
| 质量一般 | 根据各学部、研究科的教育目标，教育活动和成果一般 |
| 质量有待提高 | 根据各学部、研究科的教育目标，教育活动和成果有待提高 |

资料来源：根据大学改革支援与学位授予机构官方网站公布的资料整理

中期目标达成状况评价是以全体国立大学法人为目标，在第 4 年末的评价中，预测中期目标期结束时中期目标工作的完成情况。

**3. 中期目标结束时的评价**

中期目标结束时的评价是在 第 6 年结束时，根据国立大学法人等提交的各种成果状况报告以及与教育和研究活动有关的各种数据，参考第 4 年末的评价结果，检查中期计划的实施状况，对各国立大学法人的教育研究状况进行评价。在此过程中，重点考察中期计划中各大学做出的努力是否有效，教育研究的质量是否有所提高，或者是否能保持高质量评价标准与四年末中期目标达成状况的标准一致。

## 8.2.3　评价程序

**1. 年度评价**

年度评价是在各国立大学法人自我检查评价的基础上进行的。具体而言，除了确认各国立大学法人是否有序地开展自我检查和评价之外，还要根据各法人年度计划的实施状况、中期计划各项目的审查结果，在考察各国立大学法人办学特色的同时，对中期计划的进展状况进行综合评价。

（1）大学自我评价

各国立大学法人需要按照要求进行自我检查与评价，于当年的 6 月末提交实绩报告书，报告书包括业务运营和教育研究两大部分内容。业务运营涉及的内容包括对财务内容的改善、自我检查评价及信息公开、对其他业务运营情况进行的自我检查与评价等，具体如表 8.3 所示。教育研究部分则是在实绩报告书的“整体状况”一栏对教育研究的质量提高状况进行说明。

（2）机构评价

从各年度的工作是否稳定有序地为实现中期目标而努力的角度出发，通过书面调查和举办听证会的形式，国立大学法人评价机构于 7—8 月对年度计划中的每项内容进行全面评价。对各年度工作进展状况的判定有 5 个等级，分别如下：为达到中期目标，有特别好的进展；为达到中期目标，进展顺利；为达到中期目标，进展大体顺利；为达到中期目标，进展滞后；为达到中期目标，有需要进行重大改进的地方。8 月下旬至 9 月，形成初步的评价结果。为了确保评价的透明性和正确性，在给出最终的评价结果前，将初步的评价结果通知各国立大学法人，对结果有异议的国立大学法人可以在 9 月提出申诉。

（3）形成评价结果

国立大学法人评价委员会于 10 月下旬将最终的评价结果通知各国立大学法人，并将各法人的实绩报告书和评价结果一同在官方网站进行公示。①

**2. 四年末评价**

前文提到，目前日本大学正处于第 3 期中期目标评价期间，在此期间需要对国立大学法人进行四年末评价。

（1）大学自我评价

与年度评价类似，国立大学法人需要在 2020 年 6 月末将 2019 年的年度实绩报告书以及第 3 期中期目标期间（2016—2019 年）的实绩报告书提交给国立大学

---

① 国立大学法人評価委員会. 国立大学法人及び大学共同利用機関法人の第 3 期中期目標期間における各年度終了時の評価に係る実施要領[EB/OL]. http://www.mext.go.jp/component/b_menu/shingi/toushin/__icsFiles/afieldfile/2015/06/19/1359059_02.pdf（2015-05-27）[2018-12-11].

法人评价委员会，实绩报告书的内容包括教育研究和业务运营两大部分。

（2）机构评价

国立大学法人评价委员会将实绩报告书中关于教育研究的部分委托给大学改革支援与学位授予机构进行评价，于7—8月对实绩报告书中关于业务运营的部分进行调查分析。

大学改革支援与学位授予机构在进行四年末评价时，主要是采用书面调查的方式，对大学研究业绩的水平以及学部和研究科的现状进行分析，以两者为基础形成四年末的中期目标达成状况评价。如果在书面调查过程中遇到不明确的地方，可征询各组的意见，并要求国立大学法人提交相关数据。对于书面调查无法确认的事项，将组织大学的相关人员以及评价委员会的专家召开听证会，如果评价委员会认为有必要的话，也会进行访问调查。评价一直进行到2021年1月，并形成初步的评价结果，将结果通知国立大学法人。对于评价结果有异议的，国立大学法人可于2021年2—3月进行异议申诉，对国立大学法人提出的异议进行商讨后，于2021年3—4月形成最终评价结果，并将结果通知国立大学法人和国立大学法人评价委员会，同时将评价结果在官方网站进行公示。[①]

（3）形成评价结果

接到大学改革支援与学位授予机构对国立大学法人在第3期中期目标期间（2016—2019年）的评价结果后，综合对国立大学法人业务运营的评价，国立大学法人评价委员会于2021年3—4月形成最终的业务实绩评价结果，并通知各国立大学法人，同时向社会公示。

### 3. 中期目标评价

中期目标评价即在中期目标结束时对各国立大学法人在6年期间的目标达成状况进行评价，评价程序与四年末评价一致。例如，第3期中期目标（2016—2022年）达成状况评价于2022年进行。

---

① 国立大学法人評価委員会．国立大学法人及び大学共同利用機関法人の第3期中期目標期間の業務実績評価に係る実施要領[EB/OL]．http://www.mext.go.jp/content/20210827-mxt_hojinka-100011929_1.pdf（2015-05-27）[2018-12-11]．

# 8.3 案例分析——以东京大学为例

东京大学成立于 1877 年，其前身是东京开成学校与东京医学校，是日本第一所以现代学制成立的综合大学，也是亚洲较早的西制大学之一。作为日本最高学术殿堂，东京大学不仅在日本社会有着举足轻重的地位，在全球也享有极高的声誉。东京大学培养了包括总理大臣、诺贝尔奖获得者在内的一大批学术名家、工商巨子、政界精英。作为一所世界顶尖的综合大学，东京大学在 2017 年世界大学学术排名（Academic Ranking of World Universities，ARWU）中位列第 24 名，在 QS（Quacquarelli Symonds）世界大学排名中位列第 28 名。截至 2022 年 10 月，东京大学在校生为 28 785 人，教职员工为 11 509 人，2021 年学校的预算额达到 281 788 百万日元。①

依据《国立大学法人法》，东京大学于 2004 年 4 月 1 日起改制，以国立大学法人的形式运作。东京大学作为在日本社会享有相当高声誉的国立大学法人，在接受大学改革支援与学位授予机构认证评价的同时，也要接受国立大学法人的评价。以下从这两方面分别进行探讨。

## 8.3.1 认证评价

### 1. 自我评价

为了更好地完成评价，东京大学成立了东京大学评价委员会，由委员长、副委员长和委员组成。同时，设立了评价实施委员会，负责各项评价事宜。评价实施委员会由委员长、副委员长和委员组成，其中，委员长由评价委员会的副委员长担任，副委员长由各委员推选产生。委员由以下人员组成：各研究生院推荐的教师各 1 名，各研究所推荐的教师各 1 名，各中心推荐的教师各 1 名，还包括公

---

① The University of Tokyo. UTokyo by the numbers[EB/OL]. http://www.u-tokyo.ac.jp/en/about/numbers.html[2018-12-11].

共部门委员会委员长、大学综合教育研究中心主任、评价支援办公室主任及其他教职工代表。

东京大学自2009年第一次接受了认证评价后，在2010年起着手准备2015年的第二次评价。2010—2015年，东京大学对各学院进行了自我评价，综合各学院的自我评价报告书，最终形成了东京大学的自我评价报告书，并于2015年提交给大学改革支援与学位授予机构。参与本次认证评价并提交自我评价报告书的包括15个学院、研究生院，13个学习中心和12个研究所。①

东京大学最终的自我评价报告书以大学改革支援与学位授予机构的评价标准为依据制定。与2018年修订后的标准不同，东京大学2015年的自我评价报告书是根据当时的评价标准制成的，具体内容如下：大学的目的、教育研究组织、教师及教育支援者、学生的准入、教育内容及方法、学习成果、设施设备及学生支援、内部质量保障、财务基础及管理运营、教育信息公示等。

### 2. 机构评价

在收到东京大学的自我评价报告书后，大学改革支援与学位授予机构便开始准备对东京大学的评价事宜。大学评价委员会由大学校长、副校长及著名教授共28人组成，包括1名委员长和1名副委员长。大学评价委员会运营小委员会由大学校长及教授共 10 人组成，包括1名主查和1名副主查。大学评价委员会评价部门由大学校长及教授共 16 人组成，包括1名部会长和4名副部会长。大学评价委员会财务部门由注册会计师及税务会计师共 6 人组成，包括1名部会长和1名副部会长。2015年7月，大学改革支援与学位授予机构对东京大学实施书面调查；8—9月，大学评价委员会运营小委员会针对大学评价工作展开讨论，大学评价委员会评价部门和财务部门对到东京大学进行实地考察的相关事宜进行商讨；10—12月，正式对东京大学进行实地考察。②

### 3. 形成评价结果

经过对东京大学的书面评价和实地考察，大学改革支援与学位授予机构下设的大学评价委员会运营小委员会、评价部门以及财务部门于2015年12月— 2016

① 大学評価・学位授与機構. 平成27年度実施大学機関別認証評価：評価報告書・東京大学[EB/OL]. http://www.u-tokyo.ac.jp/content/400039827.pdf（2016-03）[2018-12-11].

② 大学評価・学位授与機構. 平成27年度実施大学機関別認証評価：評価報告書・東京大学[EB/OL]. http://www.u-tokyo.ac.jp/content/400039827.pdf（2016-03）[2018-12-11].

年 1 月合力形成了东京大学评价结果的原案，评价委员会于 1 月将评价结果通知东京大学，3 月形成了正式的评价结果。

在本次评价中，东京大学 10 个基准的认证评价情况如表 8.5 所示。

**表 8.5 东京大学认证评价情况列表**

| 基准 | 优点 | 不足 | 合格与否 |
|---|---|---|---|
| 大学的目的 | 无 | 无 | 是 |
| 教育研究组织 | 无 | 无 | 是 |
| 教师及教育支援者 | 无 | 未根据教师评价方针进行持续评价 | 是 |
| 学生的准入 | 无 | 部分研究生院入学人数过多或不足 | 是 |
| 教育内容及方法 | 以每个学术领域的整体情况为主题在 2014 年为大一和大二的本科生开设了 4 门课程，共有 301 人参加 | 部分学院缺乏成绩评价异议申立制度 | 是 |
| | 2009 年，建立跨学科项目，到 2014 年末已有 60 名学生毕业 | 部分学院的指导方针不明确 | 是 |
| | 2004 年，针对本科生实施“全球领先发展计划” | 无 | 是 |
| | 针对教养学院的大一学生，从 2008 年开始为理科生提供 ALESS（active learning of English for science students）项目，从 2013 年开始为文科生提供 ALESA（active learning of English for students of the arts）项目 | 无 | 是 |
| | PEAK（programs in English at Komaba）用于以非日语接受小学和中学教育的学生，包括教养学院第一学期的国际教育课程、人文学院的国际日语课程和国际环境研究课程 | 无 | 是 |
| | 与协议学校的交换留学 | 无 | 是 |
| | 响应文部科学省的号召，2012—2016 年与关东地区的 4 所兽医大学、兽医研究机构、相关行政部门合作 | 无 | 是 |
| | 响应文部科学省的号召，支持期结束后仍实施传染病和公共卫生领域的实用培训计划 | 无 | 是 |
| | 响应文部科学省的“博士课程教育阅读计划”，2011—2017 年实施“可持续发展全球领导者培训研究生院计划”“引领生活创新的领导者培训计划”“光子科学领先研究生院项目”，2012 年实施“综合材料科学领导者培训计划”“信息和计算机技术全球创意领导者发展专家项目” | 无 | 是 |
| | 响应文部科学省“大学的世界展开力强化事业”号召，实施“公共政策和国际关系领域的双学位硕士课程”“亚洲城市环境卫生跨学科联盟的形成项目”等 | 无 | 是 |

续表

| 基准 | 优点 | 不足 | 合格与否 |
|---|---|---|---|
| 学习成果 | 无 | 无 | 是 |
| 设施设备及学生支援 | 2013 年，开展自我教育“FLY 计划”（Fresher's Leave Year Program），通过自主活动，如志愿者活动、社会贡献活动、国际交流活动等实现自我发展 | 无 | 是 |
| | 建立了学生咨询网络系统 | 无 | 是 |
| | 为本国学生和外国学生提供经济支持 | 无 | 是 |
| | 学生宿舍得到维护和合理利用 | 无 | 是 |
| 内部质量保障 | 无 | 无 | 是 |
| 财务基础及管理运营 | 根据教职工的意见，进行业务改革和改善 | 无 | 是 |
| 教育信息公示 | 无 | 无 | 是 |

资料来源：东京大学官方网站公布的认证评价结果

如表 8.5 所示，在该次评价中，东京大学 10 个标准全部满足，表现优秀的方面有以下几点：第一，为大一、大二的学生提供旨在实现各学术领域有机联系的主题讲座；第二，实施了跨学科学习项目；第三，为本科生提供旨在培养国际社会的领导者的“全球领先发展计划”；第四，以教养学院的大一学生为对象，为理科生提供 ALESS 课程，为文科生提供 ALESA 课程；第五，由教养学院第一学期的国际教育课程、人文学院的国际日语课程和国际环境研究课程组成 PEAK，旨在促进“全球校园”的形成；第六，将文部科学省的补助金用于建设负责全球的下一代兽医学校教育机构；第七，将文部科学省的补助金用于构建全国范围内的家畜感染和人畜共患病对策实践培训体系；第八，“博士课程教育阅读计划”被文部科学省分别于 2011 年采用 3 次、2012 年采用 3 次和 2013 年采用 3 次；第九，在文部科学省推出的“大学的世界展开力强化事业”中，东京大学于 2011 年、2012 年和 2014 年分别被采用 2 个、1 个和 2 个；第十，推行了 “FLY 计划”，促使学生通过社会活动和国际交流活动等长期志愿活动实现自我发展；第十一，建立了学生咨询网络系统；第十二，通过特设奖学金为本国学生和外国学生提供经济支持；第十三，学生宿舍得到有效维护和利用。总体而言，东京大学表现优秀的方面可总结如下：第一，形成完整的教学大纲；第二，作为被文部科学省采纳为“支持创建超级全球大学”的典型案例，东京大学全球校园模式的构筑旨在创建一个“全球校园”，将成为非英语国家研究型大学的典范。东京大学需要改善的方面如下：第一，没有根据教师评价方针进行持续评价；第二，部分研究生院存在入学人数过多或者入学人数不足的情况；第三，部分学院没有建立成绩评价异议申立制度以解决学生对评分评价等存在异议的问题。①

## 8.3.2 国立大学法人评价

根据相关法律规定，东京大学作为国立大学法人，需要接受 6 年一次的中期目标达成状况的评价。东京大学已经完成了第 2 期中期目标期间（2010—2015 年）的评价，以下主要针对东京大学第 2 期中期目标期间的评价进行研究。

### 1. 自我评价

东京大学于 2016 年 5 月末向大学改革支援与学位授予机构提交了研究业绩说明书，6 月末向国立大学法人评价委员会提交了实绩报告书。

### 2. 机构评价

国立大学法人评价委员会于 2016 年 7 月接到了东京大学的实绩报告书，组织国立大学法人分科会评价小组对报告书中关于业务运营的部分进行了调查分析，于 8—9 月举行了听证会。2017 年 2—3 月，关于东京大学的评价结果（草案）初步形成，国立大学法人分科会评价小组于 4 月 26 日对评价结果（草案）进行了审议，东京大学于 4 月 26 日—5 月 17 日对结果中存在异议的部分提出了申诉。

大学改革支援与学位授予机构于 2016 年 5 月末接到东京大学的研究业绩报告书后，通过书面调查对其研究业绩水平进行了判定。7—8 月，进行了现状分析的书面调查，7—10 月，对东京大学的中期目标期间的教育达成状况进行了评价。2016 年 9 月 1—8 日，进行了第一次现状分析小组会，对现状分析的评价结果（草案）进行讨论和审议。9 月 28 日—10 月 12 日，就书面调查中不确定的部分向东京大学进行确认，并要求其提供相关资料。10 月 18 日—11 月 8 日，进行了第一次达成状况判定会议，对达成状况判定的评价结果（草案）进行讨论和审

---

① 大学評価・学位授与機構. 平成 27 年度実施大学機関別認証評価：評価報告書・東京大学[EB/OL]. http://www.u-tokyo.ac.jp/content/400039827.pdf（2016-03）[2018-12-11].

议。11 月 16 日，进行了第二次现状分析小组会（原案），并对东京大学的现状分析原案进行讨论和审议。11 月 25 日，举行了东京大学法人听证会，对书面调查中不确定的部分进行确认，并要求其提供相关资料。12 月 7 日，进行了现状分析运营小组委员会的调整。2017 年 1 月 17—25 日，举行了东京大学法人听证会。2 月 17—23 日，进行了第二次达成状况判定会议，对达成状况判定的评价结果（原案）进行讨论和审议。2 月 27 日，进行了达成状况判定运营小组委员会的调整，并对评价报告书（原案）进行了审议。东京大学于 3 月 2—22 日提出异议。4 月 6 日，意见申立审查会召开会议，对东京大学提出的异议进行审议，4 月 18 日将东京大学评价报告书（终案）提交给国立大学法人评价委员会。

**3. 形成评价结果**

结合大学改革支援与学位授予机构对东京大学第 2 期中期目标期间教育研究达成状况的评价结果，2017 年 6 月 6 日形成了对东京大学的最终评价结果，并向社会公示。评价结果如表 8.6、表 8.7 所示。

**表 8.6　东京大学中期目标达成状况评价结果**

| 二级指标 | 三级指标 | 评价尺度 | 三级指标评价结果 | 二级指标评价结果 |
|---|---|---|---|---|
| 教育现状 | 教育内容及成果 | 非常优秀 | | 大体良好 |
| | | 良好 | | |
| | | 大体良好 | ○ | |
| | | 一般 | | |
| | | 重大改善事项 | | |
| | 教育实施体制 | 非常优秀 | | 大体良好 |
| | | 良好 | | |
| | | 大体良好 | ○ | |
| | | 一般 | | |
| | | 重大改善事项 | | |
| | 学生支援 | 非常优秀 | | 大体良好 |
| | | 良好 | ○ | |
| | | 大体良好 | | |
| | | 一般 | | |
| | | 重大改善事项 | | |

续表

| 二级指标 | 三级指标 | 评价尺度 | 三级指标评价结果 | 二级指标评价结果 |
|---|---|---|---|---|
| 教育现状 | 国立大学强化推进补助金 | 非常优秀 | | 大体良好 |
| | | 良好 | ○ | |
| | | 大体良好 | | |
| | | 一般 | | |
| | | 重大改善事项 | | |
| 研究现状 | 研究水平及成果 | 非常优秀 | ○ | 良好 |
| | | 良好 | | |
| | | 大体良好 | | |
| | | 一般 | | |
| | | 重大改善事项 | | |
| | 研究实施体制 | 非常优秀 | | |
| | | 良好 | | |
| | | 大体良好 | ○ | |
| | | 一般 | | |
| | | 重大改善事项 | | |
| 其他 | 社会贡献 | 非常优秀 | ○ | 良好 |
| | | 良好 | | |
| | | 大体良好 | | |
| | | 一般 | | |
| | | 重大改善事项 | | |
| | 国际化 | 非常优秀 | | 良好 |
| | | 良好 | ○ | |
| | | 大体良好 | | |
| | | 一般 | | |
| | | 重大改善事项 | | |

注：○表示属于该项，即符合该项内容，下同

资料来源：根据东京大学官方网站公布的第 2 期中期目标期间的评价结果整理

**表 8.7　东京大学中期目标期间业务运营状况评价结果**

| 项目 | 非常优秀 | 良好 | 大体良好 | 一般 | 重大改善事项 |
|---|---|---|---|---|---|
| 业务运营改善及效率化 | | ○ | | | |
| 财务内容的改善 | | ○ | | | |

续表

| 项目 | 非常优秀 | 良好 | 大体良好 | 一般 | 重大改善事项 |
|---|---|---|---|---|---|
| 自我检查评价及信息公开 | ○ | | | | |
| 其他业务运营 | | | | ○ | |

资料来源：根据东京大学官方网站公布的第 2 期中期目标期间的评价结果整理

在东京大学第 2 期中期目标期间业务运营状况评价中，“自我检查评价及信息公开”一项的评价结果为“非常优秀”，“其他业务运营”一项的评价结果为“一般”，其余项的评价结果均为“良好”。在东京大学的业务实绩中，值得注意的有以下两项。

第一，在教育研究质量的提高方面，学生入学后立即通过各种自学课程（如“FLY 计划”）参与社会贡献活动和国际交流活动等，使自己在一年中得到快速成长。此外，在本科教育方面，东京大学建立了完备的教育体制，可以为学生提供精细的教育指导。同时，学校还充分利用基础研究、应用研究以及跨学科研究，在全球范围内取得了出色的研究成果，如获得了诺贝尔物理学奖和马库斯·瓦伦堡奖等。

第二，在业务运营方面，在校长的领导下，东京大学制定并推广了“FOREST 2015”“东京大学 2020 年愿景”，在此基础上创建了新的人事制度，如交叉预约制度。另外，东京大学为海外的大学和企业、外籍教职工和外国学生准备了英文版财务报告，为其提供有关财务状况和业务内容方面的资料。同时，向驻日的外国记者和使馆官员传播包括最先进的研究活动在内的教育信息，但存在个人信息管理不当等问题，需要努力改进。

作为国立大学法人，东京大学既要接受大学改革支援与学位授予机构的认证评价，也要接受国立大学法人的评价。两种评价标准有很多相似之处，如有关教育内容与教育成果、财务内容及信息公开等方面。因此，两种评价既相对独立又彼此关联，侧重点各有不同，认证评价侧重于对大学整体办学状况的认证，而国立大学法人评价则集中于对大学运营和教育科研状况的评价，前者是对东京大学作为高水平大学的质量认证，后者更侧重于评价东京大学是否实现了对国家资源的有效使用。总体上来看，两种评价均是为了保障东京大学的办学质量，提高社会公众对东京大学的信赖度。

# 8.4 小 结

认证评价和国立大学法人评价作为日本大学第三者评价制度的两种形式，已深深扎根于日本大学的运营中，共同促成了日本“大学评价文化”的形成。两种评价形式既有共同之处，也存在差异。两种形式的评价均通过独立于政府的第三者评价机构对大学进行评价，在一定程度上有效保障了大学的办学质量，培养出了国家发展需要的人才。但两种评价也存在一些不同之处，首先，评价目的不同。认证评价的目的主要是提高大学的教育教学和科学研究水平；国立大学法人评价侧重于通过评价来确认国家资金是否得到了有效使用和分配。其次，评价主体不同。认证评价是针对所有性质的大学展开的评价，由完全独立于政府的评价机构来组织实施；国立大学法人评价只针对国立大学法人进行，由相对独立于政府的国立大学法人评价委员会和完全独立于政府的大学改革支援与学位授予机构负责实施。再次，评价标准不同。认证评价的标准由各评价机构制定，涉及大学办学过程中的方方面面；国立大学法人评价的标准主要涉及教育研究和业务运营两方面的内容。最后，评价程序不同。认证评价程序包括大学自我评价、机构评价和形成评价结论三个阶段，具体流程由各机构自行决定。国立大学法人评价程序虽然也分为大学自我评价、机构评价和形成评价结论三个阶段，但其年度评价由国立大学法人评价委员会单独实施，而四年末评价和中期目标达成状况评价则需要国立大学法人评价委员会、大学改革支援与学位授予机构共同负责实施。总体而言，作为第三者评价制度的主要内容，认证评价和国立大学法人评价共同保障了日本大学的健康发展，对于提高日本大学的国际竞争力起到了重要作用。

# 第9章 中国高等教育第三方评价制度研究

作为推动高等教育评价体制机制改革的重要突破口，加快我国高等教育第三方评价制度建设，对于有效推进高等教育领域的管办评分离改革以及教育治理体系和治理能力现代化建设具有重要意义。

## 9.1 中国高等教育第三方评价制度的发展

“第三方”这个概念最早是由美国学者列维特（Levitt）于1973年提出的，它的意思是在政府相关部门和营利性企业之外的组织形式。一般情况下，“第三方”这一概念可以指代国家组织、自由市场之外的机构形式，如非政府组织、社会组织、非营利性组织、公民社会或第三部门等。[①]因此，对于我国高等教育评价来说，第三方评价属于舶来品。总体而言，我国高等教育第三方评价起步较晚，严格意义上的高等教育第三方评价制度尚未发展成熟。

高等教育第三方评价突出社会性的外部评价在高等教育质量评价中的重要作

① Ozcinar Z，Comunoglu N. Evaluation of social studies curriculum in primary education systems according to teachers perspectives[J]. Procedia-Social and Behavioral Sciences，2012（46）：195-198.

用。从高等教育第三方评价制度建设的内涵来讲，第三方评价机构是高等教育第三方评价制度的运作主体，第三方评价机构从起步、建立到完善的发展过程，在一定程度上也是高等教育第三方评价制度逐步形成的过程。高等教育第三方评价制度运行实施的重点则是逐步营造宽松的社会评价的外部环境，提高社会评价的公信力和可信度，突出第三方评价机构的主导地位。因此，本章以我国高等教育第三方评价制度建设的主体——第三方评价机构为线索，探索其发展沿革，剖析其基本现状。

### 9.1.1 政策探索阶段（1985—1992 年）

1994 年，华东师范大学陈玉琨教授在“中国高等教育学会高等教育评估研究会成立大会暨第五次学术讨论会”上提出了“教育评估中介机构”这一概念[①]，同年，国家教育委员会高等教育司司长王冀生教授发文对“中介机构”进行了简要说明[②]，之后关于高等教育第三方评价的理论研究和实践探索开始进入探索期。这一时期，在理论研究方面，学者主要是对第三方评价的内涵、意义和作用进行了探讨。在实践方面，此阶段的第三方评价机构尚处于萌芽阶段，相关政策的出台为第三方评价机构的建立奠定了基础。

1985 年 5 月，《中共中央关于教育体制改革的决定》指出，“国家及其教育管理部门要加强对高等教育的宏观指导和管理。教育管理部门还要组织教育界、知识界和用人部门定期对高等学校的办学水平进行评估”。这被视作我国在政策层面首次提出第三方评价理念，我国教育第三方评价机构的发展开始步入探索阶段。1990 年 10 月，国家教育委员会出台的《普通高等学校教育评估暂行规定》强调，教育评价工作要“在学校自我评估的基础上，以组织党政有关部门和教育界、知识界以及用人部门进行的社会评估为重点，在政策上……鼓励学术机构、社会团体参加教育评估”。这是我国第一部有关高等教育评估的规范性文件，首次提出由社会来参与对高校的评估，说明当时国家已经开始考虑并尝试评估方法的多元化。1992 年，国务院同意了国家教育委员会《关于加快改革和积极发展普

① 朱淑华. 国内高等教育评估中介机构研究现状述评[J]. 现代教育科学，2009（7）：7-10，21.
② 王冀生. 建设具有中国特色的高等教育评估制度的基本要点[J]. 高等教育研究，1994（1）：43-47.

通高等教育的意见》，表明了希望社会各界支持和直接参与评估高校办学水平，高等教育第三方评估的雏形初见端倪。①

但在此阶段我国高等教育评价工作主要以政府行政力量为主导，政府部门身兼多职，既要对教育事业进行全方面管理，合理分配资源，还要全权负责教育评价工作。政府对高等教育领域的评价原则和评价标准代表着政府的立场和要求，当行政力量对教育评价领域的干预过多时，会导致一些问题，如高校的自主性不高、对评价缺乏积极性、难以形成持续改善机制等。因此，改革传统的高等教育评价制度，引入社会力量参与到高等教育评价中来，开始成为高等教育界的共识。

### 9.1.2　初步建立阶段（1993—2009年）

1993年2月，中共中央、国务院发布《中国教育改革和发展纲要》，提出“政府要转变职能，由对学校的直接行政管理，转变为运用立法、拨款、规划、信息服务、政策指导和必要的行政手段，进行宏观管理。要重视和加强决策研究工作，建立有教育和社会各界专家参加的咨询、审议、评估等机构，对高等教育方针政策、发展战略和规划等提出咨询建议，形成民主的、科学的决策程序”。这是我国首次明确要建立专门的第三方评价机构。同年，北京高等学校教育质量评议中心成立，这是我国首家专门性的教育评价机构，拉开了我国第三方评价机构建设的序幕。我国高等教育第三方评价机构的发展历史虽较为短暂，但发展很快。依据机构的性质及评价主体的差异，可将其主要划分为独立半官方教育评价机构、社会组织第三方评价机构、专业公司第三方评价机构三种类型。

1994年，高等学校与科研院所学位与研究生教育评估所成立，这是我国第一家专职从事学位与研究生教育评价工作的独立半官方教育评价机构。此后，各省（自治区、直辖市）在教育部门的主导下相继建立了专门的教育评价机构，具体如表9.1所示。

---

① 曹辉，郑智伟. 高等教育第三方评估的法律地位探讨[J]. 上海教育评估研究，2018（4）：1-5.

表 9.1 1993—2009 年我国成立的独立半官方教育评价机构

| 成立年份 | 机构名称 |
|---|---|
| 1993 | 北京高等学校教育质量评议中心 |
| 1994 | 高等学校与科研院所学位与研究生教育评估所 |
| 1996 | 上海市高等教育评估事务所 |
| 1997 | 江苏省教育评估院 |
| 1999 | 全国学位与研究生教育发展中心（2003 年更名为教育部学位与研究生教育发展中心） |
| 2003 | 陕西高等教育研究与评估中心 |
| 2004 | 教育部高等教育教学评估中心（2022 年更名为教育部教育质量评估中心）、广州市海珠区教育评估中心 |
| 2005 | 广州市荔湾区教育评估中心、江西省基础教育质量监测与评估中心、北京教育评估院 |
| 2006 | 广州市越秀区教育评估中心 |
| 2007 | 教育部基础教育质量监测中心 |
| 2009 | 重庆市教育评估院、福建省教育评估研究中心 |

注：表中仅列出了部分名单，下同

资料来源：根据教育部及各地区教育部门官方网站等资料整理

同时，社会组织第三方评价机构于 2000 年起开始出现并迅速形成一定规模。2000 年 11 月，上海市闵行区教育评估事务所在上海市浦东新区社会团体管理局登记成立，这是我国第一家以教育评估与咨询为主营业务的社会组织第三方评价机构。紧接着一系列同类型的第三方评价机构相继成立，遍布全国众多省份，具体如表 9.2 所示。

表 9.2 2000—2008 年我国成立的社会组织第三方评价机构

| 成立年份 | 机构名称 |
|---|---|
| 2000 | 上海市闵行区教育评估事务所 |
| 2001 | 上海东方教育评估事务所、上海新时代教育研发与评估中心 |
| 2002 | 上海市静安教育评估中心、上海市黄浦教育评估事务所、21 世纪教育研究院、武汉大学中国科学评价研究中心 |
| 2004 | 上海市长宁教育评估中心、上海市嘉定教育评估事务所、上海市教育评估协会、上海崇明教育评估中心、福州闽海民办教育评估中心 |
| 2005 | 牡丹江市民办教育评估中心、上海浦发教育评估中心、北京教育评估院、大连市教育评估院、上海交通大学世界一流大学研究中心、上海金山区教育评估审计服务中心 |
| 2006 | 上海市虹口区教育评估所 |
| 2008 | 上海市宝山教育评估中心、成都市青羊区西部教育评估事务所、上海联合教育评估所 |

资料来源：根据社会组织网站等资料整理

在独立半官方教育评价机构和社会组织第三方评价机构陆续成立的背景下，我国的专业公司第三方评价机构开始出现，但此时其整体数量少、规模小。最早的专业公司第三方评价机构主要是以进行大学排名为主的企业组织。1993 年 6 月，广东管理科学研究院发布《中国大学评价》排行榜，这是我国产生时间最早的大学排行榜，也是民间力量参与综合性教育评价的开始。在此之后，深圳市网大教育服务有限公司推出的网大榜等大学排行榜陆续出现，既为公众了解国内高校的发展情况打开了一扇窗，也为各高校的运行管理提供了新的改进思路。这一时期成立的专业公司第三方评价机构具体如表 9.3 所示。

**表 9.3　1991—2006 年我国成立的专业公司第三方评价机构**

| 成立年份 | 机构名称 |
| --- | --- |
| 1991 | 《中国大学评价》课题组（武书连榜） |
| 2000 | 深圳市网大教育服务有限公司、云南高等教育评估事务所 |
| 2002 | 深圳市爱义教育评估咨询有限公司 |
| 2006 | 麦可思数据（北京）有限公司 |

资料来源：根据社会组织网站等资料整理

操作规范、运行高效的第三方评价机构是高等教育第三方评价制度成熟的主要标志。这一时期，第三方评价机构的发展主要有以下特点。一是教育部高等教育教学评估中心以及各省（自治区、直辖市）教育行政部门下属教育评价机构的成立，为教育评价工作的开展创造了机会。但此类机构多由政府扶持而设立，开展的第三方性质的评价业务甚少。二是催生了少数社会组织第三方评价机构及专业公司第三方评价机构，其中以社会组织第三方评价机构及以大学排行为主的企业组织发展相对较好，但存在规模小、影响力小、认可度不高等问题。三是第三方教育评价的行业性组织开始出现，为第三方评价行业的发展壮大提供了新的契机，元评估理念在我国开始萌芽。例如，2004 年，上海市教育评估协会成立，主要负责业务协调、标准制定、学术交流、成果推广等。2007 年，辽宁省教育评价协会成立，主要提供咨询、培训、教育评价研究等服务。

## 9.1.3 持续完善阶段（2010 年至今）

2010 年，《国家中长期教育改革和发展规划纲要（2010—2020 年）》发布，提出要在管办评分离体制改革下，鼓励专门机构和社会中介机构对高等学校学科、专业、课程等水平和质量进行评估。该文件为我国第三方评价的发展提供了契机，第三方评价组织开始呈现规模化发展，打破了以政府为主的官方评价组织占绝对优势的局面，第三方评价组织开始成为教育质量评价的重要力量之一。2015 年 5 月，教育部发布《关于深入推进教育管办评分离 促进政府职能转变的若干意见》，指出了推进教育管办评分离的重要作用和各项要求，强调在做好教育系统内部评价的基础上，学校应积极委托第三方机构开展教育评价，扩大评价结果的使用范围，并将其作为评价、考核及表彰的重要参考，到 2020 年，基本形成政府依法管理、学校依法自主办学、社会各界依法参与和监督的教育公共治理新格局，为基本实现教育现代化提供重要制度保障。同年修订通过的《中华人民共和国高等教育法》新增添了“教育行政部门负责组织专家或者委托第三方专业机构对高等学校的办学水平、效益和教育质量进行评估，评估结果应当向社会公开”的条文，表明发展第三方评价不仅成为社会各界的共识，也具备了法律依据。2019 年 2 月，中共中央、国务院印发的《中国教育现代化 2035》提出，“推动社会参与教育治理常态化，建立健全社会参与学校管理和教育评价监管机制”。《关于深化新时代教育督导体制机制改革的意见》提出，要“积极探索建立各级教育督导机构通过政府购买服务方式、委托第三方评估监测机构和社会组织开展教育评估监测的工作机制”，对第三方评价提出了更高的要求。第三方教育评价相关政策的不断出台，使得第三方评价在教育评价中的地位日益凸显。这一时期出台的有关第三方教育评价的政策性文本具体如表 9.4 所示。

**表 9.4　2010—2019 年与第三方评价制度有关的政策文本**

| 出台时间 | 出台部门 | 文件名称 | 相关政策表述 |
|---|---|---|---|
| 2010 年 7 月 29 日 | 国家中长期教育改革和发展规划纲要工作小组办公室 | 《国家中长期教育改革和发展规划纲要（2010—2020 年）》 | 鼓励专门机构和社会中介机构对高等学校学科、专业、课程等水平和质量进行评估 |
| 2013 年 11 月 12 日 | 中共中央 | 《中央关于全面深化改革若干重大问题的决定》 | 深入推进管办评分离，强化国家教育督导，委托社会组织开展教育评估监测 |

续表

| 出台时间 | 出台部门 | 文件名称 | 相关政策表述 |
| --- | --- | --- | --- |
| 2015年5月4日 | 教育部 | 《教育部关于深入推进教育管办评分离 促进政府职能转变的若干意见》 | 扩大行业协会、专业学会、基金会等各类社会组织参与教育评价。制定专业机构和社会组织参与教育评价的资质认证标准。引入市场机制，将委托专业机构和社会组织开展教育评价纳入政府购买服务范围，建立健全招投标制度和绩效管理制度 |
| 2015年10月24日 | 国务院 | 《统筹推进世界一流大学和一流学科建设总体方案》 | 建立健全绩效评价机制，积极采用第三方评价 |
| 2017年1月24日 | 教育部、财政部、国家发展和改革委员会 | 《统筹推进世界一流大学和一流学科建设实施办法（暂行）》 | 一流学科建设高校学科水平在有影响力的第三方评价中进入前列。专家委员应参考有影响力的第三方评价，对一流高校及学科建设成效进行评价，提出评价意见 |
| 2017年9月24日 | 中共中央办公厅、国务院办公厅 | 《关于深化教育体制机制改革的意见》 | 加强教育改革干部队伍建设，健全第三方评价机制 |
| 2019年2月23日 | 中共中央、国务院 | 《中国教育现代化2035》 | 推动社会参与教育治理常态化，建立健全社会参与学校管理和教育评价监管机制 |

资料来源：根据教育部官方网站等资料整理

随着国家及地方政府对第三方评价的重视程度越来越高，许多省（自治区、直辖市）纷纷成立半官方性质的教育评价专门性组织，由政府部门主导建立的省级行政部门下属教育评价机构在全国呈遍地开花之势。同时，市级教育行政部门下属教育评价机构也开始出现。这一时期建立的独立半官方教育评价机构具体如表9.5所示。

**表9.5　2010—2019年我国成立的独立半官方教育评价机构**

| 成立年份 | 机构名称 |
| --- | --- |
| 2010 | 安徽省教育评估中心 |
|  | 杭州市上城区教育评估与监测中心 |
|  | 广州市黄埔区教育评估中心 |
| 2012 | 浙江省教育评估院 |
|  | 厦门市同安区教育评估中心 |
| 2013 | 重庆市江津区教育评估与质量监测中心 |
| 2014 | 宁波现代教育评估院 |
|  | 温州市教育评估院 |
|  | 河南省教育评估中心 |

续表

| 成立年份 | 机构名称 |
| --- | --- |
| 2014 | 内蒙古自治区教育督导评估中心 |
| | 湖北省教育评估院 |
| | 广州市增城区教育评估中心 |
| 2015 | 无锡市教育评估院 |
| | 荆门市教育质量评估中心 |
| | 重庆市九龙坡区教育质量监测评估中心 |
| 2016 | 甘肃省高等教育教学评估中心 |
| 2018 | 青海省教育厅教育评估与质量监测中心 |
| 2019 | 定边县教育质量评估监测中心 |
| | 陕西省教育质量评估与经费事务中心 |

资料来源：根据教育部及各地区教育部门官方网站等资料整理

各省市独立半官方教育评价机构纷纷建立的同时，社会组织第三方评价机构的规模继续壮大，其中，位于上海的此类教育评价机构数目为全国之最，有 20 余个之多。2011 —2019 年成立的社会组织第三方评价机构具体如表 9.6 所示。

**表 9.6　2011—2019 年我国成立的社会组织第三方评价机构**

| 成立年份 | 机构名称 |
| --- | --- |
| 2011 | 上海杨浦区师源教育评估事务所、云南省西南教育评估认证事务所、上海青浦区现代教育评估中心、云南新世纪教育研究与评估中心 |
| 2012 | 上海宏教教育评估所、上海市徐汇文光教育评估事务所、潍坊高新区朝阳教育评估服务中心、广东岭南教育研究院 |
| 2013 | 新乡市新时代教育评估中心、江西省高等教育评估所、郑州中原基础教育研究院、江西省高等教育评估所 |
| 2014 | 乌兰察布市春华教育评估中心、河南省教育评估中心、陕西鼎力教育评估中心、余姚市教育评估中心、深圳市高德教育评估研究中心、陕西现代教育研究院、福州市公众教育研究院、江西省基础教育评估中心 |
| 2015 | 重庆天正教育评估监测咨询服务中心、卓资县利民教育评估中心、宁波市奉化区公信教育评估中心、现代职业教育研究院、山东省当代教育研究院、上海中小学博雅教育研究所、潍坊北海教育研究院、黔南北辰教育研发评估服务中心 |
| 2016 | 安阳市友善教育评估中心、凉城县春光教育评估中心、泰安市信达教育评估咨询中心、云南高博尔教育评估中心、山东省齐鲁教育研究院、山东省现代教育评估中心、四川大和公众教育评估研究院、四川兴合田职业教育研究院、山东北斗教育研究院、上海平协教育研究与评估事务所、成都高新区益达基础教育研究与评估中心、上海公信教育研究与评估中心、包头市基础教育第三方考评服务中心、镇江新视界教育评估咨询服务中心 |

续表

| 成立年份 | 机构名称 |
| --- | --- |
| 2017 | 商都县炬信教育评估中心、山东省新通道教育评价中心、山东新师大教育评估中心、山东省森儒教育评估中心、武汉红烛之光教育评估研究院、山东省三方教育评估中心、东营市元大教育评估研究院、金乡县山阳教育评价中心、菏泽市国政教育评估中心、大同市衡远教育评估中心、四川创新教育研究院、潍坊市新时代教育研究院、蚌埠市求知教育研究所 |
| 2018 | 云南育华现代职业教育评估中心、徐州市精勤教育评估与咨询服务中心、宁海县银河教育评估中心、上海锐信教育评估研究中心、上海诚意教育评估中心、哈尔滨市公众基础教育评价研究院、上海存诚教育评估中心、贵州省贵安新区言实教育评估服务中心、上海普陀新四方教育评估咨询中心、西安市至善教育评价研究会、上海竞才教育研究院、哈尔滨市公众基础教育评价研究院、四川先行教育研究院、临朐新时代教育研究院、宁海县银河教育评估中心、东莞市学前教育研训与评估中心 |
| 2019 | 珠海市香洲区中理教育评估中心、珠海市横琴新区中正教育评估监测中心、河北省高思教育评价研究中心、河北新时代教育评估中心 |

资料来源：根据社会组织网站等资料整理

在政策激励和市场拓展等因素的影响下，专业公司第三方评价机构开始呈井喷式发展之势，既在上海、北京、广东等经济发达地区出现，也在宁夏、内蒙古、云南等经济欠发达地区得以拓展。2011—2019 年，我国成立的专业公司第三方评价机构具体如表 9.7 所示。

**表 9.7　2011—2019 年我国成立的专业公司第三方评价机构**

| 成立年份 | 机构名称 |
| --- | --- |
| 2011 | 北京东方原点教育咨询有限公司 |
| 2012 | 上海艾优教育科技有限公司 |
| 2013 | 武汉唯一教育评估服务有限公司 |
| 2014 | 湖州新美教育评估有限公司、德清县精美教育评估有限公司、赤峰先达教育咨询集团有限公司 |
| 2015 | 北京中基智库教育咨询有限公司、山东国文教育评估有限公司、广西中奉教育评估咨询有限公司、东营市锦云教育评估有限公司、南充市广志教育评估有限公司、绍兴正德教育评估有限公司 |
| 2016 | 北京公众学业科技服务有限公司、江苏微远风教育评估有限公司、江苏诺恩教育评估有限公司、青海格致教育评估咨询服务有限公司、安徽正公达教育评估有限公司、南京中城汇康汇丰教育评估有限公司、山东天平教育评估有限公司、安徽省天诺教育评估有限公司、深圳市新博教育评估咨询有限公司、安徽省新世纪教育评估服务有限公司、湖南四维教育评估服务有限责任公司、赤峰教育督导评估监测中心、湖州三方教育评估咨询有限公司 |
| 2017 | 北京量规智能科技有限公司、山东允正教育评估咨询有限公司、安徽皖申教育科技有限公司、江苏瑞吉夫教育科技有限公司、江苏旭麓教育评估有限公司、江西省立德教育评估有限公司、江苏优评教育评估有限公司、福建中安科大教育评估有限公司、武汉锡爵教育评估咨询有限公司、京津冀行知河北教育评估有限公司、南京普雷教育评估有限公司、福建省博识教育评估发展有限公司、青海松源教育评估咨询服务有限公司、重庆润萌学前教育评估监测咨询有限公司 |

续表

| 成立年份 | 机构名称 |
| --- | --- |
| 2018 | 安徽公信教育评估有限公司、甘肃智信教育评估有限公司、安徽允信教育评估有限公司、甘肃范思德教育评估有限公司、武汉楚名达教育评估有限公司、湖北省智据教育评估有限公司、宁夏益明教育评估有限公司、山东润学教育评估有限公司、辽宁启明星教育评估科技有限公司、广西多维度教育评估有限公司、徐州龙泽教育评估有限公司、青海文行教育评估有限公司、青海启正教育评估咨询有限公司、永兴骄杰教育评估咨询有限公司、宁夏木铎教育评估有限公司、贵阳市教育服务有限公司、广东思尧国际教育咨询有限责任公司 |
| 2019 | 陕西励耘师苑教育科技有限公司、福建京师创享教育评估有限公司、江苏慕华普雷教育评估有限公司、安徽朝晖教育评估有限公司、安徽德润教育评估服务有限公司、贵州智信睿能教育评估有限公司、温州博正教育评估咨询有限公司、温州原点教育评估咨询有限公司、贵州平精教育评估评价有限责任公司、广西国展教育科技有限公司、内蒙古国展教育科技有限公司、湖南广深教育管理集团有限公司、通航教育科技有限公司 |

资料来源：根据工商部门网站等资料整理

随着第三方评价机构的不断壮大，各地区急需成立行业性的教育评价组织，整合教育评价资源，共话第三方评价机构发展之路，由此各省份的第三方教育评价协会相继建立，其中，值得一提的是中华教育促进社自 2015 年成立的全国第三方教育评价机构联谊会，起草发布了《第三方教育评价机构联谊会共识》，以求用联合促发展，推动我国第三方评价的良性健康发展。[①]全国第三方教育评价机构联谊会自 2017 年开始的会员单位资质评估，使第三方评价行业组织开始履行“元评估”职能，在第三方评价行业治理和行业自律上迈出了坚实的一步。2012—2018 年，我国成立的第三方评价行业组织具体如表 9.8 所示。

**表 9.8　2012—2018 年我国成立的第三方评价行业组织**

| 成立年份 | 社会团体名称 |
| --- | --- |
| 2012 | 重庆市教育评估研究会 |
| 2012 | 黑龙江省教育评估学会 |
| 2014 | 广东省教育评估协会 |
|  | 苏州市教育评价学会 |
| 2015 | 中国工程教育专业认证协会 |
| 2016 | 呼和浩特市基础教育评估协会 |
| 2017 | 中关村教育评价创新研究会 |
| 2018 | 西安市至善教育评价研究会 |

资料来源：根据相关社会组织网站的资料整理

① 储朝晖. 中国第三方评价发展的机遇和挑战——兼论第三方评价机构联谊会发展[J]. 评价与管理，2018（2）：12-16.

这一时期，我国高等教育第三方评价的发展主要有如下特点：一是第三方评价相关政策的出台使得第三方评价在教育评价中的地位逐渐提升，第三方评价结果得到一定的认可；二是独立半官方教育评价机构及社会组织第三方评价机构相继完善，每个省份基本都有专门的教育评价机构，并由省市拓展到市县（区）；三是专业公司第三方评价机构发展迅速、数量激增、服务范围扩大、趋势向好；四是全国性及区域性的第三方教育评价行业组织陆续成立，第三方评价行业的综合实力不断增强。

## 9.2 中国高等教育第三方评价制度建设的成效

相对于发达国家高等教育第三方评价的发展历程而言，我国高等教育第三方评价制度的起步较晚，但发展较快，在高等教育质量保障中的作用日益显现，建设成效主要体现在以下几个方面。

### 9.2.1 半官方教育评价机构逐渐完善

我国最初建立的高等教育第三方评价机构以独立的半官方教育评价机构为主，因其建立和发展深受政府行政部门意志的影响，以至于在较长一段时间内其存在和评价业务的开展都深受行政力量的影响。随着我国第三方评价的政策导向日益明确和社会需求的凸显，独立半官方教育评价机构的内部管理不断完善、队伍不断壮大、专业化水平持续提升、作用日益凸显。从地域上看，我国已成立的独立半官方教育评价机构，除了辐射全国的教育部教育质量评估中心和教育部学位与研究生教育发展中心外，部分地区也陆续成立了教育评估院，包括甘肃、内蒙古、云南等偏远省份。从教育层次上看，有专门面向高等教育的评价机构，也有包含所有教育层次的教育评价机构，覆盖面越来越广。

我国的独立半官方教育评价机构建立了“小机构设置、广辐射项目、大网络专家”的运作机制。重庆市教育评估院于 2009 年正式成立，是我国西南地区第一家半官方教育评价机构，具有一定的影响力，一定程度上可以代表和反映我国独立半官方教育评价机构的整体情况，下面将主要以该院为主，以其他评价机构为辅进行具体分析，其特点如下。

第一，职能定位日益清晰。独立半官方教育评价机构因主要隶属于教育行政部门，其职能主要是承担主管部门确定的教育评价项目，兼具理论研究、政策制定、教育质量评价、学术交流、培训咨询、监督管理等职能，以追求专业、公正、权威为己任。重庆市教育评估院的院训为“尺、正、明、信”四字，代表着“专业、公正、透明、诚信”，宗旨是开展教育评价及质量监测，促进教育事业发展，其具体职能定位如表 9.9 所示。

**表 9.9　重庆市教育评估院的职能**

| 序号 | 职能 |
|---|---|
| 1 | 教育评估监测政策、理论、技术和标准研究 |
| 2 | 实施各级各类教育监测评估 |
| 3 | 建立教育大数据库并进行智能化分析，为政府提供决策咨询，为基层学校提供培训、指导等服务 |

资料来源：根据重庆市教育评估院官方网站等资料整理

第二，内部组织结构日趋规范。在政府行政部门主导下成立的教育评价机构，最初的人员构成以兼职人员为主，且组织结构不完善，对政府行政部门的依赖性较强。经过一段时间的调整和适应，我国一些半官方教育评价机构成为独立的专业性评价组织，其部门设置日益成熟，基本采用科层制管理模式，按照职位、职能进行内部分层和分工，其内部既有人事、综合管理、财务、监督审计等职能部门，又设置了职责明确的业务部门，职能部门与业务部门相互配合，以保证机构的正常运转和评价工作的顺利开展。重庆市教育评估院内部组织结构如图 9.1 所示。

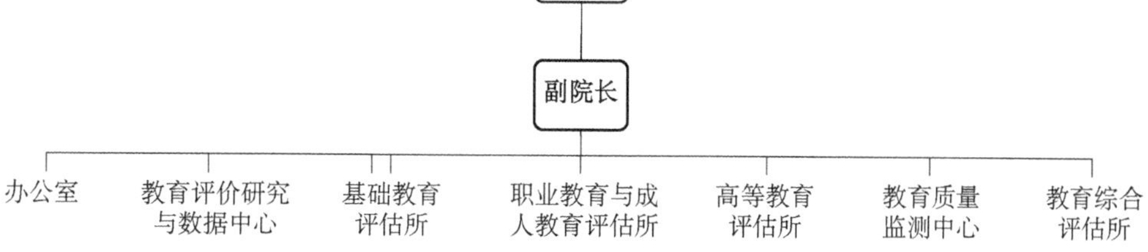


图 9.1　重庆市教育评估院内部组织结构图

资料来源：根据重庆市教育评估院官方网站等资料整理

第三，选聘的人员综合素质较高。由于独立半官方教育评价机构属于事业单位性质，其岗位属于事业编制，职位竞争力强，选聘出的人才学历层次较高、综合素质较强。机构主要领导及普通工作人员多为硕士及以上学历或具有中高级技术职称。同时，机构招聘时，对学历、专业技能、工作经验等多方面的要求，也保证了相关人员的综合素质及能力。

第四，资金来源较为稳定。独立半官方教育评价机构作为政府下属事业单位，多为全额拨款，机构运营经费由国家或地方财政负责，资金来源稳定充足。此外，独立半官方教育评价机构每年承担政府课题及各评价项目，均有专门的项目经费，还可获得咨询、培训、出版等业务收入，用来维持机构的正常运转。随着机构自主权的逐渐扩大，少数半官方教育评价机构在财政拨款之余开始设法自己筹集部分资金，以便为机构的进一步建设提供更为坚实的物质基础，如教育部教育质量评估中心的经费就由国家划拨的评估专项经费及中心自筹两个部分组成。但大部分半官方评价机构如重庆市教育评估院的运营经费还是主要由政府下拨，包括人员工资、专项经费及部分日常办公费用，稳定的资金来源为重庆市教育评估院的建设提供了基本的物质保证。

第五，教育评价实践成果显著。独立半官方教育评价机构是目前我国教育评价工作开展的中坚力量。据不完全统计，各地区教育评价机构平均每年开展的评价项目不少于 10 项。例如，江苏省教育评估院自成立以来已累计完成数十个评估项目，安徽省教育评估中心仅 2017 年度就完成了 12 个行政评估项目。[①]从评价范围看，纵向上涵盖基础教育、职业教育和高等教育等各学段，横向上涉及民办教育、中外合作办学、职称评审和硕士学位论文抽检等多个领域。从评价质量看，省级教育评价机构利用自身在数据、专家等资源上的优势，有能力开展一些难度较大、涉及面广、综合性较强的评价项目，并在某些评价项目上已经形成了自己的品牌和特色。重庆市教育评估院的评价范围涉及基础教育、高等教育、职业教育与成人教育、民办综合教育以及特色学校建设专项等，已初步建成省内全学段立体化的监测评价体系，集成海量教育监测评价数据，完成 1000 余份监测报告，开展了几乎涵盖教育各领域的 40 余个重大评价项目，发布 400 余份评价报告。[②]

---

① 分别根据江苏省教育厅和安徽省教育厅公布的数据整理。

② 根据重庆市教育评估院公布的数据整理。

## 9.2.2 社会组织第三方评价机构稳步发展

由于独立半官方教育评价机构的行政色彩较为浓厚，社会各界开始寻找第三方评价机构的组织形式，非营利性民办非企业单位即社会组织第三方评价机构开始走进人们的视野。自 2000 年社会组织第三方评价机构开始出现，就开始承担与半官方教育评价机构相类似的职能，并逐渐在第三方评价领域发展壮大。总的来说，社会组织第三方评价机构的发展较为平稳，每年机构增长数的整体变化幅度较小，部分原因是其成立需要经过主管部门的审查同意，无形中提高了机构建立的门槛。通过查询各级民政部门及社会组织网站，笔者统计了 2000—2019 年我国成立的社会组织第三方评价机构数量，如图 9.2 所示。

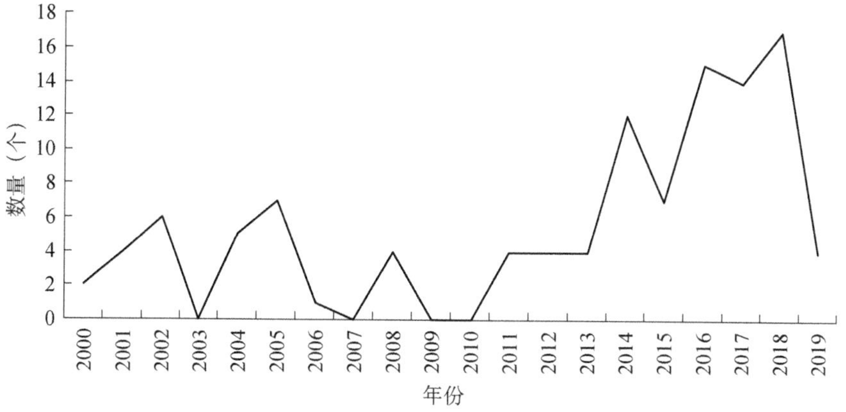


图 9.2 2000—2019 年我国成立的社会组织第三方评价机构数量

云南省现代教育评估中心成立于 2002 年，是由云南省教育厅批准、云南省民政厅注册登记的云南省首家教育评价专业服务机构，经过 20 多年的建设发展，已成为具有一定知名度和影响力的第三方评价机构。[①]以下主要以云南省现代教育评估中心为例，分析我国社会组织第三方评价机构的现实状况。

第一，职能定位得以拓展。由于具有公益性、服务性等特点，社会组织第三方评价机构专注于教育评价研究与实践，为教育行政部门及学校的发展出谋划策，以求影响教育决策，推动教育改革进程。因此，多数社会组织第三方评价机

① 云南省现代教育评估中心. 云南省现代教育评估中心简介[EB/OL]. http://xdjypgzx.com/zxjj.aspx [2020-11-11].

构除质量测评、咨询服务、科学研究、第三方监督、建设民间智库等任务外，还要进行教育政策与研究、开展公益性事业和承担人才选拔考试等。云南省现代教育评估中心的主要职能定位包括教育评估、教育咨询、学术交流、教育图书策划、命题考试、公益事业等。

第二，组织架构主要是以理事会为核心的法人治理结构。社会组织第三方评价机构作为民办非企业单位，其内部组织架构多以理事会为核心进行决策，理事会主要由理事长、副理事长、理事及名誉理事等组成，通过定期召开理事会议行使决策权。同时，设置学术委员会、专业委员会等进行学术研究交流及专业指导。理事会下设主任或院长等职，作为中心机构常设部门负责人，领导各常设部门开展日常工作，负责人领导的管理团队直接对理事会负责。云南省现代教育评估中心内部组织架构如图 9.3 所示。

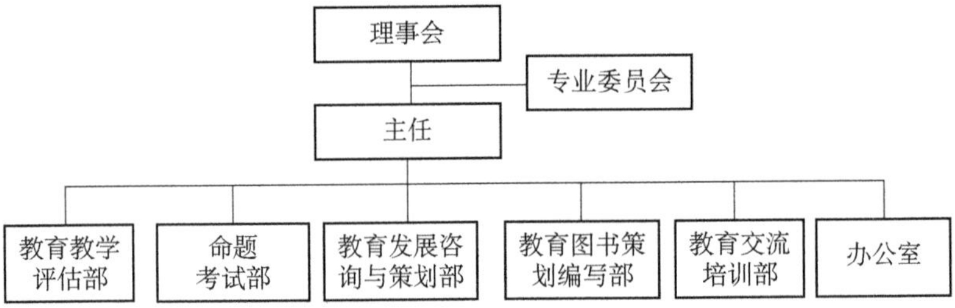


图 9.3 云南省现代教育评估中心内部组织架构图

资料来源：根据云南省现代教育评估中心官方网站等资料整理

第三，人员构成呈现多样化特征。社会组织第三方评价机构的发起人有教育领域的专家、企业人士及其他热爱教育评价的社会人士，同时又与教育主管部门有较为密切的联系。因此，社会组织第三方评价机构的人员构成主要有教育行政部门工作者、教育研究者、学校管理者、教师以及市场运营人员等。表 9.10 为云南省现代教育评估中心管理层曾任职务表。

**表 9.10 云南省现代教育评估中心管理层曾任职务**

| 现任职务 | 曾任职务（或现任其他职务） |
|---|---|
| 专家委员会主任 | 云南师范大学校长，教授 |
| 中心主任 | 云南省教育科学研究院院长，特级教师，中央教育科学研究院兼职研究员 |
| 副主任 1 | 云南民族中学党总支书记，中学高级教师 |
| 副主任 2 | 昆明市五华区韶山小学校长，特级教师 |

资料来源：根据云南省现代教育评估中心官方网站等资料整理

从表 9.10 可以看出，云南省现代教育评估中心领导层的人员有高校领导、中小学校长等多种履职经历。由于社会组织第三方评价机构工作的专业性极强，从领导层到普通员工的整体素质都较高。如云南省现代教育评估中心的招聘要求，除市场类外，其他均要求硕士及以上学历。

第四，资金来源多样化。社会组织第三方评价机构由民间资本资助成立，既需要教育专家提供专业的技术援助，也需要有志于教育评价的企业家给予资金支持。社会组织第三方评价机构作为自负盈亏的独立法人，其资金主要来源于政府及学校委托的评价项目或课题经费，还有咨询、培训、命题、出版等方面的收入。作为具有社会担当的非营利性机构，社会组织第三方评价机构以其公益性特性呼吁更多社会资本的支援，少数机构设置了公益基金会或专门负责处理捐款事宜的部门，相比其他两类第三方评价机构，社会组织第三方评价机构的资金来源更加多样。

第五，积极承担公益性评估项目。社会组织第三方评价机构由于具有非营利性特征，开展业务的盈余资金需要全部投入到机构建设及公益性事业中。因此，社会组织第三方评价机构利用自身的优势，在承担各方委托的评价业务之余，也需要积极承担公益性评估项目，参与公益事业，为教育改革、贫困地区的教育发展贡献力量。例如，云南省现代教育评估中心通过减免边疆少数民族贫困地区服务费用、为贫困地区无偿制定教育发展计划、捐赠图书、提供义务咨询服务、资助贫困地区学校及学生发展与就学等，为云南省教育事业的改革与发展服务，具体如表 9.11 所示。

**表 9.11　云南省现代教育评估中心承担的公益事业列表**

| 编号 | 公益活动名称 |
|---|---|
| 1 | 为迪庆藏族自治州、怒江傈僳族自治州、丽江、曲靖捐赠图书 |
| 2 | 为屏边苗族自治县、西双版纳傣族自治州学校教育改革与发展提供咨询和策划服务 |
| 3 | 组织省内外教育专家到保山、大理白族自治州等地做学术报告 |
| 4 | 到宁蒗彝族自治县、元阳县、永胜县等贫困县进行命题工作 |
| 5 | 降低或免除农村地区教育服务收费 |

资料来源：根据云南省现代教育评估中心官方网站等资料整理

### 9.2.3 专业公司第三方评价机构迅速拓展

我国最早成立的专业公司第三方评价机构以大学排名组织为主。自 2000 年开始，在独立半官方教育评价机构及社会组织第三方评价机构的带动下，以麦可思数据（北京）有限公司等为代表的专业公司第三方评价机构先后成立。专业公司第三方评价机构的内部运行管理不受政府行政部门的直接管辖，财政也不由政府负责支持或兜底，主要靠评价工作的质量和客户满意度来赢得市场。2000 年后，我国专业公司第三方评价机构逐步发展起来，评价机构数量不断增多，规模迅速拓展。通过查询各省（自治区、直辖市）工商部门官网，笔者统计了 2000—2019 年我国成立的专业公司第三方评价机构数量，如图 9.4 所示。

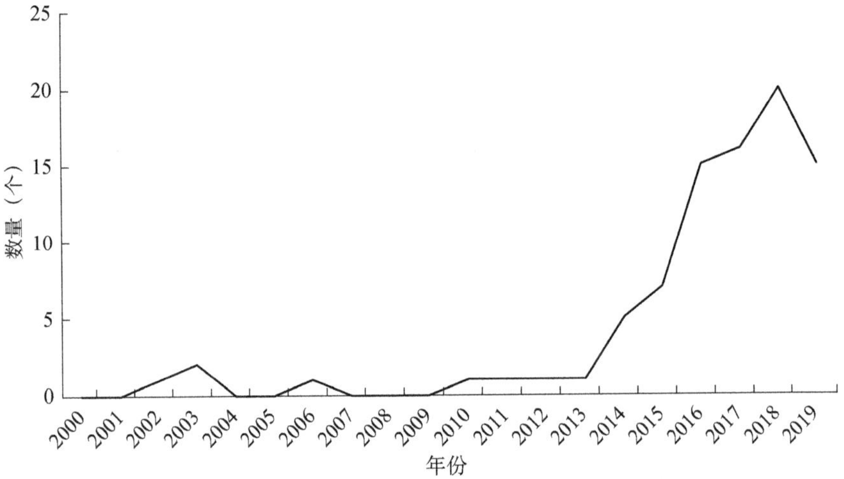


图 9.4　2000—2019 年我国成立的专业公司第三方评价机构数量

上海市的专业公司第三方评价机构数量最多，北京市次之，其他各省（自治区、直辖市）均有分布。北京星立方科技发展股份有限公司（以下简称“星立方公司”）于 2010 年 1 月 25 日成立，2013 年 8 月 2 日完成股份改制[①]，2018 年 2 月 28 日入选北京市人民政府教育督导室教育评估监测第三方机构库[②]，受到了政

① 董邱格. 中国新三板潜力企业榜之星立方：走出国门的民族教育产品[EB/OL]. http://www.qichamao.com/show/detail/170601-2970ca60.html（2017-06-01）[2020-11-11].

② 公众学业.公众学业测评服务入选北京市教育评估监测第三方机构库[EB/OL]. http://www.163.com/dy/article/DCABI0ST0518EVTS.html（2018-03-07）[2020-11-11].

府、学术界、学校及社会公众的认可，是我国专业公司第三方评价机构的代表之一，以下主要以星立方公司为例，分析专业公司第三方评价机构的现实状况。

第一，职能定位以产品和服务为中心。专业公司第三方评价机构为了能够在同行中脱颖而出，不断开发新产品，提升产品的价值和品牌影响力，为单位及个人用户提供科学、公平、有效的一站式服务。星立方公司始终秉承“数据为教与学服务”的核心理念，坚持产品和服务的实效性、用户口碑。经过不断努力，它已成为拥有自主知识产权，集研发、销售、咨询、服务、运营为一体的高科技企业，取得了“高新技术企业”“软件企业”“CMMI-DEV/3（开发三级，capability maturity model integration for development）”“CMMI-SVC/3（服务三级，capability maturity model integration for services）”等相关专业资质与认证，并拥有多项自主知识产权及核心技术。星立方公司的职能服务定位是为各级各类机构、学校、教师和学生提供科学、客观、公正的学习数据分析、学习能力测评和相关咨询等专业服务。

第二，组织架构较为合理。纯商业化运营的专业公司第三方评价机构实行扁平化管理，基于公司发展和业务需要设置部门并灵活调整。机构设置紧跟时代潮流，专业性强、分工明确、工作效率高。同时，在机构人员配置上，由专家团队和普通运营团队两部分组成，根据人员的不同特征匹配岗位，提高人员的利用效率。例如，星立方公司内部的组织设置就包括商业战略中心、产品研发中心、数据中心、营销中心、软件工程事业部和在线教育事业部等，其具体组织结构如图 9.5 所示。

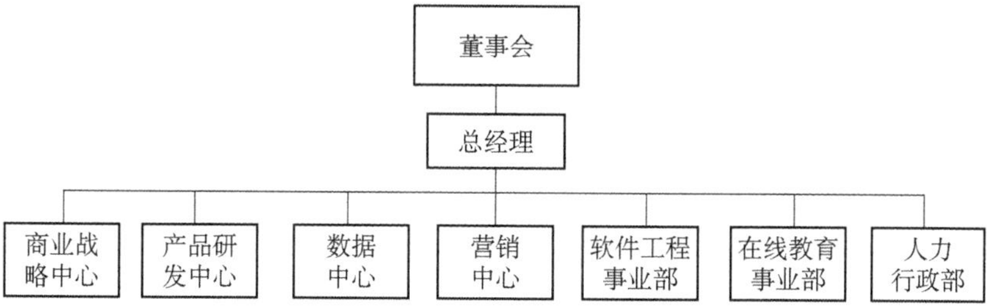


图 9.5　星立方公司组织结构图

第三，人员选聘的针对性较强。专业公司第三方评价机构以“产品和服务”为中心，根据不同部门所负责的业务有针对性地选聘不同类型的人才，主要包括职能部门的行政、财务、人力、市场销售、运营类人员等，以及技术部门的产品开发、测试人员和软件工程师等，人员需求多元化。截至2018年，星立方公司员工共有133人，按工作性质不同主要分为行政管理类、销售类、技术类、财务类等，其中以技术类人员最多，占到在职员工总数的68%，不同类别人员具体数目如表9.12所示。

**表9.12 2018年星立方公司不同类别在职员工人数列表**

| 按工作性质分类 | 人数（人） |
|---|---|
| 行政管理人员 | 19 |
| 销售人员 | 19 |
| 技术人员 | 90 |
| 财务人员 | 5 |
| 合计 | 133 |

资料来源：根据星立方公司官方网站公布的资料整理

第四，在资金上具有完全的自主支配权。专业公司第三方评价机构作为以营利为目的的商业机构，主要通过提供咨询业务、承担政府或学校评价项目、输出评价产品与服务、出售教育评价研究成果等获得收入，同时通过多轮融资、发行股票等募集资金，保证机构的正常运转与健康发展，资金来源渠道与支配使用完全由机构自己决定。星立方公司依靠评价软件开发与服务、软件销售、硬件销售等业务，2018年获得营业收入约6268万元，净利润约1009万元，发行普通股股票2600万股，共募集资金9464万元。①

第五，可开发的业务市场庞大。专业公司第三方评价机构主要以教育咨询、参与学校或政府部门项目评估、开展教育培训、开发教育评估软件等为主要业务。在咨询服务方面，可根据个人或单位客户的需求，制定一对一的个性化方案，针对性较强，能给客户提供更高满意度和更舒适的体验。同时，参与政府部门公布的各评估项目的招标工作。为提高中标率和市场占有率，各专业公司第三方评价机构会不断提升自身的服务能力和水平。此外，一些专业公司第三方评价机构还建立了专业数据库和资源库，利用互联网技术和大数据开发评估软件，以

① 北京星立方科技发展股份有限公司2018年度报告［EB/OL］. http://www.neeq.com.cn/disclosure/2019/2019-03-05/1551778508_932780.pdf（2019-03-05）［2020-11-11］.

提供更科学、专业的评估服务。星立方公司的主营业务包括教育教学相关产品的研发和销售，在线教育服务提供和运营，基于教育评测数据的采集、分析、诊断、决策支持和精准学习的增值服务，以及教育行业项目的委托开发和集成，其主要客户为各级教育主管单位、教学机构和渠道代理商及其他家庭付费用户。[①]到目前为止，星立方公司已为上百家教育主管单位，上千家学校及其教师、学生、家长用户提供了高附加值的教育测评数据应用服务。

## 9.2.4 第三方评价行业逐步规范

随着国外第三方评价理念和技术的引进，第三方评价机构出于自身建设发展的需要，纷纷改进内部管理、规范评价程序、改进评价技术、加强合作交流，使我国第三方评价行业整体朝着规范化、专业化、信息化、开放化的趋势发展。

第一，日常管理规范化。一方面，第三方评价机构积极进行内部改革，完善日常管理制度和秩序；建立部门管理、工作规范、财务审计等内部制度，明确各部门工作的职责及权限，细分各级管理及普通工作人员的职责，强化内部人员的责任感和服务意识，确保教育评价工作全程规范、有序。另一方面，制定科学的评价流程，基本形成了评价前准备—评价—反馈—整改—再评价的长效机制。在评价前准备阶段，评价机构负责制定评价实施方案和具体评价标准，印发并传达评价文件，收集整理、分析相关资料和数据，指导被评价对象开展自我评价等；在评价开展阶段，组织各评价专家在规定时间内参照评价标准，采用科学的评价方法完成评价活动并形成评价报告；在反馈阶段，及时将评价结果反馈给被评价对象或项目委托方，同时指导和帮助被评价对象开展整改工作，整改后的复评即为再评价阶段。图 9.6 为某第三方评价机构接受省教育厅委托开展学校等级评估时的评价业务流程。

第二，评价技术专业化。各评价机构充分认识到教育评价是一项专业性极强的实践活动，提升专业化水平是获得政府信任和社会认可的关键。因此，各评价机构均将专业化发展纳入组织建设的重要议事日程。在专业理论方面，不断学习和掌握新政策、新理论、新技术，更新教育评价理念，以课题项目为基础，重视

① 北京星立方科技发展股份有限公司[EB/OL]. http://www.starscube.com/about.html[2020-11-11].

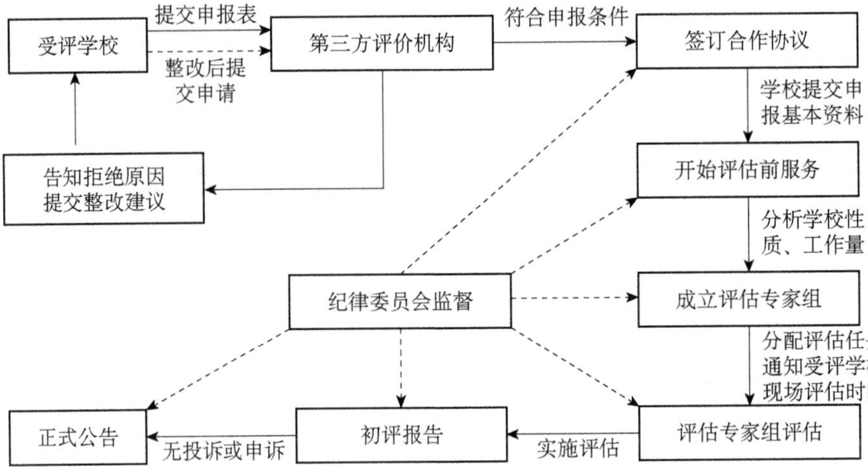


图 9.6　某第三方评价机构评价业务流程

理论研究，注重发挥科学理论对评价实践的重要引领作用。[①]在专业技术方面，积极探索适合我国教育现状的新的评价标准及技术，少数第三方评价机构已研发出新的评价标准或技术，表 9.13 为我国第三方评价机构研发的最新评价标准（技术）举例。在工作实践方面，认真开展各类评价活动，及时总结评价经验及规律，做好评价反思和改进工作，努力做到理论与实际相联系。在人才队伍建设方面，重视组织内部专业技术人员进行研究与学习培训，同时建立囊括理论研究、教育管理、质量评价等领域的专家库，为采用同行专家评价创造条件，确保能够对被评价对象做出专业的判断。

**表 9.13　我国第三方评价机构研发的评价标准（技术）举例**

| 机构名称 | 评价标准（技术）名称 |
|---|---|
| 重庆市教育评估院 | 《教育评估规程》（DB 50/T 852—2018） |
| 北京公众学业科技服务有限公司 | ACTS （ability and competence test system）学业评价技术标准 |
| 重庆天正教育评估监测咨询服务中心 | 基于人・生的以质量为生命的特色评价理念模式 |

资料来源：根据各第三方评价机构官方网站等资料整理

第三，评价手段信息化。第三方评价机构顺应教育信息化潮流，广泛运用信息技术，最大限度地突破评价的时空限制，并在评价方法上实现了定性与定量、

① 严萍，李欣婷. 第三方评估如何落地——省级教育评估机构转型发展探究[J]. 研究生教育研究，2019（6）：66-72.

数量与质量、国内与国外相结合，提高了评价结果的科学性和准确性。比如，一些第三方评价机构利用互联网、视频、云计算、区块链等技术创造了“互联网+评价”教育评价方法，以多学科视角开发大型教育评价信息管理系统及评价工具，由实地考察向实地考察与网络评价相结合转变，缩短进校考察时间，减少评价风险，降低评价成本，提高评价效率；建立了基于大数据的各类教育质量管理监测平台，对教育质量状况实施实时动态监测；建立了中国特色新型智库，通过数据库获得定量评价信息，不断增强对信息资源的整合和分析能力，为客户的科学决策提供支持，协助客户占据优势地位，为教育科学决策提供高质量的智力支撑。表 9.14 为部分第三方评价机构开发的评价系统（平台）。

**表 9.14　我国第三方评价机构开发的评价系统（平台）举例**

| 机构名称 | 评价系统（平台）名称 |
| --- | --- |
| 教育部教育质量评估中心 | 高等教育质量监测国家数据平台 |
| 重庆市教育评估院 | 重庆市高职教育专业信息管理与评估平台 |
| 浙江省教育评估院 | 浙江省幼儿园等级评估信息系统 |
| 北京量规第三方测评科技有限公司 | Assessment—ERP 云服务平台 |
| 北京公众学业科技服务有限公司 | 学能测评、学情测评、学业体检等测评系统 |
| 北京星立方科技发展股份有限公司 | 教育智慧云平台、学价宝产品系列、达睿思产品系列 |

资料来源：根据各第三方评价机构官方网站等资料整理

第四，对外交流开放化。一方面，深化同行交流合作。从横向来看，第三方评价机构之间注重交流合作，通过举办学术会议、共享专家资源、联合申报课题、相互考察学习、培训交流、共同研发评价工具及指标体系、互派学者访问、项目委托等多种方式开展合作，共同发展。2015 年，全国第三方教育评价机构联谊会的组建是我国第三方教育评价发展中的重要事件，2018 年，其成员共有 33 家①，标志着我国第三方教育评价从单个机构打拼步入联合发展的新阶段。另一方面，加强国际交流。很多第三方评价机构积极主动地探索与国外教育评价机构、高校的合作，学习国外的评价理论、方法与技术，结合自身实际，合理借鉴吸收，促进教育评价国际化、开放化发展。例如，星立方公司于 2016 年开始国际布局，在法国巴黎成立了全资子公司，搭建了“优质产品和服务引进来、民族

① 储朝晖. 中国第三方教育评价发展的机遇和挑战——兼论第三方教育评价机构联谊会发展[J]. 评价与管理，2018 (2)：12-16.

教育产品走出去”的国际发展平台。[①]2018 年，重庆市教育评估院的对外交流活动如表 9.15 所示。

表 9.15 重庆市教育评估院的对外交流活动（2018 年）

| 区域 | 交流活动 |
|---|---|
| 国内 | 与相关部门、各省（自治区、直辖市）的监测评估机构合作 |
| | 与西南大学联合建设研究生培养基地 |
| | 创办《教育评估与监测》杂志 |
| 国际 | 加强与经济合作与发展组织的合作，推进“经合组织国际学校评价研究中心”建设，召开“中爱大数据挖掘方法与模型建构研讨会”“国际学校评估研讨会” |
| | 与爱尔兰、芬兰、美国、英国等国家的教育监测评价机构及相关高校合作 |

资料来源：根据重庆市教育评估院官方网站资料整理

# 9.3 中国高等教育第三方评价制度存在的问题及原因

尽管我国高等教育第三方评价制度建设取得了一定的成绩，但也存在一些问题和不足，离多元、独立和专业化的要求还有一定距离，还需要付出持续的努力。

## 9.3.1 中国高等教育第三方评价制度存在的问题

高等教育第三方评价制度成熟的主要标志是第三方评价组织的多元、独立和专业。“多元”是指既要有综合的评价组织，也要有专项评价组织，并形成一个立体的评价网络，充分发挥各种评价组织的综合和互补效应。只有评价组织多元化，才能使组织体系更稳定、评价更科学。“独立”是指第三方评价组织不

① 董邱格.中国新三板潜力企业榜之星立方：走出国门的民族教育产品[EB/OL]. http://www.qichamao.com/show/detail/170601-2970ca60.html（2017-06-01）[2020-11-11].

能依附于政府和学校，要独立自主地进行评价活动。只有评价组织独立，才能使评价更客观、公正。“专业”是指第三方评价需要有完善的指标体系和科学的评价方法，评价组织的成员应包括各领域的专家，以保证评价的科学性和权威性。对照以上标准，目前，我国的高等教育第三方评价制度还存在以下不足。

### 1. 独立性不够强

在我国第三方教育评价体系中，独立半官方教育评价机构占据主导地位，社会组织及专业公司教育评价机构的力量较为薄弱。根据国情分析，在未来很长一段时间内，由行政部门建立或主管的第三方评价机构仍然是教育评价领域的中坚力量。由于独立半官方教育评价机构是依托行政力量发展起来的，其成立和运营过程中都有行政部门的“影子”，独立性难以确保，第三方评价易陷入名不符实的困境。

第一，组织架构趋于行政化。受行政部门的影响，独立半官方教育评价机构内部机构设置和职责划分多参照行政部门的基本架构，科层化管理模式难以彻底改变。某市教育评估院是由中共重庆市委机构编制委员会批准设立、重庆市教育委员会管理的直属事业单位，具有独立法人资格。它的内部组织结构如图 9.1 所示，下设办公室、教育评价研究与数据中心、基础教育评估所、职业教育与成人教育评估所、高等教育评估所、教育质量监测中心等部门，内部组织架构与教育行政部门的设置类似，其他独立半官方教育评价机构的内部组织架构也大同小异。

第二，人员选聘的自主性不足。独立半官方教育评价机构在内部人员选聘上缺乏自主权，在主要负责人的确定上，只有建议权而无决定权，人事任命和考核多由上级行政部门决定。机构内部人员部分由行政系统内部调任，尤其是主要负责人大多曾在行政部门担任要职，不少人在担任评价机构领导人职务时还兼任其他行政职务。例如，某市教育评估院正式工作人员招聘需要由市教育委员会统一组织，招聘人数和具体要求也需经上级部门同意方可确定，其主要领导曾任职务如表 9.16 所示。由表 9.16 可知，该市教育评估院三位主要领导中两人是由上级教育行政部门调任而来，另一人在担任副院长的同时兼任其他行政职务。

表 9.16　某市教育评估院主要领导曾任职务列表

| 现任职务 | 曾任职务 |
| --- | --- |
| 市教育评估院党支部书记、院长 | 小学校长、教师进修学校书记、区教育委员会副主任、市教育委员会办公室副主任和政策法规处处长等 |
| 市教育评估院党支部副书记、副院长 | 区教育委员会师范科副科长、市中小学教师继续教育中心办公室主任、市教育学院培训部主任和党院（外）办副主任 |
| 市教育评估院副院长、市家庭教育监测中心主任 | 曾在某邮电大学教务处、教育发展研究院任职 |

第三，在业务开展过程中缺乏主体意识。我国的第三方评价业务主要来源于行政部门的各类评估项目，行政部门通过公开招标、邀请招标、竞争性谈判、单一来源委托等方式将评价项目委托给第三方评价机构来完成。独立半官方教育评价机构每年的评估项目主要来源于上级行政部门的委托，通过行政授权方式开展评估，通常以省级教育行政部门下发文件、开展考核检查等形式推动工作，第三方评价机构缺乏主体意识。表 9.17 为某市教育评估院 2017 年完成的教育评价项目。从中可知，其评价项目基本来自上级教育行政部门的委托，极少有学校、机构以及个人单独委托开展的评价项目。在评价项目开展过程中，评价标准、评价程序及评价指标体系的确定也受到了上级部门的影响。为适应市场竞争环境，其他社会组织及专业公司第三方评价机构在评价指标确定、评价业务开展中，也容易向教育行政部门的偏好靠近，影响了其主体意识。

表 9.17　某市教育评估院 2017 年教育评价项目列表

| 评价领域 | 项目名称 | 委托部门 |
| --- | --- | --- |
| 基础教育评价 | 全面改善义务教育薄弱学校基本办学条件评估 | 市教育委员会 |
| | 义务教育发展基本均衡区县评估 | |
| | 市义务教育特色学校评估 | |
| 职业教育与成人教育评价 | 中等职业学校设置状况复查评估 | |
| | 中职学校实训基地建设项目绩效评价 | |
| | 新增试办专业复查验收 | |
| 高等教育评价 | 高校本科教学工作审核评估 | |
| | 高职院校人才培养工作评估 | |
| | 高职教育新专业合格评估 | |

续表

| 评价领域 | 项目名称 | 委托部门 |
|---|---|---|
| 综合类评价 | 依法治校示范校评估（第六批） | 市教育委员会 |
| | 民办高校年检工作 | |
| | 全市性社会组织评估 | |
| 教育质量监测 | 2017 年国家义务教育质量监测 | 教育部基础教育质量监测中心 |
| | 中职学生就业质量测评 | 市教育委员会 |
| | 学前教育质量监测 | |
| | 市高校就业质量年度测评 | |

第四，资金来源渠道单一。机构的运行必须要有足够的资金和收入来支持，但由于独立半官方教育评价机构的业务主要是完成上级行政部门委托的教育评价项目，其资金主要来自财政拨款，对政府的依赖性较强，经费支出与使用也需向上级行政部门报备，缺乏独立性和自主权。机构承接的非政府委托业务少，多靠开展培训咨询获得少数收入，还需要承担其他相关任务，支出较大。社会组织和专业公司第三方评价机构虽主要由自己负责筹措运转资金，资金可以通过其他渠道筹措，但承接来自政府的评价项目仍是重要渠道，对政府委托项目有一定的依赖性。

### 2. 专业性不足

第三方评价机构作为一个独立运营的专业性教育评价组织，其专业能力和水平必须过硬。但由于专业、规范的教育评价在我国发展的历史较为短暂，第三方评价机构的发展还处于摸索前进阶段，科学的评价体系尚未形成，第三方评价机构在专业性方面存在不足。

第一，评价人才队伍建设不足。首先，国内教育评价专业人才缺乏，很多从事教育评价的人员大多为其他领域和专业背景出身，几乎是零基础开始从事教育评价工作。我国一些独立半官方教育评价机构在招聘时，对应聘者的专业要求多为统计学类、心理学类、教育学类、计算机类等，专业的教育评价类技术人才相对较少。其次，教育评价行业不存在个人准入门槛，导致第三方教育评价行业从业者的水平参差不齐，特别是某些规模小、效益低的商业企业工作人员的专业性无法得到保障。图 9.7 为某第三方评价公司 2018 年在职人员不同学历层次人数统计。[①]从图中可知，该公司在职人员硕士及以上学历者占员工总数的 11.28%，专科及以下学历者占比达 32.33%，接近总数的 1/3。由此可知，该公司人员整体学历层次不高，由于其更注重评价系统的建设和市场开拓，计算机类或销售类人员较多，教育评价类专业人才缺乏。再者，独立半官方教育评价机构中的行政管理人员较多，缺少评价理论和专业技术与方法的系统学习，专业技术人员特别是掌握了教育评价专业知识的人员较为匮乏。

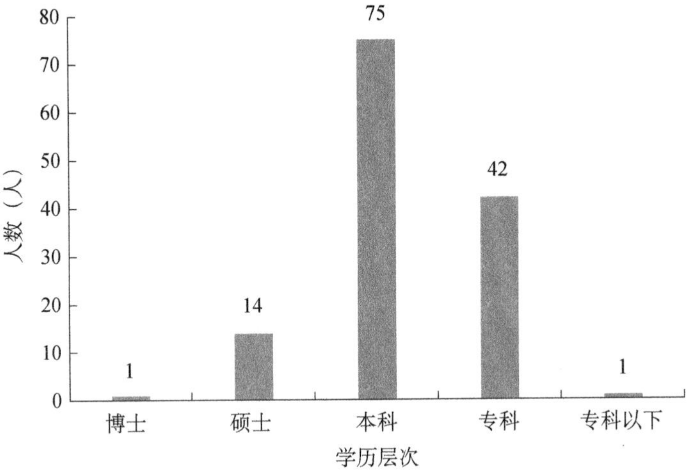

图 9.7　某第三方评价公司 2018 年在职员工不同学历层次人数统计

第二，业务范围分散，优势不明显。某些在某一评价领域实力强劲的教育评价机构会根据自身的实际情况确定企业主营业务，所承担的项目也主要与自己擅长的领域有关，经过一段时间积累形成了自己的核心竞争优势。然而，一些第三方评价机构的业务涉及面过于宽泛，既涉及学前教育、中小学教育、职业教育、高等教育等多个教育层次，也涉及院校评估、专业评估、教师评价、质量监测等不同评价领域。一定区域内的教育评价范围极广，涉及教育领域的方方面面，某个单一评价机构很难应付，强力而为，就可能导致在每个方向上都是浅尝辄止，难以深入钻研，专业水准难以得到保障。

第三，评价的专业水平欠佳。第三方评价机构中标或接受委托后开展评价工作的一般流程是成立项目组—确定评价方案—研制评价工具—使用科学的方法采

① 北京星立方科技发展股份有限公司. 北京星立方科技发展股份有限公司 2018 年度报告[EB/OL]. http://www.neeq.com.cn/disclosure/2019/2019-03-05/1551778508_932780.pdf（2019-03-05）[2020-11-11].

集信息—统计分析形成评价报告—向委托方提交评价报告及相关成果。在这个过程中，不少评价机构存在评价流程不规范、指标体系设计不合理、评价方法不科学、评价技术落后等问题，从而影响了评价业务的专业性。在评价指标设计上，有时直接沿用以前的评价指标，有时则简单拼凑组合，缺乏科学论证就直接加以运用；在评价技术与方法上，虽有新技术及标准的研发，但只是少数，更多的还停留在对层次分析法、SWOT①分析法等方法的简单运用上，自主研发和创新论证后使用的技术方法匮乏，距离教育评价所需的专业水准尚有差距。

**3. 客观性欠缺**

加强第三方评价机构建设的意义之一，就是弥补高校自评和教育行政部门评价的不足，引入中介力量，从而提升教育评价工作的质量和水平。从这一意义来说，第三方评价机构在评价过程中必须认清自己的定位，保持中立态度，不偏不倚，客观公正。但在实际操作过程中，一些第三方评价机构受到传统教育评价思想的影响，其公正性难以完全得到保证。

第一，评价主客体关系不对等。传统的教育评价是由上而下进行的，由教育行政部门确定评价标准和内容，学校配合完成即可。引入第三方评价后，学校的评价项目仍然主要由教育行政部门决定，而后将评价项目委托给第三方评价机构。由于第三方评价结果将直接交由教育行政部门，学校被动迎评的成分较多，在思想和心态上常处于矛盾状态，评价结果很难做到客观。如果主客体之间是从属、服从关系而非协作关系，易使对受评学校的评价陷入主体性缺失的困境。

第二，评价程序不合理。第三方评价机构在制定评价方案之前，需要成立评估小组。评估小组中的评价专家多来自之前建立的专家库，专家库中的专家也多来自相关高校的推荐。在对院校进行评估时，一些第三方评价机构对评价人员的过往履历和人际关系网考虑不周到，对评价人员的安排难以有效落实“回避”原则，“讲人情”“避重就轻”等现象偶有发生，导致评价工作的公正性大打折扣。

第三，对不同类型评价对象的评价标准及指标相同或相似。我国高等院校的构成十分复杂、情况各异，不能用同一套标准和指标体系来进行评价，否则评价结果会对某些特色类院校或专业产生负面影响。长此以往，既不利于此类院校的

---

① S（strength）是优势，W（weakness）是劣势，O（opportunity）是机会，T（threat）是威胁。

长远发展，也不利于整个教育生态的和谐有序。如今的第三方评价机构已经意识到这个问题，比如，在各类排行榜中会对高职高专和普通高校分开进行排名，各类评估在细化指标中会考虑到不同专业的差别而进行微调。但在评价过程中，针对普通高校的主要指标仍然类似，对综合类、理工类、师范类、农林类、政法类、医药类、财经类、民族类、语言类、艺术类、体育类、军事类、旅游类院校采用同一套评价标准，评价指标对院校分类发展的导向性和指导性欠缺。

第四，评价信息公开程度低。目前，我国只有少数第三方评价机构建立了官方网站，且多为半官方教育评价机构或实力特别强劲的专业公司第三方评价机构，拥有官方网站的社会组织第三方评价机构极少。在笔者统计到的200余所第三方评价机构中，已建立官方网站的机构只有30多家。即使是有官方网站，许多第三方评价机构已经公布的信息并不全面，内部管理、评价方案、评价程序、评价项目、专家信息等多为空白状态。网站多用于宣传和开展业务用，与评估项目有关的信息多以新闻稿的形式出现，对具体评估情况的信息基本是模糊处理。一些被评估院校的官方网站或公众号上同样如此。多数第三方评价结果仅作为内部资料被保存，信息公开程度低，缺少社会监督。

#### 4. 效能不明显

第三方评价机构参与教育评价工作是为了更加客观、公正地反映教育发展的全貌，为教育行政部门的决策、学校改进内部管理、社会公众选择教育资源提供参考。但由于我国的第三方评价起步较晚，第三方评价机构的评价结果没有得到应有的重视和关注。特别是在政府委托项目之外，向社会公众公开的第三方评价成果经常受到多方质疑，社会认可度低，第三方评价机构的作用难以得到充分发挥。

第一，评价工作的正面导向性不明。目前，我国第三方评价机构的建设和发展得益于政府对第三方评价工作的重视，一系列有关第三方教育评价政策的文件出台，坚定了有关方面发展第三方教育评价事业的信心。但第三方教育评价工作的开展易受教育政策重心转移等因素的影响，一些第三方评价机构聚焦教育关键领域和解决教育实际问题的能力偏弱，第三方教育评价的正面导向作用还不明显。

第二，评价业务拓展处于被动地位。我国第三方评价机构的教育评价业务主要还是来源于政府部门的委托，各机构需要通过参与委托程序，经谈判或投标后，方可获得相关项目。若非上级行政部门直接或间接的强制性规定，各学校很少会有主动参与第三方评价的需求，一些第三方评价机构的教育评价类业务很难得到拓展，学校咨询类业务的开展也是步履维艰。

第三，评价结果运用范围较窄。第三方评价机构每年会收集数据资料，发布具有自身特色的评价成果，比如，教育部教育质量评估中心每年发布的普通高等学校本科教学质量报告和高职高专院校人才培养质量报告，各大学排行机构每年发布的中国大学排行榜等。虽然评价和研究成果不少，但其运用范围较窄，与政策制定、经费投入、招生计划、考核评优、科研立项等资源配置的结合不够，在帮助政府优化教育管理、帮助学校提升办学质量方面的作用的发挥还不够充分。

## 9.3.2 中国高等教育第三方评价制度存在问题的原因

目前，我国的第三方评价已有了一定规模，并有了最基础的行业积累。但第三方教育评价还存在一些问题和不足，在教育评价中的作用的发挥还不充分，其主要原因如下。

**1. 组织外部环境欠佳**

第一，第三方教育评价的法律法规体系尚未形成。虽然有关第三方教育评价的政策不断出台，但目前我国的教育立法中并没有对第三方评价机构的地位、权利、职责、涉及范围、作用及存在价值等做出明确规定，与之相配套的具体条文解释更是少有，导致我国第三方评价机构的合法地位无法得到确认，重要作用得不到肯定。同时，法律法规体系的不完善也导致我国第三方评价机构的行为得不到有效约束，评价行为的随意性较大，易出现问题行为甚至违规行为，完善的高等教育第三方评价机制尚未形成。

从法律制度角度看，最新修订的《中华人民共和国高等教育法》规定高等教育评价可委托第三方评价机构完成，或由教育行政部门自行组织专家团队进行，其他层次的第三方教育评价的合法性还未得到确认。虽然法律上确认了高等教育第三方评价的合法地位，但与教育行政部门负责的教育评价相比，第三方评价仍然处于弱势。从政策制度上看，中共中央、国务院、教育部等相继出台了多份政策文件，推进教育评价改革，鼓励社会力量参与教育评价，营造教育评价主体多元化新格局，支持和鼓励教育行政部门或学校将教育评价项目委托给专业的第三方评价机构来进行。但是，有关第三方评价机构如何管理和参与评价，还没有专门的法律法规，一般是将其作为社会评价机构的一种，依据事业单位或社团管理条例及相应的党政机关行政性文件来规范。[①]配套法律法规的缺失，使得第三方评价的法律地位难以得到保障，第三方评价的服务范围、职责、权利及义务等也未在法律上得以明确，导致第三方评价的开展困难重重，在公众中的权威性不足，评价结果的认可度不高。

第二，第三方评价行业监管机制不完善。一是元评价机构缺失，准入机制尚未形成。我国第三方评价机构的准入门偏低。由于评价业务的专业性及教育评价的特殊性，对第三方评价机构的资格审查和监察纠错应由专门机构来完成，这也是保证第三方评价独立性的必然要求。目前，第三方评价机构的元评价机构并未成立，2015 年设立的全国第三方教育评价机构联谊会仅具有研讨会功能，并不具有权威的资格认证权力。二是问责机制不健全。由于第三方评价法律法规的不健全，我国第三方评价问责机制还不健全，第三方评价机构对其评价过程、结果可能出现的问题和风险不需要承担法律责任，对第三方评价机构的约束不足，不利于其健康发展。三是社会监督缺位。目前，对于多数社会公众而言，第三方评价还属于新事物，对其缺乏了解，对其的监督更是无从谈起。此外，媒体对第三方评价的关注度不够，报道和宣传偏少，报道时多为表面上的泛泛而谈，很难发挥媒体的监督作用。总之，第三方评价领域尚未建立起完善的监督机制，外部监督渠道不通畅。[②]

第三，传统评价观念根深蒂固，第三方意识尚未形成。目前，社会公众尚未充分认识到第三方评价的存在价值和重要意义，社会各界对其的关注度和认可度不足。同时，由于传统教育评价文化和习惯的影响，政府发布的教育评价结果仍然是学校和社会公众关注的重点，第三方意识难以形成，不利于独立的第三方评价机构的建设。

**2. 机构内部建设不足**

第一，人力资源储备不足，专业性评价人才缺乏。教育评价是一项专业性很

① 丁建石. 职业教育第三方质量评价的相关法律政策梳理及完善策略[J]. 中国职业技术教育，2017（26）：42-48.

② 刘鹏. 教育第三方评价机制建设的困境及优化[J]. 教学与管理，2017（30）：109-112.

强的工作，对工作人员的道德素养、知识储备、能力水平、实践经验等方面都有较高的要求，其有效开展需要评价人员具备一定的教育素养，掌握教育评价基础理论和基本技术。目前，我国培养的教育评价专业人才少，因此一些第三方评价机构只能聘请教育学、统计学、心理学、计算机等专业的毕业生，他们中的大多数人并没有教育评价方面的理论基础，也没有与之相关的实践经验，几乎是从零开始从事教育评价事业，专业性人才处于严重缺乏状态。独立半官方教育评价机构人员的素质虽较高，但多是有行政经历的行政类人员，易出现行政性强但专业性不足的问题。此外，第三方评价机构中的兼职人员比例过高，也会对机构的稳定性和业务开展产生不利影响。第三方评价机构人员整体学历层次较低，人员能力和水平差异较大，员工的整体素质难以得到保障。

第二，内部管理制度不完善。为了保障教育评价工作的专业性和公正性，第三方评价机构内部必须建立严格的规章制度和规范条例，并设置专门的内部监督部门，对教育评价工作中可能出现的不规范行为进行制约和监督。但现在许多第三方评价机构尚未建立专门的内部监督部门，也未制定专门的工作标准和制度对机构内部工作人员的行为进行约束。

第三，评价标准和程序不够科学。第三方评价机构评价业务的开展、评价过程的进行、评价结果的质量都需要科学的评价标准和程序来保障。第三方评价机构在开展评价时，基本按照“学校自我评价、专家进校考察、评价结果确认并发布”的步骤进行，这使得教育评价工作变成了评价团队按照既定的程序，对照评价指标得出评价结果的过程，评价的有效性不够，且缺乏后续指导和周期性的复评，导致评价结果的质量不高，评价的功能未能得到充分发挥，影响了第三方评价的权威性和专业性。

第四，机构自身的筹资能力不足。第三方评价机构的建立、运行和发展都需要强有力的筹资能力来保障。如果第三方评价机构在经费收支上缺乏独立性，那么在具体评价运行过程中就容易依赖某些外部力量，评价的独立性、公正性和专业性就难以得到保障。目前，我国一些第三方评价机构的整体筹资能力不高、资金实力不强。在机构的部门设置和人员的职责划分中，缺少专门的筹资部门或团队。独立半官方教育评价机构的资金主要依靠政府拨款，而其他类型的评价机构常常因资金问题难以得到稳定的发展，易陷入资金困境。

# 第10章 日本大学第三者评价制度的特色、问题及启示

## 10.1 日本大学第三者评价制度的特色与优势

在大学自我评价的基础上，日本大学第三者评价制度经过不断发展，已成为日本具有独特优势的大学教育评价制度。

### 10.1.1 政府履行职能，实现制度法制化

第一，完善立法，为第三者评价制度的实施提供法律保障。日本大学第三者评价制度的实施是在一系列比较完备的法律体系的保障下进行的。首先，《学校教育法》明确规定所有大学必须接受第三者评价机构的认证评价，同时规定了第三者评价机构必须获得文部科学大臣的认证后才能获得评价资格。《国立大学法人法》也明确规定了国立大学作为独立法人，必须每6年接受一次国立大学法人评价。《独立行政法人大学改革支援与学位授予机构法》规定，大学改革支援与学位授予机构接受国立大学法人评价委员会的委托，对国立大学中期目标期间的

教育研究状况进行评价，并将结果报告国立大学法人评价委员会和向社会公示。因此，从评价的实施者到被评价的对象，均有明确的法律规定，多部法律共同为第三者评价制度的实施提供了全面、有效的制度保障。法律既规范了文部科学省设置评价机构的活动，又规范了第三者评价机构的评价活动，使得整个评价活动更规范，提高了评价结果的可信度。

第二，履行服务职能，为第三者评价制度的实施创造环境。日本政府在第三者评价制度的实施过程中很好地实现了职能的转变，为第三者评价制度的顺利实施创造了良好的环境，主要表现为对第三者评价机构拥有认证准入权，却不直接指导评价工作。日本大学的第三者评价是由经文部科学省认证的评价机构来负责实施的，第三者评价机构在获得评价资格前，需要满足文部科学省设定的准入标准。同时，文部科学省将获得评价资格的机构名单在网上公示，保证了评价机构的正规性和权威性。政府不直接进行大学的评价工作，仅通过对第三者评价机构的监督来规范大学评价。此外，法律规定评价机构需要将各大学的评价结果向文部科学省上报，政府可以十分便捷地得到大学办学的相关信息，实现对大学的间接管理。政府通过职能转变，既实现了对大学的有效管理，又使大学获得了较大的自主权，为第三者评价制度的实施创造了良好的外部环境。

### 10.1.2 大学积极配合，提供制度实施基础

日本大学在第三者评价制度实施过程中表现出了一定的积极性和主动性。首先，日本所有类型的大学均需要接受由第三者评价机构进行的评价。其次，第三者评价制度是在大学自我检查与评价的基础上由外部评价机构进行外部评价的内外部评价相结合的评价制度。内部评价是指大学通过自我评价及时反省自身存在的不足，同时积极主动地改进大学教育教学和研究的质量。由于大学数量多，评价机构无法对每所大学的每个方面进行全面细致的调查与了解，大学的自我检查和评价可以在一定程度上减轻第三者评价机构的工作量，相对简化了评价程序，便于评价机构更好地对大学进行评价。无论是针对公立大学和私立大学进行的认证评价还是针对国立大学法人进行的国立大学法人评价，都是在大学自我评价的

基础上进行的。各大学均设有专门的评价部门对自身办学情况进行检查和评价，大学的积极参与是日本大学第三者评价制度有效实施的基础和前提。

### 10.1.3 评价机构规范，促进制度顺利实施

第一，评价机构多样，对不同性质的大学进行灵活评价。日本大学引入第三者评价的目的在于期望大学在日趋激烈的竞争环境中发挥各自的特色，全面提高办学质量，办出个性鲜明、富有活力的现代大学。因此，日本在实施第三者评价制度的过程中，也很重视发挥各大学的特色和长处。由于日本存在国立、公立和私立三种不同性质的大学，对其进行第三者评价不能一概而论，在评价制度实施过程中显示出较大的灵活性。首先，为了满足不同办学性质大学的评价需求，设立了不同类型的评价机构，对大学进行有针对性的评价。三大评价机构对接受评价申请的大学类型进行了规定。大学基准协会的评价对象主要是私立大学，大学改革支援与学位授予机构的评价对象主要是国立大学和公立大学，日本高等教育评价机构的评价对象主要是私立大学。其次，各评价机构的评价大纲中均强调评价的目标之一在于促进学校发挥其特色与长处。虽然三大评价机构的评价标准是固定的，但大学可以根据各评价机构的标准制定符合自身情况的评价内容。评价内容以教育教学和社会服务为中心，多是通过定性语言描述的，没有权重等级之分。灵活的评价制度有利于促进不同类型的大学发挥自身的特色，也有助于各评价机构对大学进行科学、准确的评价。

第二，评价机构的专业性较强。日本大学的第三者评价机构具有较强的专业性。首先，评价组织具有专业性。日本的评价机构均设置了专门负责评价的部门，在接到大学的评价申请后，还会成立针对不同大学评价需要的评价小组，各机构在依照各自的评价标准进行评价的过程中，大学可对评价结果提出异议，评价机构设有专门的部门对大学提出的异议进行审议与调查，防止不恰当的评价结果出现。此外，在确定最终评价结果后，评价机构需要向大学、文部科学省、社会公众公示结果，整个评价过程客观、透明。其次，评价人员具有专业性。评价机构的评价人员均是大学校长、专门从事研究或教育的人员以及具有社会、经济、文化和其他领域学术经验的专家学者，不同领域的专家评价避免了在对大学

进行评价时出现“一刀切”的现象，有效保障了评价的客观性和科学性。最后，评价方法具有专业性。为了使大学评价结果更客观、准确，大学基准协会、大学改革支援与学位授予机构和日本高等教育评价机构三大机构均采取了实地考察的评价方法。在实地考察过程中，评价机构不仅对学校的教育教学设备及研究环境等进行分析，也会对大学校长、教职工、在校学生甚至已毕业的学生进行访谈，综合考虑多方人员的意见，最终形成对大学的评价。为了促进大学的特色发展，评价机构将设定独自的标准、标准项目和评价视角，如前文提到的日本高等教育评价机构在评价时将大学的特色教育研究活动和事业在特记事项中予以记录。

## 10.2 日本大学第三者评价制度的问题与局限

日本大学第三者评价制度自实施以来取得了明显的成绩，同时也存在一些问题和局限。

### 10.2.1 评价结果无法有效利用

日本政府在引入大学第三者评价制度时，对评价结果的期望如下：第一，大学可以利用评价结果提高教育教学和研究活动的质量；第二，政府依据评价结果进行财政资源的合理分配；第三，履行对社会说明责任的义务。然而，对于大学来说，由于第三者评价是对大学整体办学状况的描述性评价，即只要大学在某方面的状况优于上次评价时的状况，便可以得到较好的评价结果。部分大学利用第三者评价的这一特性投机取巧，将原本可以在短时间内解决的问题用好几年的时间慢慢改进，借以达到每次评价都比上次评价得到提高的结果。此外，为了在短期内取得明显的进步，在竞争中获得政府提供的更多资金支持，部分学校便倾向于选择能够在短期内获得突出成就的科研项目，对于无法量化且周期较长的项目不予重视。因此，部分大学对于评价结果的利用出现了偏差，使评价结果无法更好地发挥作用。对于政府而言，虽然政府一直强调将第三者评价结果作为参考依据，以实现对大学资源的有效分配，但对具体如何将评价结果作为参考、参考时占多大的比例等问题尚没有明确的规定，评价结果并没有在合理分配大学财政资源、制定教育政策等方面得到充分有效的利用。因此，对于政府而言，评价结果的进一步有效利用仍是需要解决的问题。对于社会而言，虽然各评价机构及受评大学均将每次的评价材料及评价结果在各自的官网上进行了公示，以供社会公众及时获取各大学的办学信息，提高公众对大学的支持度和信任度，但是从社会各界的反应来看，结果却不尽如人意。主要原因在于，评价结果报告中大多是大篇幅的专业术语，在表现方式上不利于公众快速、有效地获取信息。因此，无论是对于大学自身、政府部门还是社会公众而言，评价结果的运用都没有完全达到引入制度之初的预期，评价结果的进一步有效利用仍是需要解决的问题。

### 10.2.2 评价制度相互重叠，大学任务繁重

自从进入评价时代以来，日本大学便承担了繁重的评价任务，在国立大学中的体现尤甚。自实施国立大学法人化改革后，国立大学便面临着多重评价的问题。首先，作为高等教育机构，国立大学需要进行必要的自我检查与评价。其次，根据文部科学省的规定，所有大学均需定期接受认证机构的认证评价。最后，作为独立法人，国立大学需要接受国立大学法人评价。认证评价的周期为7年，国立大学法人评价的周期为6年。为了迎接不同的评价，大学必须花费极大的精力准备材料，加重了其负担，影响了正常教育研究的进行。认证评价和国立大学法人评价虽然是两种不同的评价方式，但如果针对相同的教育研究活动进行评价，重复工作是不可避免的，也给大学带来了沉重的负担。2010年4月，在回答有关多重评价制度下的工作负担问题时，文部科学副大臣指出，目前大学评价的种类和数量很多，从教育研究到业务运营，导致了“评价倦怠”情况的出现。2010年7月的“中间报告”指出，大学评价存在重叠，给大学带来了沉重的负担。[①]大学改革支援与学位授予机构曾针对国立大学法人评价中存在的问题进行

---

① 戸澤幾子. 高等教育の評価制度をめぐって：機関別認証評価制度と国立大学法人評価制度を中心に[J]. レファレンス，2011，61（1）：7-28.

过问卷调查，得到最多的反馈便是负担过重。对于受评大学的工作人员而言，大量的前期准备和种类繁多的评价类型加重了大学的负担，教师开展教学和科研活动的时间也变少了，实施评价的工作人员同样反映评价作业负担大。[①]繁重的评价任务不仅耗费了大学教师和行政工作人员过多的精力，也在一定程度上影响了大学评价的有效性。

### 10.2.3 评价成本高

在第三者评价制度实施过程中，无论是文部科学省、大学还是评价机构互不熟悉情况，因此不仅工作量巨大，评价费用和效益也存在诸多问题。首先，时间成本高。各评价机构对大学实施评价需要经历较长的时间。大学基准协会的评价日程从实施评价的前一年开始到实施评价的后一年结束，前后需要经历一年多的时间，并且受评大学需要在评价结果公布 3 年后提交改善报告；大学改革支援与学位授予机构的评价日程也要求受评大学在评价的前一年便进行自我评价，评价第二年公布评价结果；日本高等教育评价机构从实施评价这一年开始，在第三年公布评价结果。各评价机构的评价周期均较长，时间成本较高。其次，人力成本高。作为评价主体，评价机构在整个评价体制的维护过程中负担较重。作为接受评价的一方，大学准备自我评价报告书的工作量较大，虽然可以通过提高效率来减轻部署评价工作及整理数据资料方面的负担，但不可否认的是，在整个评价的实施过程中需要投入大量的人力资源。最后，评价费用高。2008 年的研究资料显示，大学基准协会对大学进行评价的收费标准为基本费用 2 000 000 日元，每学部 350 000 日元，每研究科 350 000 日元；大学改革支援与学位授予机构对大学进行认证评价的收费标准为基本费用 3 693 600 日元，每学部 648 000 日元，每研究科 648 000 日元；日本高等教育评价机构对大学进行评价的收费标准为基本费用 200 万日元，每学部 50 万日元，每研究科 25 万日元。另外，负责国立大学法人评价的教职员工的人工费为 100 亿日元。[②]然而，相对于评价投入的人力、物力和财力而言，评价制度在保障和提高大学教育科学研

---

① 王茜. 日本国立大学法人评价研究[D]. 厦门：厦门大学，2014：64.

② 池内了. 評価漬けがもたらしているもの//大学評価学会第四回全国大会论文集[C]. 2008：56-57.

究质量上取得的效果略显薄弱，需要对整个评价制度的设计进行合理化调整，以构建更有效的第三者评价制度。

## 10.3 日本大学第三者评价制度的启示与借鉴

为了有效保障大学的办学质量，提高办学效益，使大学更好地履行社会责任，对大学进行评价成为一种重要手段。当前，中国的大学评价尚不成熟，还没有形成完整的制度体系，尤其是在利用第三者对大学进行评价方面仍有较大的发展空间。随着高等教育的快速发展，如何建立符合中国国情的第三者评价制度成为大学评价中的一项重要课题。

中国、日本两国在教育体制上有许多相似之处。从某种程度上来说，中国的部属大学、省属大学和民办大学的类型划分，大致可对应日本的国立大学、公立大学和私立大学。两国的大学评价都离不开政府的宏观调控，中国的教育部教育质量评估中心是由教育部设立的，日本的国立大学法人评价委员会是由文部科学省设立的，两者均是相对独立于政府的评价机构。与中国不同的是，日本除了有相对独立于政府的国立大学法人评价委员会之外，也有完全独立于政府的评价机构，如大学基准协会、大学改革支援与学位授予机构和日本高等教育评价机构。三大机构虽然接受政府的监督，但与文部科学省并非上下级的关系。因此，日本大学第三者评价制度建设的有益经验值得我们学习和借鉴。

### 10.3.1 转变政府职能，建设服务型政府

大学第三者评价一方面有效保障和提高了大学的教育教学质量与科学研究水平，另一方面向社会公开了大学的办学状况，在一定程度上缓解了公众与大学之间信息不对称的矛盾，也有利于政府对教育的管理。教育部发布的《关于深入推进教育管办评分离 促进政府职能转变的若干意见》明确指出，“为进一步提高政

府效能、激发学校办学活力、调动各方面发展教育事业的积极性，必须深入推进管办评分离，厘清政府、学校、社会之间的权责关系，构建三者之间良性互动机制，促进政府职能转变”。尽管在大学评价制度尚不完善的当下，把大学评价的权力和责任完全交由社会评价组织并不现实，但转变政府的管理职能、建设服务型政府却是新时代国家治理体系和治理能力现代化改革发展的基本趋势，是保障中国高等教育质量的必然走向。政府应依法引导大学评价的有序进行，为大学评价制定相应的法律法规。日本大学评价的一系列改革离不开相关法律法规的保障，尤其是在 20 世纪 90 年代后期日本大学引入第三者评价时，政府相继颁发了《学校教育法》《国立大学法人法》等一系列法律政策文件，保证了第三者评价制度的顺利实施。中国要尽快出台教育评价方面的法律法规，通过法律法规推进政府职能转变，为社会中介组织实质性地介入高等教育评价创造外部环境，同时规范社会中介机构的评价活动，提高评价结果的有效性。

## 10.3.2 尊重大学特色，注重分类评价

大学评价的落脚点在于保障和提高大学的教育教学质量、科学研究水平，需要制定科学合理的评价标准对大学进行评价。然而，不同类型的大学有各自不同的办学定位和办学理念，因此在评价标准的制定上不宜一概而论，在对大学评价时也应该充分考虑到不同学校自身的特色。目前，日本存在国立、公立和私立三种不同类型的大学，各评价机构也针对不同类型的大学制定了不同的评价标准。大学改革支援与学位授予机构对所有大学实施的认证评价和对国立大学法人实施的法人评价的侧重点不同。此外，各评价机构的评价大纲都明确说明了评价工作是在充分尊重大学办学特色的基础上进行的。当前，中国的大学评价存在单一质量标准的问题，对不同层次、类型大学的差异性考虑不够，虽然在一定程度上提高了评价实施的效率，但在某种程度上也限制了大学的特色发展和个性发展。例如，综合类大学、理工类大学、师范类大学的发展定位不同，理应用不同的标准来对其进行评价。此外，由于各大学办学历史和文化底蕴等不同，在评价时除了考虑硬性的科研成果外，也应综合考虑大学的软实力，如学校文化和社会声誉等。

### 10.3.3 保证评价机构资质，提高评价的权威性

大学评价主要应该由独立于政府和大学的第三方评价机构来实施，但前提是实施大学评价的第三方评价机构具有评价的基本资质和专业水平。日本大学第三者评价由第三者评价机构来组织实施，政府不直接插手大学的评价事务，只是通过对第三者评价机构的监督来规范其对大学的评价行为。日本大学第三者评价具有较高的专业性，突出体现在评价组织、评价人员和评价方法的专业性等方面。就评价组织的专业性而言，不仅设置了专门负责评价的部门，在接到大学的评价申请后，还会成立针对不同大学的评价小组，成员均是大学校长及专门从事研究或教育的人员以及具有社会、经济、文化和其他领域学术经验的专家学者。在评价机构依照各自的评价标准进行评价的过程中，大学可对评价结果提出异议，评价机构设有专门部门对异议进行审议与调查等。目前，中国开展第三者评价的机构虽然有很多，但机构的权威性还有待提高。中国尚未对高等教育第三方评价机构的设立、开展评价、评价结果的运用等做出具体的规定与约束，还无法充分促进第三方教育评价活动的有序开展。

### 10.3.4 增强自评意识，建立大学自评体系

大学第三者评价的基础在于自我评价，大学对照自身的办学定位、办学理念和目标，对自身的行政组织、教育教学、科研、教职工、财务及人事制度等方面的情况进行自我评价，及时发现自身存在的问题和不足之处，在提高自身发展水平的同时，也为外部的第三者评价提供了必要的数据材料。自《大学设置基准》修订后，日本大学便有了履行自我评价的义务，并需要将自评结果在网上向社会公示。即便在第三者评价制度确立之后，大学的自我评价也是整个评价过程中不可或缺的基础环节。在中国，教育部发布的《关于深入推进教育管办评分离 促进政府职能转变的若干意见》指出，“学校应当依据国家教育基本标准及有关行业标准，根据自身办学实际和发展目标，确立本校的人才培养要求。对照人才培养要求，定期开展课程建设、教学与科研、人才培养质量、师资建设、管理制度、校园文化等监测评估，开展对学生及其家长、用人单位等的满意度调查，努

力形成自主发展、特色发展、可持续发展的良性机制”。但是目前中国大学内部的这种良性机制还没有真正建立起来，通过自我检查和评价，发现自身存在的问题并加以改善，进而提升办学水平的评价文化也还没有形成，一些大学对于来自外部的合格评估和审核评估多是持“被动迎评”的态度。因此，完善中国的大学评价制度，必须增强大学的自评意识，建立大学自评体系，进而构建内外结合的高等教育质量保障体系。

# 结　论

为了在日趋迅猛的全球化进程中占据优势地位，世界各国纷纷将发展的重点放在人才培养和科技创新上。为了达到这一目标，日本政府在高等教育改革中不断更新大学评价观念，积极探索适合本国大学发展的评价模式，最终形成了比较完善的大学第三者评价制度。日本大学第三者评价制度是在社会变革、经济发展以及日本行政改革的背景下出台的。在政府颁布的一系列法律政策及文件的推动下，第三者评价制度最终通过《学校教育法》以法律制度的形式被确定下来，其目的在于提高大学办学水平和综合实力，形成一批高水平的世界性大学，为日本经济社会的发展注入活力。

本编通过对日本大学第三者评价制度形成过程的梳理，总结出自第二次世界大战结束后，日本大学第三者评价制度的发展经历了酝酿、启动、深化三个阶段，虽然各阶段均有各自的发展背景，但其根本目的均在于保障大学的教育质量，使大学在提升自身水平的同时，更好地履行社会责任。研究发现，自国立大学法人化改革以来，大学第三者评价制度的具体表现形式分为认证评价和国立大学法人评价两种，通过从评价主体、评价标准以及评价程序三个维度对两种评价的分析，不难发现认证评价的目的侧重于保障和提高大学教育教学和科学研究水平，而国立大学法人评价更多侧重于通过评价来确认国家资金是否得到有效使用和分配，两种评价均在一定程度上有效地保障了大学的办学质量。此外，大学第三者评价制度的有效运行离不开政府、大学以及评价机构的良好配合，政府履行职能，实现制度法制化；大学积极配合，提供制度实施基础；评价机构规范，促进制度顺利实施。正是由于三者各司其职、相辅相成，才使大学第三者评价制度得到了良好运行。需要注意的是，目前日本大学第三者评价制度也存在评价结果无法有效利用、评价制度相互重叠、大学迎评任务繁重以及评价成本过高等问题亟待解决。

日本的大学第三者评价机构作为政府和大学之间的中介，既有利于促使政府转变职能，改进政府对大学的宏观调控，又有利于提高大学自我检查、自我提升的积极性和主动性，进而起到保障和提高大学办学质量的作用，同时，还可以实现社会公众对大学的有效监督，缓解社会和大学信息不对称的矛盾。目前，中国的高等教育第三方评价制度建设还存在着独立性较低、专业性不足、公正性欠缺、效用性有限等困境和不足。造成目前困境的主要原因如下：从外部来说，主要有法律法规体系未建立、监管机制不完善、第三方评价意识尚未形成等；从内部来说，主要是专业评价人才缺乏、管理制度不完善、评价标准和程序的科学性不足、机构自身的筹资能力不足等。为了建立有效的高等教育第三方评价制度，更好地提高大学的办学质量，需要从我国的具体国情出发，借鉴包括日本在内的其他国家高等教育第三方评价的成功经验，转变政府职能，建设服务型政府；尊重大学特色，注重分类评价；保证评价机构的资质，提高评价的权威性和公信力；增强自评意识，建立大学自评体系；等等。

# 第三编

# 海峡两岸高等教育评价制度比较研究

第11章

# 台湾高等教育评鉴制度研究概述

高等教育是社会永续发展的动力源，高等教育的质量保障一直是高等教育发展的核心议题。在保障高等教育质量方面，台湾根据本地特点，广泛吸收先进的教育理念并取其精华，特别是在高等教育评鉴制度建设方面，经过长时期的探索实践，从借鉴美国的“认可制”逐步过渡到具有地方特色的“品质保证制”，积累了丰富的经验。对台湾高等教育评鉴制度进行研究，可以为大陆高等教育评价制度完善与促进大学质量提升提供有益的借鉴。

## 11.1 台湾高等教育评鉴制度研究背景及意义

### 11.1.1 研究背景

#### 1. 高等教育质量在多重时代背景下被聚焦

在知识经济时代，经济全球化衍生的高等教育国际化促使高等教育人才在世界范围内竞争。我们不可能关起门办教育、关起门培养人才，大学的品质如何、质量优劣，需要以更广域、更丰富和更多元的视角去评价。我们需要做的是依托优质的高等教育成为国际高等教育评价共同体的一员，主动参与评价标准与规则的制定，而不仅仅是被动地迎合国际化的潮流。建立健全高等教育质量评价制度，是提高学术影响力、进一步争取学术话语权、不断提升人才培养质量的必由之路。

在学科联系日益紧密的背景下，学科间的边界逐渐模糊，经济学、管理学、统计学、社会学等诸多学科逐步融入教育学领域，绩效责任理论、全面质量管理理论、系统论等理论在教育质量评价中的意义不断被审视、认可和接纳，这些理论丰富了人才培养质量的考核标准和评价维度，促进了高等教育机构办学质量的全面提升。

在大数据主导的信息化时代背景下，深度互通互联的网络与信息技术引发了以多元、多维联结为特征的第四次工业革命，加速了信息、学术资源在世界范围内的传播与共享。面临如此挑战，高等教育机构要保持自身在知识传递、人才培养、社会服务和国际交流等方面的生命力和成长空间，始终具备强劲的信息输出能力和吸引力，质量无疑是最关键的。此外，人工智能的发展终将带动教育改革的全面深化，并促使高等教育以新的姿态做出回应，以此来提升人机交互乃至人机共生时代的人才培养质量。

**2. 大陆高等教育质量建设有待进一步完善**

在大陆高等教育步入普及化的时代背景下，“双一流建设”成为大陆高等教育品质维护与发展的重要抓手，管办评分离改革的深入推进为高等教育质量保障体系和评价制度的发展与完善提供了契机。总体而言，大陆当前的高等教育质量评价仍然是以外部质量评价为主，评价主体单一，社会力量参与度有限，完全意义上的第三方评价制度建设尚处于探索阶段。另外，现行的高等教育评价体系的法制化建设还不够完善，诸多评价模式因缺乏足够的法理依据而发挥的空间有限，无法满足高等教育评价的发展需要，因元评价缺位衍生出的信度和效度问题以及对大学治理现代化和自治精神的呼唤等，使得推进大陆高等教育评价制度化建设的现实意义更加凸显。

因此，如何依据形势发展需要进一步完善大陆高等教育质量评价的制度建设；如何设立社会第三方教育评价专责机构、构建多元融通的评价体系；如何妥善定位教育主管部门的“督导者”、高等教育机构的“执行者”以及第三方社会组织的“协调者”的角色，使“行政性组织评价”“认知性发展评价”“专业性机构评价”相互作用、互为补充；如何保持质量评价模式的本土特色，与高等教育评价国际体系有效接轨；如何使高等教育机构以大学内部评价机制为主轴，通过内外联动建立大学内部“品质文化”的自洽系统，是新时代推进高等教育改革与发展的重要课题。

### 3. 台湾高等教育评鉴制度具备可借鉴之处

台湾大规模、综合性的高等教育评鉴[①]制度实施始于 20 世纪 70 年代中期。迄今为止，台湾教育主管部门通过权力主体的适度位移、高等教育品质保证系列政策的实施以及高等教育制度化建设等举措，逐步建立起一整套以“认可制”为核心的相对完善的高等教育评鉴制度，经过长时期的制度实践探索，现在正逐步实现从“认可制”向“品质保证制”的过渡，赋予了高等教育评鉴制度新的内涵。

首先，在评鉴主体方面，台湾高等教育评鉴最初是由教育主管部门直接实施的，后来相继委托给不同的专业学术团体办理。2005 年 5 月，教育主管部门与多所大专校院[②]共同支持、集资成立财团法人高等教育评鉴中心基金会（以下简称“评鉴中心”），主要负责台湾大专校院校务、系所及部分课程与方案评鉴的设计与实施。2012 年后，着重强调大学自我评鉴机制的建立与完善。2017 年，为进一步落实大学自治精神，教育主管部门宣布停办系所评鉴。在台湾整个高等教育评鉴制度演进过程中，评鉴主体渐趋多元，且高等教育机构在其中扮演着越来越重要的角色。

其次，在高等教育品质保证政策实施方面，台湾教育主管部门结合周期性的校务、系所评鉴，先后推动“发展国际一流大学及顶尖研究中心计划”（2005 年）（后更名为“迈向顶尖大学计划”）、“奖励大学教学卓越计划”（2005 年）、“高等教育深耕计划”（2018 年）等政策方案，以此来保证和提升高等教育的品质。

再次，在制度化推行方面，通过屡次修正“大学相关规定”以及大学评鉴办法条文，为台湾高等教育评鉴制度的实施提供了制度依据。

最后，在高等教育评鉴的制度实践方面，评鉴中心成立后接受教育主管部门

① “评鉴”一词遵循台湾省学界原表述，下同。

② 此处“大专校院”沿用台湾地区的说法，是大学的统称（包括技职体系的专科学校与一般大学及独立学院）。

的委托，相继完成了第一、二周期的校务评鉴和系所评鉴，不断优化项目指标和实施程序，力求实现绩效责任与发展改进之间的动态平衡，推动高等教育品质保证系统的建立与完善。

### 11.1.2 研究意义

对台湾高等教育评鉴制度进行探索，能够为大陆高等教育发展的诸多方面提供有益借鉴，具有重要的理论和实践意义。

**1. 理论意义**

第一，有利于拓宽高等教育内部质量保障体系的研究视角。台湾在完善高等教育评鉴制度及其多种实践模式的过程中积累了十分丰富的理论和实践成果，在内部质量保障体系方面颇具特色，特别是建立起了高等教育机构自我评估、自我改进的自洽系统，可为大陆高等教育内部质量保障的相关研究拓宽视角。

第二，有利于丰富高等教育质量评价的理论基础。台湾高等教育评鉴制度在发展完善过程中，集中体现了经济学、管理学、法理学等学科的绩效责任理论、全面质量管理理论、系统论、权力让渡理论等，打破了学科间的“物理围墙”，可充实大陆高等教育评价研究的理论体系。

第三，有利于深化对高等教育质量建设的理性认识。任何制度的设计与建设都不是一蹴而就的，台湾高等教育评鉴制度同样是在与压力和挑战的抗衡之中不断探索和创新才得以成长、成熟的。梳理其发展脉络，有助于推动大陆高等教育质量建设的相关理论研究与实践探索。

**2. 实践意义**

第一，有利于促进大陆高等教育评价活动的设计与展开。学习借鉴台湾校务评鉴、系所评鉴中具体项目指标的改进与完善，总结其经验和特点，能够为大陆高等教育评价指标体系的优化提供参考，进一步提高各项评价活动的实践效能，尤其是可为当前审核评估的探索与实施提供一定的参考。

第二，有利于进一步完善大陆高等教育内部质量保障体系。台湾从政策支持、机制完善等层面对高等教育品质的重视，特别是通过外部评鉴力量的介入推进高等教育机构逐步形成内生的自我发展动力机制，进而实现自我评价、自我发展，可为大陆高等教育评价改革提供显性、直观的经验，为完善大陆高等教育自我评价体系提供借鉴。

第三，有利于推进大陆高等教育治理体系与治理能力的现代化建设。有效的大学自治以清晰的大学自知为前提，台湾高等教育评鉴制度中对自我评鉴的重视和强调，可以推进大陆对“双一流”建设发展定位的深入思考，推进高等教育治理体系和治理能力的现代化建设，提高现代大学制度建设的水平。

# 11.2 海峡两岸学术界的高等教育评价制度研究综述

首先，梳理大陆学术界对高等教育评价制度的研究现状，并结合当下大陆学术界就台湾高等教育评鉴制度的相关研究，找出研究的重点集中在哪些方面，即我们试图从台湾的高等教育评鉴制度建设中汲取哪些有效的经验；其次，就台湾学术界对台湾高等教育评鉴制度的综合讨论，进一步衡量海峡两岸在高等教育评价的制度建设问题上存在怎样的同质性和异质性，从而进一步明确本编的研究重点。

## 11.2.1 大陆对高等教育评价制度的研究

20 世纪 80 年代，欧美发达国家高等教育界对高等教育质量保障与评估的理论研究与实践探索，带动了国际高等教育领域对提升高等教育质量的不懈追求以及质量评价研究的深入。

### 1. 对高等教育评价制度的一般研究

随着大陆教育评价改革的深入推进，作为教育评价有序开展的规则体系，高等教育评价制度越来越受到人们的重视。特别是进入 21 世纪以来，相关研究逐步增多。这些研究主要集中在内涵研究、发展研究和改革研究三方面。

其一，关于高等教育评价制度的内涵研究。目前，大陆教育词典中还没有专门的“教育评价制度”概念，最初多是从传统教育管理学的角度，主要基于教育制度视角来进行理解的。例如，吴钢认为，所谓教育评价制度，就是人们在教育评价活动中必须共同遵守的具有法律效力的办事规程或行动准则，它是有效提高教育评价质量的根本保证。从系统论的角度看，它主要由“组织机构”子系统、“程序管理”子系统和“质量管理”子系统三个子系统构成。[①]后来，政治学视角的出现，促使研究者开始从国家层面和效力范围来理解评价制度。例如，洪致平认为，教育评价制度应当是一种国家法规性的制度，能够规范人们在教育评价活动中有关教育评价的行为。[②]随着制度经济学相关理论在我国的广泛运用，从经济学角度来解释教育评价制度成为一时的热点。例如，刘淑芸根据新制度经济理论把高等教育评估制度主要划分为正式制度与非正式制度两类。前者是指以正式形式来确定的制度安排，其表现形式为成文的规定，是一种规范体系和有意识的行为；后者是指与高等教育评估有关的价值、信念、传统、文化、道德、伦理、风俗、习惯以及意识形态等形成的规范和约束体系，具有自发性、长效性与广泛性。[③]综上所述，关于高等教育评价制度，尽管不同的研究者从不同的角度进行了不一样的解读，但普遍认为高等教育评价制度既是高等教育活动的规范体系，也是高等教育质量的引导机制。

其二，关于高等教育评价制度的发展研究。由于大陆学界对教育评价理解的不同，对教育评价制度的发展也有不一样的解读，但更多研究是依据改革开放的发展过程来进行划分的，只是在具体发展分期上略有区别。例如，余咏梅以 20 世纪 80 年代的《高等教育管理职责暂行规定》作为我国教育评价领域的首个法规性的专门文件，将高等教育评价制度的发展归纳为形成、建设、完善与发展三个阶段。[④]冯虹和朱瑞认为，20 世纪 90 年代以来我国教育评价制度经历了法治规范、改革创新、科学完善三个时期。[⑤]刘淑芸认为，从高等教育评估制度发展的轨迹来看，近年来的建设过程可分为制度建设启动及其试点、制度的形成、

---

① 吴钢. 初探建立我国教育评价制度[J]. 教育理论与实践，1992（6）：43-46.

② 洪致平. 教育评价制度的建立及其有效运转[J]. 浙江社会科学，1997（1）：70-75.

③ 刘淑芸. 基于新制度经济学视角的我国高等教育评估制度重建研究[D]. 上海：华东师范大学，2014：39.

④ 余咏梅. 高等教育评价制度中的权力制衡[J]. 淮北职业技术学院学报，2015（2）：4-6.

⑤ 冯虹，朱瑞. 20 世纪 90 年代以来我国教育评价政策的回顾及展望[J]. 教育测量与评价，2019（11）：28-33.

制度推进和分类评估及质量保障体系建设四个阶段。[①]秦惠民和王名扬认为，20 世纪 80 年代以来，我国高等教育评估制度在行政主导型的制度逻辑中经历了起始和稳定阶段、推动和发展阶段、均衡和专业化阶段、断裂和变迁阶段。[②]曹延飞认为，改革开放以来，我国本科教育评估政策主要经历了评估理念的提出、评估实践的开启、水平评估的实践、五位一体评估体系形成四个发展阶段。[③]

其三，关于高等教育评价制度的改革研究。要解决教育评价“指挥棒”的问题，必须从教育评价制度入手，因为制度是最重要的战略资源，制度问题具有根本性、全局性、稳定性和长期性的特点。例如，谈松华认为，我国现行教育评价需要进行制度性转变。教育评价制度具有多重功能，当前需要强化教育评价的推进性功能，促进教育的改革和发展，实现教育目的和目标的整合。[④]马廷奇建议，我国高等教育评估制度应不断通过改革和创新，从重构政府与大学之间的关系、克服评估的行政化倾向、加强中介机构建设等方面考虑，形成社会利益相关者参与高等教育评估的渠道和机制，重构高等教育评估制度，逐步形成利益相关者共同参与的和谐有效的高等教育评估机制。[⑤]姜昕认为，市场经济条件下传统教育评价制度的弊端显露，需要通过构建政府、学校、市场三位一体的教育评价结构，来适应现代学校经济成分多元、所有制多元以及利益主体多元的发展趋势。[⑥]葛孝亿和张春美认为，高等教育的公共属性决定了高等教育评估必然是政府与社会的合作共治行为。[⑦]评价制度本身也是一项系统工程，改革创新需要从整体通盘考虑、系统谋划，如吴岩对“五位一体”大学教育评价制度体系进行了研究。[⑧]何秀超认为，中国特色现代高等教育评估制度体系，就是要建立“一个

① 刘淑芸. 基于新制度经济学视角的我国高等教育评估制度重建研究[D]. 上海：华东师范大学，2014：47.

② 秦惠民，王名扬. 我国高等教育评估制度演变的社会基础与制度逻辑——基于历史制度主义的分析[J]. 中国高教研究，2015（10）：1-6，21.

③ 曹延飞. 改革开放以来我国本科教育评估制度的再认识与理性反思[J]. 现代教育科学，2020（1）：1-6.

④ 谈松华. 关于教育评价制度改革的几点思考[J]. 中国教育学刊，2017（4）：7-11.

⑤ 马廷奇. 大学利益相关者与高等教育评估制度创新[J]. 华中师范大学学报（人文社会科学版），2009（2）：116-121.

⑥ 姜昕. 我国教育评价制度存在的问题及改进建议[J]. 教学与管理，2017（27）：118-120.

⑦ 葛孝亿，张春美. “政社合作”视角下高等教育评估制度的重构[J]. 教育学术月刊，2019（12）：44-48，87.

⑧ 吴岩. 高等教育公共治理与“五位一体”评估制度创新[J]. 中国高教研究，2014（12）：14-18.

平台、三个支柱、三个机制”的评估总体框架，推动高等教育体制机制改革。“一个平台”就是建设好高等教育质量监测国家数据平台；“三个支柱”就是建立院校评估、本科专业评估和研究生专业学位水平评估、博士硕士学位论文抽检三大制度；“三个机制”就是构建以高校自我评估为主体的内部质量保障机制，构建以政府、专门机构和第三方为主体的外部质量保障机制，构建以国际交流合作为主的国际高等教育质量保障机制。①

综上可见，大陆关于高等教育评价制度的研究已取得一定的研究成果，特别是在政策层面上对平衡行政力量、社会中介组织与高校之间的利益和冲突做出了有益探索。但这些研究还存在一些不足，如对评价制度内涵缺乏深入分析，与教育治理现代化建设的关联不够，在研究方法上多是单一的理论思辨，对其他方法的运用不够。

**2. 对台湾高等教育评鉴制度的研究**

笔者通过知网检索相关文献发现，大陆学术界对台湾高等教育评鉴制度的相关研究可归纳为下述几个方面。

其一，关于台湾高等教育评鉴制度的实践研究。大陆学术界对台湾高等教育评鉴制度的实践研究集中体现在对校务评鉴、系所评鉴的讨论上。平古整体梳理了台湾自 2006 年启动已连续推行两个周期的 5 年一轮的系所评鉴及 2011 年台湾教育主管部门委托评鉴中心办理的第一周期校务评鉴，概括出台湾高等教育评鉴制度实践的连续性、评鉴行为的民主性以及评鉴方向的发展性等特征，肯定了台湾高等教育评鉴制度的积极意义。②廖莉萍在台湾第二周期系所评鉴结束后，系统比较了两个周期系所评鉴的特征和效能。③洪丽则对台湾系所评鉴实施以来的实践经验进行了深入分析与思考，总结了其评鉴项目在国际化、专业化、去中心化和个性化等方面的情况，主要是侧重对其高职教育质量监控体系的研究。④上述学者均是立足于微观实践层面讨论台湾的高等教育评鉴制度。

在对台湾高等教育评鉴制度的整体研究方面，袁本涛等重点分析了台湾高等

---

① 何秀超. 探索中国特色现代高等教育评估制度 全面提升人才培养质量[J]. 中国高教研究，2018（10）：1-5.

② 平古. 变革中的台湾大学校院系所评鉴[J]. 高教发展与评估，2013（6）：17-22，100-101.

③ 廖莉萍. 台湾地区大学两个周期系所评鉴的比较与启示[J]. 世界教育信息，2018（3）：67-71.

④ 洪丽. 台湾大学系所评鉴[J]. 长春教育学院学报，2016（9）：31-34.

教育评鉴制度在大众化背景下的解构与重构，充分表达了对通过制度配置评鉴权力、规范评鉴行为以及认可制评鉴理念的认同。[①]黄自敏从台湾高等教育评鉴制度的形成及其制度框架出发，重点分析了台湾实施高等教育评鉴的主要机构及其相互关系。[②]董宁然和黄云则围绕评鉴中心以及台湾评鉴协会两大评鉴机构，介绍了台湾高等教育评鉴制度的构成及其内涵，并在评鉴的主体内容与结果等方面与大陆进行了比较。[③]尚红娟系统分析了政策因素在台湾高等教育评鉴制度引进、评鉴工作开展以及评鉴结果的应用等方面的地位及所起到的作用。[④]总的来说，大陆学者的研究主要是从制度要素、机构因素或理念要素方面对台湾高等教育评鉴制度展开的讨论，较少分析要素与要素之间的关系以及其是如何相互作用的。

其二，关于台湾高等教育评鉴制度形成的政策研究。大陆学者就台湾高等教育评鉴制度发展过程中政策实施的研究，集中于 2005 年后台湾教育主管部门为进一步提升高等教育品质颁布的一系列规划方案。巫铭昌等主要分析了台湾“奖励大学教学卓越计划”设立的政策背景以及执行成效，并通过对世界其他地区与中国台湾地区在教学卓越发展策略方面的对比分析，探寻了影响“奖励大学教学卓越计划”执行效能的背景因素和改进策略。[⑤]谢冉从“奖励大学教学卓越计划”四年一期的制度建制、成果检核、特色展现等方面总结了政策因素在台湾高等教育评鉴制度发展过程中的作用，总结出计划在执行的过程中存在着资源分享与辅助概念无法得到真正的彰显，较难发挥教学卓越典范的影响和转移功能，硬件满意度高、软件满意度低等不足。[⑥]刘育光重点介绍了台湾“迈向顶尖大学计划”的政策目标及任务、审核标准及指标分配等。[⑦]王涛涛就“迈向顶尖大学计划”的实施对台湾高等教育质量的提升，以及对大陆的启示和借鉴进行了概述。[⑧]在综合研究方面，周江林总结了 2008—2016 年台湾完善并推进的一系列高

---

① 袁本涛，乔伟峰，李锋亮. 台湾地区高等教育评鉴制度及其启示[J]. 苏州大学学报（教育科学版），2015（4）：116-124.

② 黄自敏. 台湾省高等教育评价的发展历程与制度框架[J]. 复旦教育论坛，2009（2）：17-21.

③ 董宁然，黄云. 浅析台湾高等教育评鉴制度[J]. 重庆科技学院学报（社会科学版），2012（2）：176-178.

④ 尚红娟. 台湾高等教育评估政策的变迁[J]. 教育发展研究，2010（19）：65-70.

⑤ 巫铭昌，柯贞如，张文龙. 大学追求卓越的政策与实施——台湾经验与反思[J]. 吉林师范大学学报（人文社会科学版），2016（3）：89-98.

⑥ 谢冉. 台湾“奖励大学教学卓越计划”之政策研究[J]. 高教探索，2014（6）：80-84.

⑦ 刘育光. 中国台湾地区建设世界一流大学之政策分析[J]. 比较教育研究，2012（10）：56-60.

⑧ 王涛涛. 台湾地区顶尖大学建设政策研究（下）[J]. 世界教育信息，2014（11）：67-71.

等教育政策，偏重从政治角度来分析影响政策出台的因素、实施效果与政策走向。[①]但是，大陆学者对台湾高等教育发展政策展开的相关讨论并没有和台湾高等教育评鉴制度的相关研究充分结合，未将高等教育发展政策的推行视为台湾高等教育评鉴制度发展完善的必要条件。

其三，关于海峡两岸高等教育评鉴制度的比较研究。比较研究在高等教育质量评价研究中是一种非常重要的研究方法。通过对海峡两岸高等教育评价制度的形成背景、制度运行和制度实施效果等方面的分析比较，可以对照检视、互相学习借鉴。笔者通过整理文献发现，大陆学术界关于海峡两岸高等教育评价制度的比较研究较少，且时间相对较早。例如，黄自敏把台湾地区的教育评鉴归结为教育主管部门控制和民间机构参与的模式，认为台湾与大陆在文化传统等方面具有非常相似的特征，因此研究台湾地区的高等教育评鉴制度对于促进大陆高等教育评价制度的发展具有重要的借鉴意义。[②]姜燕媛重点比较了 2004 年大陆本科教学评估和台湾大学校务评鉴在评估目的、主体、内容、方法等方面的差异。[③]张国宾等比较了海峡两岸高等教育评价实施的组织架构及具体流程。[④]林素川就某项具体评估实践在宏观层面上对海峡两岸的高等教育评价制度进行了思考。[⑤]支希哲和罗向阳主要回顾了海峡两岸高等教育评价的历史轨迹，并据此总结出了海峡两岸高等教育评价的特点及存在的不足。[⑥]然而，这些研究基本上都未分析台湾高等教育评鉴制度的不足，缺乏动态的比较。

## 11.2.2　台湾对高等教育评鉴制度的研究

本部分主要对台湾学术界对台湾高等教育评鉴制度的认识和评价进行梳理和归纳。

---

① 周江林. 台湾地区高等教育政策简评：2008—2016 年[J]. 浙江树人大学学报（人文社会科学），2017（4）：93-97.

② 黄自敏. 台湾省高等教育评价的发展历程与制度框架[J]. 复旦教育论坛，2009（2）：17-21.

③ 姜燕媛. 海峡两岸高等教育教学评估比较分析[J]. 世界教育信息，2009（12）：49-52.

④ 张国宾，何敏，王平. 海峡两岸高等教育评估实施过程比较分析[J]. 高等理科教育，2010（3）：93-98.

⑤ 林素川. 海峡两岸高等教育评估制度比较[J]. 教育与考试，2010（6）：80-83.

⑥ 支希哲，罗向阳. 海峡两岸高等教育评估的比较分析及其启示[J]. 理工高教研究，2007（6）：46-48.

### 1. 关于台湾高等教育评鉴制度的历史沿革研究

关于台湾高等教育评鉴制度发展的具体时期，台湾学者依据不同的分类标准将其划分为不同的阶段。2009 年以来，按时间顺序整理的学者观点分类如表 11.1 所示。

**表 11.1 台湾高等教育评鉴制度历史时期划分一览表**

| 学者 | 分类依据 | 评鉴制度时期划分 |
| --- | --- | --- |
| 林松柏（2009）① | 高等教育评鉴利害关系人 | ①政策强力介入阶段：1975—1990 年<br>②政策幕后操控阶段：1991—1994 年<br>③政策掩护实质控管阶段：1994 年以后 |
| 杨莹（2010）② | 评鉴事件及评鉴沿革 | ①教育主管部门主导评鉴期：1975—1990 年<br>②委托学术团体办理期：1991—1994 年<br>③大学相关规定公布办理期：1995—2000 年<br>④自我评鉴鼓励期：2001—2004 年<br>⑤大学校务评鉴期：2004—2005 年<br>⑥独立评鉴机构办理期：2005 年以后 |
| 秦梦群和陈遵行（2012）③ | 评鉴类别与内容 | ①学门试办期：1975—1995 年<br>②大学综合评鉴试办期：1997—2001 年<br>③自我评鉴鼓励期：2001—2004 年<br>④第一周期校务评鉴期：2004—2005 年<br>⑤系所评鉴期：2006 年及以后<br>⑥第二周期校务评鉴期：2011 年及以后 |
| 吴清山和王令宜（2006）④ | 一般大学以评鉴事件划分，技职校院以校院评鉴类别划分 | ①学门试办期：1975—1995 年<br>②大学综合评鉴试办期：1997—2001 年<br>③自我评鉴鼓励期：2001—2004 年<br>④大学校务评鉴期：2004—2005 年<br>⑤系所评鉴期：2006 年以后 |
| 池俊吉（2015）⑤ | 以品质保证主导者、高等教育品质保证政策、成立专业品质保证机构及建立多元化的品质保证体系来划分 | ①品质保证制度规划期：1975—1994 年<br>②品质保证制度形成期：1995—2009 年<br>③品质保证制度推展期：2010 年以后 |

注："学门"为台湾地区惯用语，不做修改

① 林松柏. 台湾高等教育评鉴利害关系人互动模式建构：评鉴政治学理论之应用与评析[D]. 南投：台湾暨南国际大学，2009：73-76.

② 杨莹. 中国内地（大陆）、香港、澳门、台湾高等教育评鉴制度[R]. 台北：财团法人高等教育评鉴中心基金会，2010：103-129.

③ 秦梦群，陈遵行. 台湾高等教育评鉴制度与实施之分析研究[J]. 教育资料研究，2012（106）：105-142.

④ 吴清山，王令宜. 台湾地区的大学评鉴：回顾与展望[R]. 2006 海峡两岸教育发展与改革学术研讨会，2006.

⑤ 池俊吉. 台湾高等教育品质保证制度发展现况与趋势//苏锦丽. 高等教育机构品质保证制度与实践[C]. 台北：财团法人高等教育评鉴中心基金会，2015：271-292.

从表 11.1 可以看出，1975 年被普遍认为是台湾高等教育评鉴制度探索的起点，但因为分类标准和依据不同，不同学者做出的历史分期也各不相同。当前台湾高等教育评鉴发展处于新的制度环境之中，基于研究需要，本编在后文也尝试对台湾高等教育评鉴制度的历史沿革进行新的阶段划分。

2. 关于台湾高等教育评鉴制度的问题及其成因研究

台湾高等教育评鉴制度经过多年的发展，提高了高等教育整体的质量水平。但制度的形成从来都不是一帆风顺的，其发展过程中不可避免地会出现各种问题。秦梦群和陈遵行较为系统地总结了台湾高等教育评鉴中存在的预期目的不符合实际运作，评鉴委员的素质不一，评鉴实施标准的公平性不足，评鉴项目类别重复、任务繁重，高等教育机构的自评意识及主动性不强，大学缺乏适度分类、评鉴指标受到限制，评鉴结果的申复与申诉程序负担过重，评鉴结果的公布及运用方式[①]等问题，基本涵盖了台湾高等教育评鉴涉及的评鉴主体、指标、结果运用以及伦理等方面的内容。由此也可看出，在台湾学者对台湾高等教育评鉴的认识和讨论中，质疑之声还是十分明显的。

3. 关于台湾高等教育评鉴制度的趋势研究

通过文献分析可以发现，力求通过借助国际化理论研究和实践探索，实现对高等教育品质的保证，是台湾学者关于台湾高等教育评鉴制度研究的一大特色。王令宜在具体分析了荷兰、西班牙、日本、泰国的高等教育品质保证模式之后，结合对高等教育品质保证国际网络、欧洲高等教育品质保证网络以及亚太高等教育品质保证网络的综合概述，归纳总结出高等教育品质保证体系的建构应从内外两方面着手，既要从上位的制度观层面建立高等教育品质保证系统，注重高等教育机构的内部自我评鉴与改善以及外部专家标准的评鉴与审核，更要从本位的方法论层面探索如何通过内部自评与外部他评催生并强化高等教育机构内部的自我改善原动力，达到品质与绩效提升的长远目标，服务于高等教育发展。[②]借助国际分析比较、学习借鉴和取长补短，台湾高等教育评鉴制度正在逐步实现品质保证的制度化，即实现了“以评鉴促品质”与“品质保证制度化”的融合。

---

① 秦梦群，陈遵行. 台湾高等教育评鉴制度与实施之分析研究[J]. 教育资料与研究，2012（106）：105-142.

② 王令宜. 高等教育品质保证发展与模式之探析[J]. 教育研究月刊，2012（220）：81-94.

综上所述，海峡两岸学术界对高等教育评鉴制度的研究有以下三个特点。第一，政策是高等教育评鉴制度设计和实施的核心与关键。评鉴制度实践在政策框架之下展开，评鉴结果作为新的政策导向的参考，因因相循。海峡两岸就高等教育评鉴制度展开的讨论，基本上都印证了高等教育政策引导与加持的重要意义。第二，任何一套制度体系都可能存在缺陷，在不同的历史时期因应不同的社会政策、经济、文化、社会环境发生流变，制度本身也在不断改进中渐趋完善，但大陆学术界梳理台湾高等教育评鉴制度时多以赞赏和肯定为主，在客观性和全面性等方面存在不足。第三，大陆学术界对台湾高等教育评鉴制度的讨论既集中又分散。"集中"体现在学者会集中在某个时间节点去研究某一项评鉴活动或某一项政策计划；"分散"则体现在这些研究之间并未形成一个有效的系统联结，从而无法在历史维度上来展现各项评鉴活动或政策计划在整个台湾高等教育评鉴制度中的一致性和系统性，未能完整地展现台湾高等教育评鉴制度曲折发展的特征。

## 11.3 台湾高等教育评鉴制度的研究目的、内容、思路、方法

### 11.3.1 研究目的与内容

#### 1. 研究目的

中国历史和文化土壤的滋养，决定了台湾与大陆高等教育发展根基的同质性以及高等教育质量评估的相似性。台湾高等教育评鉴制度从最初的萌芽期到初探期、成长期，行政力量在其中扮演了非常重要的角色，有其存续的必要性和合理性。经过多年的发展，在社会与制度环境的综合作用下，行政部门逐步让渡出部分权力，通过扶持社会力量和高等教育机构的成长，不断调整相关部门在高等教育评价中的角色，值得我们借鉴。立足于此，本编希望能从相关部门、高校和社

会三方力量动态平衡的基础上建立起对台湾高等教育评鉴制度的系统认识。“他山之石，可以攻玉。”台湾高等教育发展在新的时代面临的内外部问题及其应对方法也可以给大陆提供多方面的启示。

**2. 研究内容**

1）依据评鉴主体的不同，对台湾高等教育评鉴制度形成、发展的历史进行划分，厘清在不同时期是何种因素或环境变化对制度推进产生了影响乃至起到了决定性的作用。

2）分析两种动态平衡，即绩效责任与发展改进之间的平衡，以及教育主管部门行政力量与社会评价组织和大专校院力量之间的权力让渡与角色平衡在台湾高等教育评鉴制度形成的历史阶段、各项政策出台背景中的体现，其逻辑结构如图 11.1 所示。

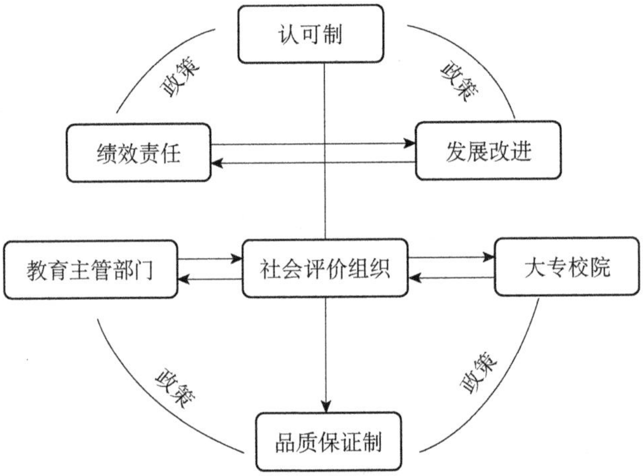


图 11.1　台湾高等教育评鉴制度研究逻辑图

3）通过校务评鉴和系所评鉴的制度实践，分析台湾高等教育评鉴制度建设过程中对两种平衡的探索，以及台湾高等教育评鉴制度向“品质保证制”的转化过程，并以台湾东海大学为例分析了台湾大学校务评鉴、系所评鉴的具体运行和实施。

4）通过对大陆高等教育评价制度发展沿革的系统梳理，研究大陆高等教育评价制度取得的成效与存在的问题，分析问题产生的深层原因。

5）结合海峡两岸高等教育评价制度的研究，剖析台湾高等教育评鉴制度的特色与优势，分析存在的问题与局限，探讨其对大陆高等教育评价制度建设的启示。

## 11.3.2 研究思路与方法

### 1. 研究思路

本编尝试在前人研究的基础上做进一步的探索。首先，对台湾高等教育评鉴制度的发展阶段进行新的划分，以探寻政策和制度等要素如何作用于台湾高等教育评鉴制度的发展，继而以台湾当前的主要高等教育评鉴机构——评鉴中心为线索，通过对评鉴中心主导办理的周期性的校务评鉴、系所评鉴的评鉴程序和实施效能进行分析，了解两种平衡的动态演进过程，以及台湾高等教育评鉴取向是如何由“认可制”逐步过渡到“品质保证制”的。其次，选取东海大学作为个案分析对象，剖析其校务评鉴、系所评鉴的具体运作实施。最后，总结台湾高等教育评鉴制度的优势与局限，以期为大陆高等教育评价制度的完善以及内外部质量保障体系的构建提供一些参考。

### 2. 研究方法

第一，文献研究法。通过查阅台湾高等教育评鉴制度形成和发展的相关背景材料，了解台湾高等教育评鉴制度的研究现状，收集与本编内容相关的台湾高等教育评鉴制度的综合信息，从而建立起对台湾高等教育评鉴制度发展现状清晰的认识。

第二，多学科分析法。从经济学、管理学、法理学等相关学科理论出发，分析台湾高等教育评鉴制度设计以及制度运行中的“绩效责任”“权力让渡”理念，全面认识和把握台湾高等教育评鉴制度的运行机制。

第三，案例分析法。以东海大学为典型案例分析台湾大学校务评鉴、系所评鉴的运行实施，直观地展现台湾高等教育评鉴制度的实施现状。

# 11.4 台湾高等教育评鉴制度的基本概念

## 11.4.1 台湾高等教育

高等教育是培养高级人才的社会实践活动，通常是指在完成中等教育基础上进行的专业教育。“双轨制”体系下的台湾高等教育对一般大专校院及技职学校有所区分，相应的评鉴活动由不同机构负责。本编的台湾高等教育主要是指经台湾教育主管部门核准的综合教育体系中的公私立大学及独立学院的教育，原则上不涉及高等技职体系的专科学校及成人高等教育院校、军警校院、空中大学、宗教大学、社区大学等的教育。

## 11.4.2 高等教育评鉴相关概念

### 1. 评价、评估与评鉴

评价、评估与评鉴的含义非常接近，大陆较少使用“评鉴”，而更多采用“评价”或“评估”的表述，在此就三种表述的含义做简要区分。

“评价”泛指衡量人物或事物的价值，是在质（或量）的基础上进行价值判断的活动，是客观价值与主体需要的关系在人的意识中的反映，是对价值的主观判断、情感体验和意志保证及其综合。[①]评价主体不同，同一事实或物体对不同主体的价值不同，评价结果也就不同。

“评估”与“评价”的含义略有不同，“评估”是依据一定的标准，利用定量或定性的方法对客观事物进行观察并做出价值判断的活动[②]，是一种“估量性的评价”[③]，这种估量是基于一定的判断标准做出的。

---

① 张意忠. 教育评价价值取向研究[J]. 教育探索，2002（10）：5-7.

② 刘淑兰. 教育评估和督导[M]. 上海：华东师范大学出版社，2000：2-3.

③ 陈广桐等. 高等学校教育教学评估[M]. 济南：山东大学出版社，2005：23.

“评鉴”为台湾学术界的惯用语，凡对于事物的是非美恶有评议皆谓之“评”，而“鉴”有鉴定、鉴别及鉴赏等含义。[①]黄政杰将“评鉴”的定义概括为四类：一是等同于测验；二是目标和表现之间一致程度的确认；三是一种专业判断；四是对事物的价值或优点进行评估，明确提出价值判断。[②]吴青山和王湘栗认为，“评鉴”是依据适当的标准，对某事项系统化地搜集资料、分析和报告的价值判断，通过价值层面与事实层面的比较，量定事物的利弊得失和原因，以获取有用信息，并提出改进的建议。[③]

综上所述，“评价”“评估”“评鉴”本质上都是一种价值判断活动。但与前两者不同的是，“评鉴”的定义中突出了对“改进缺失”的强调，即“评鉴”不能只是简单地描述价值判断的过程。参考上述学者的观点，本编试将“评鉴”理解为评鉴主体依据适当标准对评鉴客体进行价值判断的过程，是评鉴主体通过收集、整理资料，分析评鉴客体的价值和优缺点来帮助其了解自我、优化决策、改进缺失进而提升品质的活动。

### 2. 教育评鉴

教育评鉴是评鉴在教育领域的运用。关于教育评鉴的理解，笔者按时间顺序整理了海峡两岸部分学者的观点（表 11.2）。

**表 11.2　教育评鉴释义一览表**

| 学者 | 定义 |
|---|---|
| 吴清山和王湘栗（2004）[④] | 对教育现象或活动，就其人员、方案、运作结果，对照评鉴标准，采用质与量的方法，系统而客观地搜集、分析信息，进行价值判断，以了解教育成效、改进教育缺失和达成教育目标的历程 |
| 郭昭佑（2007）[⑤] | 对教育活动满足社会与个体需要的程度做出判断的活动，是对教育活动现实（或潜在的，即还未取得，但有可能取得）的价值做出判断，以期达到价值增值的过程 |
| 郭昭佑（2006）[⑥] | 应用相应的方法搜集分析教育客体资料，并评估其功能与价值，以提供相关信息与决策参考的历程 |
| 林劭仁（2008）[⑦] | 对教育活动采用各种有效的、系统的科学方法与技术，搜集质与量方面的信息，对照预定的评鉴标准来判断教育对象的价值与优缺点的过程，并将结果作为教育决策的参考 |

① 卢增绪. 教育评鉴初探[J]. 师大学报，1985（30）：115-148.
② 黄政杰. 课程评鉴[M]. 台北：师大书苑有限公司，1987：14-21.
③ 吴清山，王湘栗. 教育评鉴的概念与发展[J]. 教育资料辑刊，2004（29）：1-26.
④ 吴清山，王湘栗. 教育评鉴的概念与发展[J]. 教育资料辑刊，2004（29）：1-26.
⑤ 郭昭佑. 教育评鉴研究原罪与解放[M]. 台北：五南图书出版股份有限公司，2007：9-12.
⑥ 郭昭佑. 当评鉴遇上教育——教育评鉴意涵探究[J]. 教育行政与评鉴学刊，2006（2）：19-42.
⑦ 林劭仁. 教育评鉴标准的发展与探索[M]. 台北：心理出版社，2008：4-8.

综合上述，学术界关于教育评鉴的内涵释义可以概括如下：①在性质方面，教育评鉴是一种以价值判断为本质的活动；②在对象方面，包括教育客体、教育现象、教育方案、教育活动；③在方法方面，系统、科学、有效地搜集、整理、分析、归纳有关教育评鉴对象"质与量"的资料；④在内容方面，根据一定的评鉴标准衡量评鉴对象的价值与功能；⑤在目的方面，包括改进缺失、价值判断、提供决策参考；⑥教育评鉴是一个过程。由此可见，教育评鉴就是评鉴主体通过收集、整理资料，分析评鉴对象的价值和优缺点，以了解教育成效、优化决策、改进教育缺失，进而提升教育品质的过程。

**3. 高等教育评鉴**

苏锦丽将高等教育评鉴定义为由某一评鉴团体依据系统化、科学化的方式来搜集并分析相关资料，以评估高等教育机构及其专业领域的目标达成程度，以及输入条件、运作情形和教育成果的过程。[①]本编结合上述理解，试将高等教育评鉴解读为高等教育机构基于自身的发展需求，自愿通过内部或外部评鉴的方式，参照多元而适切的评鉴标准，系统、科学地整理并查验相关资料，对高等教育活动进行价值判断，了解高等教育机构的办学成效，优化教育决策，改进教育缺失，进而提升教育品质的活动。

### 11.4.3　教育评鉴制度

制度最一般的含义是要求大家共同遵守的办事规程或行动准则。诺斯认为制度是一个社会的游戏规则，更规范地讲，它们是为人们的相互关系而人为设定的一些制约。[②]他将制度分为三种类型，即正式规则、非正式规则和这些规则的执行机制。正式规则又称正式制度，是指国家或统治者等按照一定的目的和程序有意识创造的一系列的政治、经济规则及契约等法律法规，以及由这些规则构成的社会等级结构，包括宪法、成文法、普通法，以及明确的规则和个别契约等，它们共同构成了对人们行为的激励和约束。非正式规则是人们在长期的实践中无意

---

① 苏锦丽. 高等教育评鉴：理论与实际[M]. 台北：五南图书出版股份有限公司，1997：3.

② 道格拉斯·C. 诺斯. 制度、制度变迁与经济绩效[M]. 刘守英，译. 上海：上海三联书店，1994：3.

识形成的，具有持久的生命力，并构成了世代相传的文化的一部分，包括价值信念、伦理规范、道德观念、风俗习惯及意识形态等因素。执行机制是为了确保上述规则得以执行的相关制度安排，是制度安排中的关键一环。这三部分构成了完整的制度内涵，是一个不可分割的整体。

教育评鉴制度是指一个地区为保证教育评鉴活动的有效开展，从组织系统上建立起来的所有教育设施和一切有关的规章制度。教育评鉴制度的基本单元主要包括三个子系统：一是由教育主管部门、学校和社会三大基本教育评鉴治理主体构成的系统；二是承担教育评鉴组织管理和具体实施评鉴活动的组织机构；三是评鉴管理机构和评鉴活动实施机构在评鉴管理与评鉴活动中需要遵循的基本准则，既有宏观层面的教育政策，也包括中观和微观层面的具体评鉴规程。

# 第12章 台湾高等教育评鉴制度的发展

本章依据各方评鉴主体在不同时期参与度的不同，将台湾高等教育评鉴制度的发展划分为四个阶段：1975—1990年为教育主管部门实施的评鉴制度探索期；1991—2004年为教育主管部门直接主导的评鉴制度拓展期；2005—2011年为教育主管部门间接主导的评鉴制度成长期；2012年至今为教育主管部门督导的评鉴制度成熟期。

## 12.1 探索期：教育主管部门实施评鉴（1975—1990年）

台湾的高等教育评鉴始于教育主管部门1975年办理的学门评鉴。在西方绩效问责思潮的冲击及台湾高等教育机构快速发展的背景下，这一时期的高等教育评鉴工作受到高度重视，并由教育主管部门全面负责实施。

## 12.1.1 背景与实施

### 1. 背景

首先是外部绩效责任思潮的影响。绩效责任主要是对某个个体或组织在某段时间内的具体行为方式与最终执行结果的综合呈现进行相应的说明、解释和评价的过程。绩效责任在教育领域中的应用始于 20 世纪 60 年代，美国企业界及政府部门相继采用绩效责任制，其理念影响至教育领域，为教育界接受，并于 20 世纪 70 年代后蓬勃发展。[①]为了了解各大专校院的教育品质，以此作为辅导奖助及核准各种申请案件的参考，台湾教育主管部门以该理念为指导开展高等教育评鉴，借以了解各高等教育机构及其专业领域是否已达到应有的教育水准，是否充分、合理地利用了教育资源，以及各项成果是否基本符合专业设置标准与社会需求。[②]

其次是内部高等教育机构快速成长的需要。台湾学者的文献资料分析及教育主管部门的统计数据显示，1954—1971 年被认为是台湾高等教育发展的重要时期，而高等教育机构的设立是高等教育得以发展的前提。该时期因相关部门的经费不足以支持设立过多的公立大专校院，私人开设的专科学校在此期间大量增加并迅速扩张（图 12.1），直接导致其高等教育品质下滑，因此台湾高等教育在 1972—1985 年进入限制管控阶段。[③]

由图 12.1 可以看出，台湾大专校院的数量从 1950 年的 7 所增至 1990 年的 121 所，而其中私立学校的数量从 1 所增至 82 所，净增 81 所，在新增的 114 所大专校院中占比超过 2/3，增长速度显著快于公立学校。私立院校数量及规模的快速增长不可避免地带来了高等教育质量参差不齐，影响了教育资源的效能的充分发挥，这也进一步凸显了对高等教育机构办学品质进行评鉴的重要性和必要性。

---

① 吴清山，黄美芳，徐纬平. 教育绩效责任研究[M]. 台北：高等教育文化事业有限公司，2002：3-4，46-47.

② 苏锦丽. 高等教育评鉴：理论与实际[M]. 台北：五南图书出版股份有限公司，1997：3-5.

③ 张元兴. 台湾与大陆高等教育评鉴制度比较之研究[D]. 新北：淡江大学，2009：76-77.

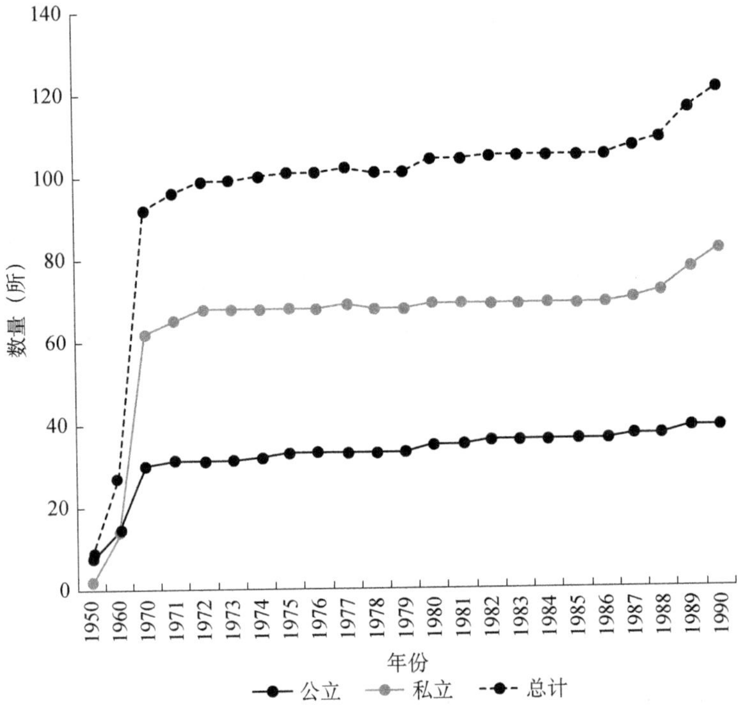


图 12.1 1950—1990 年台湾地区大专校院数量变化折线图

资料来源：根据台湾教育主管部门统计处网站资料整理

### 2. 实施

基于上述背景，台湾教育主管部门在 1975 年开始从师资、课程、图书刊物、教学及研究设备和教育成果五类项目着手，开展私立大专校院的数学、物理、化学、医学及牙医五个学门评鉴。[①]它的评鉴对象在 1976 年扩大为农、工、医学院。1977 年和 1978 年又分别评鉴了商、法学院，文学院，师范学院，评鉴项目主要包括系所的教育目标、教学师资、课程、图书设备、研究风气、辅导、推广服务、发展、行政支援、教育成果、尚须加强改进的项目及总评等。1979—1982 年，台湾教育主管部门相继开展了对理、农学院，理工、医学院以及商、法学院的后续追踪评鉴。至此，台湾教育主管部门完成了对大专校院的第一次评鉴及追踪评鉴。1983 年，台湾教育主管部门举办首次高等教育评鉴研讨会，切实了解评鉴工作对台湾高等教育的实际影响，并于同年 7 月成立了大学教育评鉴规划

① 廖佳玲. 芬兰与中国台湾高等教育品质保证制度之比较研究[D]. 台北：台湾师范大学，2011：115-116.

小组，暂停评鉴工作。小组成员组团赴美国考察，考察归来后，该小组在最终拟定的《大学教育评鉴手册》中公布了“大学教育评鉴实施要点”“系所开展自我评鉴要点”“访问评鉴实施要点”。在 1985—1990 年实施的第二阶段学门评鉴中，共计 407 个系所参与评鉴，实施程序已有明显改进。①

### 12.1.2 阶段特征

第一，行政力量占有绝对控制权，高等教育机构在评鉴中的有效参与度极其有限，且被动性远大于自主性。②1975—1990 年，台湾的高等教育评鉴是由教育主管部门在内部需求与外部因素的影响下，直接组成评鉴小组负责高等教育评鉴的具体规划与实施。

第二，重在强调绩效责任。该时期的高等教育评鉴主要是为了了解公立、私立大学各学系、研究所的教育水准及存在的问题，作为辅导学校改进、奖助及核准学校各类申请案件和做出教育决策的依据，即高等教育评鉴引入了市场中“奖优汰劣”的竞争机制。

第三，积极借鉴其他地区的先进经验。在第一阶段的评鉴工作完成后，台湾教育主管部门积极通过国际学术研讨交流了解制度的不足，并特别组建了考察学习小组学习其他地区的先进经验，《大学教育评鉴手册》的拟定可以被视为台湾高等教育评鉴走上规范化的第一步。

第四，重视系所自评。在台湾高等教育评鉴制度建设初期，虽然只是开展了系所评鉴，但已包含“系所自评”“追踪评鉴”，也就是说台湾的高等教育评鉴制度最初就具备了高校自我评鉴的雏形，只是该时期的自评和“追踪评鉴”尚未开始制度化的探索。

总体而言，台湾教育主管部门在该时期评鉴的直接对象主要是大专校院各系所，因而评鉴小组的成员多是由教育主管部门从学术界聘任的，尚未形成完善的遴选规则，不免被质疑为“运动员兼裁判”，评鉴结果的真实性和客观性有待商榷。评鉴主体多为被动的，社会力量尚未充分参与进来。客观而言，在台湾高等

① 苏锦丽. 高等教育评鉴：理论与实际[M]. 台北：五南图书出版股份有限公司，1997：50.

② 林松柏. 台湾高等教育评鉴利害关系人互动模式建构：评鉴政治学理论之应用与评析[D]. 南投：台湾暨南国际大学，2009：73-74.

教育评鉴发展初期，教育主管部门能够切实认识到实施高等教育评鉴工作的必要性和确立高等教育评鉴制度的重要性，也对维护该时期高等教育办学品质起到了一定的监督作用。

## 12.2 拓展期：教育主管部门直接主导评鉴（1991—2004年）

为了更好地发挥评鉴的效能，加快高等教育评鉴法制化与专业化的建设步伐，台湾教育主管部门在 1991 年开始逐渐重视专业性社会学术团体力量在评鉴工作中的作用。社会力量在台湾高等教育评鉴活动中的参与一定程度上动摇了行政力量在高等教育评鉴中的地位，一系列政策与制度的颁布推进了评鉴工作的规范化与制度化进程。

### 12.2.1 背景与实施

**1. 背景**

从社会背景来看，学生人数激增，教育经费有限，尤其是"广设高中大学"政策的实施，加速了台湾高等教育从精英化向大众化的转型，完成中学阶段教育的学生升学的意愿、机会和可能性显著提升，直接导致了高等教育机构学生人数的大幅增加。由图 12.2、图 12.3 可以看出，大专校院在校学生人数以及高等教育在学率在 1991—2004 年增加了 1 倍多。然而，面临的问题是：同时期新增的学校是否有适配的校舍条件容纳如此多的学生？师资力量等各项软硬件资源能否保障接受高等教育的学生有良好的获得感？学科分类、院系设置是否合理？高等教育机构各利益相关者的满意度是否足够高？高等教育机构的目标和使命是否与高等教育发展的要求相一致？如何分配不同类别、不同地区学校的招生指标，又以何种标准衡量其教学水平和学生培养质量？

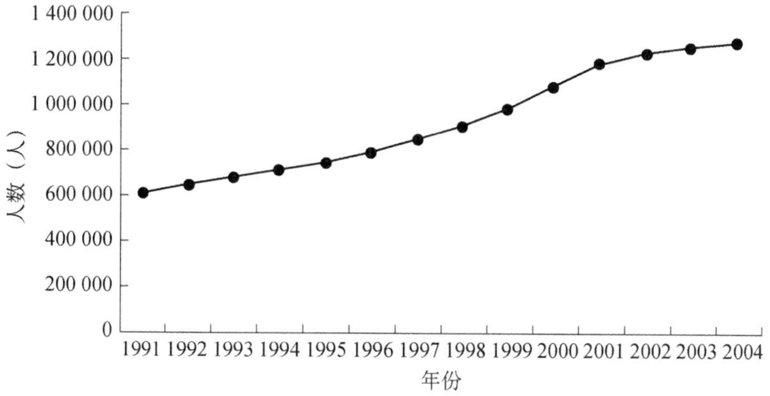


图 12.2　1991—2004 年台湾地区大专校院在校学生人数折线图

资料来源：根据台湾教育主管部门统计处网站资料整理

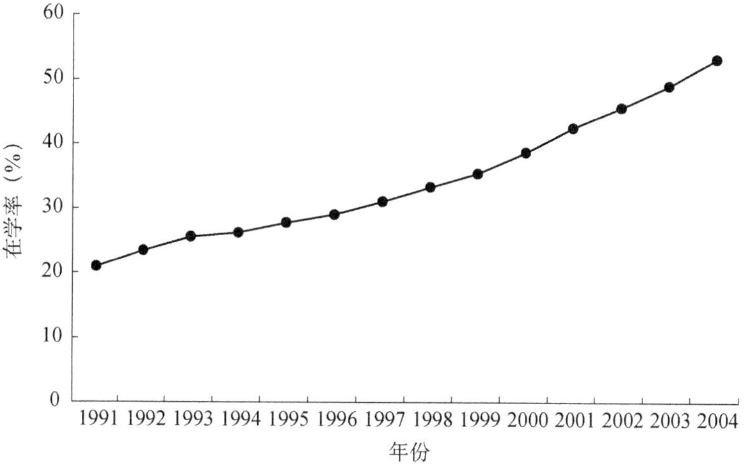


图 12.3　1991—2004 年台湾地区高等教育在学率折线图

资料来源：根据台湾教育主管部门统计处网站资料整理

发展教育离不开相关部门的经费支持，然而有限的教育经费并不足以满足人们快速增长的教育发展需要。从图 12.4 可以看出，1991—2004 年，台湾大专校院的教育经费配比在整个教育经费结构分配中总体是呈波动上升趋势的。在教育经费总量相对固定的情况下，某一层级教育单位的教育经费比例的提升势必以其他一个或多个层级教育单位教育经费比例的降低为条件。例如，大专校院的教育经费配比在 1998—2004 年上升了 8.84 个百分点，而中小学及高级中等学校的教育经费配比则在同期下降了共计 9 个百分点。此外，以 1998 年为分界点，大专校院中的大学及独立学院在其教育经费比例提升中的贡献率格外显著，而专科学校 1996 年后在教育经费分配结构中的比例急转直下，这与台湾教育主管部门在 1996 年推动的专科学校改制直接相关，即大部分专科学校在 1997 年后改为大学或学院。①

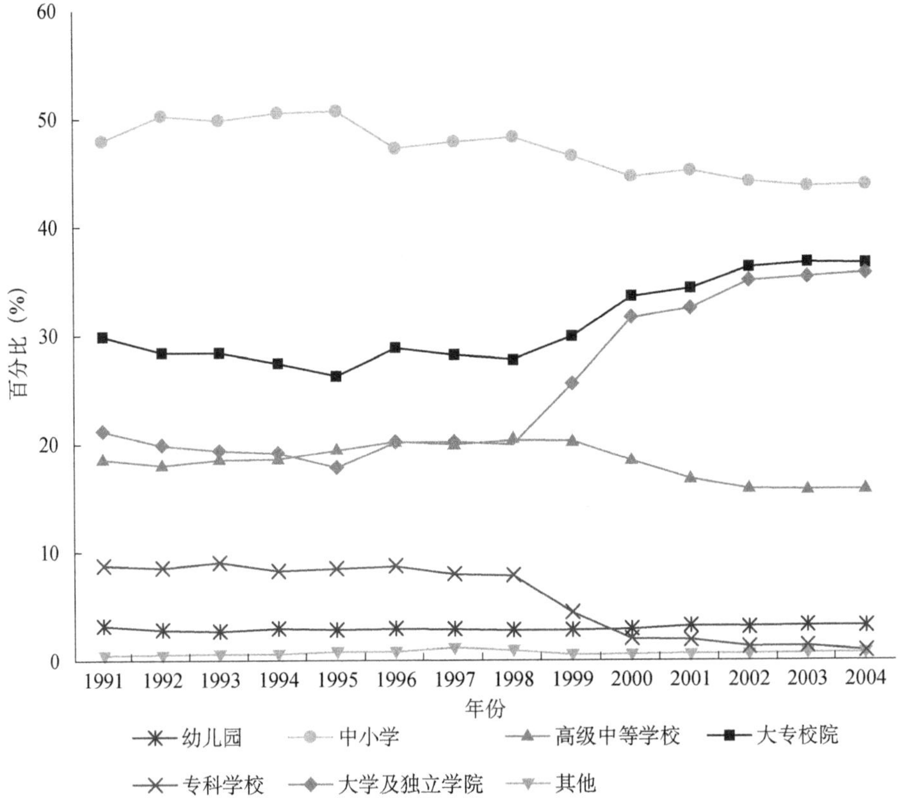


图 12.4 1991—2004 年台湾地区各级教育机构教育经费分配概况折线图

注：大专校院包含专科学校和大学及独立学院，为了进行比较，图中单独列出

资料来源：根据台湾教育主管部门统计处网站资料整理

综上所述，无论是学生数量还是教育经费分配，都是该时期台湾高等教育发展面临的现实问题。要解决这些现实问题，必须依靠专业、规范的高等教育评鉴对大专校院进行综合的评价。

从背景来看，教育主管部门修订了“大学相关规定”并完善了相关政策。台

① 1996 年 10 月 14 日，台湾教育主管部门颁发“1997 年度遴选专科学校改制技术学院并核准附设专科部实施办法”，鼓励办学绩优的专科学校改制为技术学院，申请期限自 1996 年 9 月 5 日起至 11 月 10 日止，因此自 1997 年起，台湾地区大多数公私立专科学校陆续改制为技术学院或科技大学。

湾教育主管部门于1994年1月颁布了新修订的“大学相关规定”，为高等教育评鉴制度提供了政策依据。第四条第三项规定：各大学之发展方向及重点，由各校依需要及学校特色自行规划，报经教育主管部门核备后实施，并由教育主管部门评鉴。同年8月出台的相关实施细则第二条规定：关于各大学发展方向及重点的评鉴，由教育主管部门组织评审委员会开展。新修订的“大学相关规定”既明确了台湾教育主管部门作为高等教育评鉴的主体负有开展大学评鉴的责任，也在实施细则中明确表述了评鉴实施的可转移性，使教育主管部门组织的专业学术团体参与高等教育评鉴工作有了一定的依据。

在高等教育领域，教育主管部门邀集大学校长及专家学者组成的大学评鉴规划咨询委员会于1996年3月完成了关于大学教育评鉴计划相关文件的拟定。为了增进该计划的完整性和有效性，在计划正式确定之前，教育主管部门于1996年6—11月召开了大专校院教育评鉴座谈会以及分区举办了四场教育主管部门大学教育评鉴计划共识座谈会，通过广泛的意见征集使评鉴计划更加完善，成为后来制定高等教育评鉴制度的参考。同年，由台湾教育主管部门发布的关于教育改革方面的意见报告书，突出强调了评鉴工作的重要性。1997年8月，台湾教育主管部门完成了“评鉴手册”，作为各大学自我评鉴及评鉴委员访评的参考，这也促进了社会各界对高等教育评鉴计划的了解。[①]台湾高等教育评鉴的制度化进程就此加快。

1999年6月，台湾教育主管部门公布的台湾关于“教育基本规定”的第十三条规定：相关部门及民间得视需要进行教育实验，并应加强教育研究及评鉴工作，以提升教育品质，促进教育发展。[②]2000年，台湾教育政策与评鉴学会成立。2001年，台湾大学教育政策方面的文件中明确提到：为维护大学的自主性，明了自身的定位与特色，向多元化的目标发展，评鉴应成为大学追求卓越的指标，以提升学术水平与研究能力，进一步引导大学追求多元化的发展和学术卓越。2004年，“专科评鉴办法相关文件”明确规定，“四等”科系隔年停招。综上所述，为保证制度化的高等教育评鉴工作顺利开展，这一时期台湾教育主管部门通过制定相关政策做了很大努力。

---

① 苏锦丽. 高等教育评鉴：理论与实际[M]. 台北：五南图书出版股份有限公司，1997：55-56.
② 吴清山. 高等教育评鉴议题研究[M]. 台北：高等教育文化事业有限公司，2010：35.

### 2. 实施

1991—2004 年，台湾教育主管部门主导开展的评鉴可以分为以下两部分。

一是委托专业学术团体开展学门评鉴。1992 年，台湾新竹师范学院成立的教学与学校评鉴研究中心完成了“大学评鉴委托公正学术团体办理之研究与评估”专题研究，建议教育主管部门采取渐进的做法，先选择适当的学会试办大学学门评鉴，等到经验累积及试办情形良好后，再推广并全面实施。[①]1992—1994 年，台湾教育主管部门第一次委托专业的学术团体台湾管理科学学会等开展评鉴，由各学会设计评鉴标准与方式，分别试办管理、信息与电机、机械三个学门的学门评鉴并公布评鉴结果，规划建立多元化的高等教育评鉴制度。[②]这些学会开展学门评鉴秉持自愿性、非官方评鉴团体、自我评鉴、自定目标、同侪评鉴、实地访评的原则，注重“质”的描述，少用数据评量；评定内容以各校系所特色为主，不做学校排名比较。[③]

1997 年，台湾的高等教育评鉴工作主要包括两项：其一，委托台湾通识教育学会对各大专校院的通识教育进行评鉴；其二，教育主管部门首次实施以大学整体校务为主的校务综合评鉴以及以理科为主的院系评鉴。[④]2000 年以后，台湾的高等教育评鉴有了更大进展。2002 年，教育主管部门委托台湾管理科学学会开展大学管理学学门评鉴；2003 年，委托化学学会开展大学化学学门评鉴；2004 年 7 月，委托台湾评鉴协会开展校务评鉴整体审查。2004 年的评鉴历经约一年时间，评鉴对象包括一般大专校院、师范校院等 76 所大专校院；评鉴重点偏向于审视各校是否达成自设办学目标或完成任务，通过各校自评与评鉴委员实地访评，以了解各校校务发展及学门办学情形、辅助学校自我改善，以及鼓励各校发展特色与强化学校优点。[⑤] 综上可以看出，台湾教育主管部门从最初的直接实施评鉴到听取学界各方意见，再到委托专业的学术团体开展评鉴，评鉴内容从学门评鉴逐渐扩大至综合的校务评鉴。

---

① 廖佳玲. 芬兰与中国台湾高等教育品质保证制度之比较研究[D]. 台北：台湾师范大学，2011：117.

② 郭添财. 台湾高等教育评鉴实施现况与改善策略[J]. 教育学术汇刊，2013（5）：1-10.

③ 秦梦群. 台湾大学评鉴制度的分析与检讨//胡悦伦. 海峡两岸大学教育评鉴之研究[M]. 台北：师大书苑有限公司，1998：107-133.

④ 苏锦丽. 高等教育评鉴：理论与实际[M]. 台北：五南图书出版股份有限公司，1997：55-56.

⑤ 王如哲，杨莹，刘秀曦. 台湾高等教育评鉴的回顾与展望[J]. 台湾教育，2012（4）：20-24.

二是公私立大学中程校务发展计划访评。1991—2004 年，在教育主管部门的主导下，公私立大学校长、行政机关主管等组成访视小组，对公私立大学中程校务发展计划进行审查。审查指标主要包括教师生产力、学生分配的资源、各校学生成本以及各校预算等。公立大学的评鉴结果作为各学校自我改进及经费分配的重要参考，私立大学 1991—1992 年的访视结果作为各校奖助的重要参考；1993—1996 年，将评鉴结果作为经费奖助的依据；1997—2004 年，将评鉴结果作为奖助的依据以及各校自我改进的参考。事实上，中程校务发展计划可理解为另一种形式的评鉴，同时也为后期开展大规模的校务综合评鉴奠定了基础，评鉴主体依然是教育主管部门，但具体的实施结合了学术团体的力量，评鉴结果作为经费补助参考。因此，从这个意义上来说，1991 年也同样可以被视为一个重要的转折点。

### 12.2.2 阶段特征

第一，强化制度与政策支持。台湾高等教育评鉴制度的建设初期，通过行政力量主导，广泛听取了多方意见和建议，出台了一系列相关规定及实施办法，在制度层面上界定了评鉴的主体及其权责，为高等教育评鉴提供制度依据，促进了高等教育评鉴制度的建设进程。此外，台湾教育行政部门通过一系列教育政策的广泛推行，将学门评鉴逐步推广至大规模的校务评鉴，扩大了对高等教育办学品质的管控范围。

第二，专业学术评价团体出现。基于前述教育主管部门直接实施评鉴的弊病，这一时期教育主管部门开始委托专业的学术评价团体来实施高等教育评鉴工作。这些学术评价团体无论是自发成立的还是教育主管部门授意成立的，都代表着教育主管部门开始逐步释放对高等教育评鉴的绝对主导权和掌控权。

第三，探索自我评鉴机制。1994 年修订的“大学相关规定”明确指出，大学应定期对教学、研究、服务、辅导、校务行政及学生参与等事项进行自我评鉴。2001 年，台湾教育主管部门提出“大专校院实施自我评鉴计划补助申请要点”，通函各大学提出自我评鉴计划申请，以提供经费补助，其目的在于鼓励公私立大专校院积极建立自我品质保证机制[①]，即教育主管部门综合运用行政和经济手段

① 吴清山. 高等教育评鉴议题研究[M]. 台北：高等教育文化事业有限公司，2010：37.

敦促大专校院提高对自我评鉴的重视度和参与度。

这一时期，由台湾教育主管部门主导、专业学术评价团体和高校共同参与的高等教育评鉴制度基本建立。但此时专业学术团体的组成人员还是由教育主管部门确定，需要服从教育主管部门的领导，高等教育机构的自我评鉴还不能做到客观、诚实。明确绩效责任仍然是这一时期实施评鉴的主要目的，教育行政力量虽未直接介入高等教育评鉴，但在评鉴工作中仍然具有直接的主导权。

## 12.3 成长期：教育主管部门间接主导评鉴（2005—2011年）

2005 年是台湾高等教育评鉴制度发展的重要时间点。台湾教育主管部门于 2005 年邀集专家学者及行政机关代表组成大学评鉴指导委员会，并召开了大学评鉴指导委员会第一次会议，决定于 2005 年底前成立大学评鉴专责机构。2005 年 12 月，具备独立法人地位的评鉴中心正式挂牌。评鉴中心的成立因应于台湾高等教育评鉴制度发展的需要，推动台湾高等教育评鉴制度快速走向完善。

### 12.3.1 背景与实施

#### 1. 背景

从社会环境来看，少子化问题严重，系所生源不足。2000 年以来，台湾高等教育发展面临的最大挑战即少子化冲击导致的高等教育供过于求，继而引发了大学系所退场。由图 12.5 可以看出，2000—2010 年出生人数总体上持续下降，1995 年，总出生人口为 329 581 人，2010 年跌至 166 886 人，15 年间减少将近一半。出生人口的减少直接导致就学人口减少，按正常年龄 18 岁进入高等教育阶段的时间推算，2028 年前后台湾高等教育学龄人数将会与图中 2010 年出生人口的谷值一致。图 12.6 则更直观地反映了 1960—2017 年台湾人口粗出生率呈下降趋势。

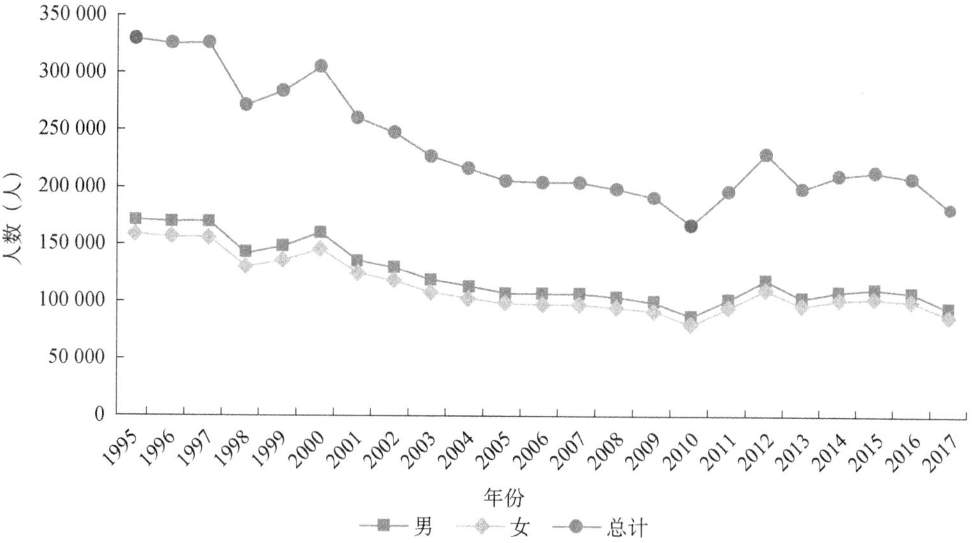


图 12.5　1995—2017 年台湾地区出生人数折线图

资料来源：根据台湾教育主管部门网站资料整理而成

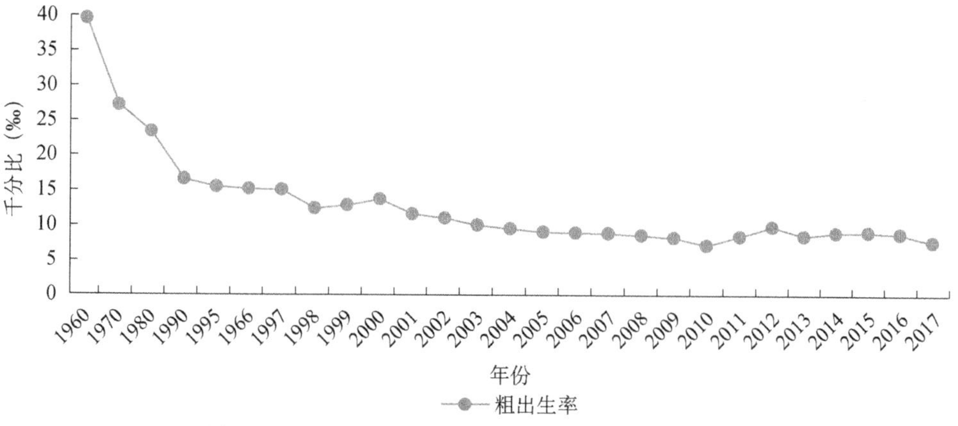


图 12.6　1960—2017 年台湾地区人口粗出生率折线图

资料来源：根据台湾教育主管部门网站资料整理而成

高等教育供过于求导致的直接后果，一是部分大专校院招生滥竽充数，品质下滑；二是许多大学系所面临严重的招生不足甚至无人就读、减半并校的困境。在这种情况下，就产生了大学退场。退场机制本是指促使体质较弱的组织退出市场以维持及提升市场服务水平及结果品质的一套规则。[①]当不能保证有足够生源的时候，高等学校理应退出高等教育市场，但建立新的学校需要投入大量资本，学校退场亦需巨额的经费支持，对于退场机制的具体实施标准及其带来的财政及师资等一系列问题，必须审慎对待。

从制度环境来看，台湾地区重新修订了“大学相关规定”，并制定了“大学评鉴办法”相关文件。专责的评鉴机构想要名正言顺地开展高等教育评鉴，需要政策的支持。因此，几乎是与评鉴中心成立同步，台湾教育主管部门于 2005 年 12 月 13 日重修了“大学相关规定”，除了继续要求大学定期对教学、科研及行政事务等先行自评之外，特别补充了专业评鉴机构、评鉴委员会同样有资格定期开展大学评鉴，但具体的评鉴办法仍由教育主管部门制定，把评鉴结果作为相关部门经费补助以及学校调整发展规模的参考。值得肯定的是，为进一步明确大学评鉴的实施细则，教育主管部门于 2007 年 1 月 9 日发布了“大学评鉴办法”相关文件，明确规定了大学评鉴的事务与类别，将大学评鉴分为校务评鉴，院、系、所及学位学程评鉴、学门评鉴及专案评鉴[②]等四类。[③]“大学相关规定”的修订与“大学评鉴办法”相关文件的颁行，成为台湾地区高等教育评鉴迈向规范化的重要里程碑。此外，2008 年、2010 年、2011 年相继完成的“私立学校有关规定”“专科学校有关规定”“台湾教育基本规定”等文件的修订，都推进了台湾高等教育评鉴制度的规范化。

### 2. 实施

2005—2011 年，台湾地区高等教育评鉴制度的实施集中体现在两方面：一是一系列“卓越政策”的实施；二是评鉴中心成立后，受教育主管部门委托，分别开展了以“认可制”为核心的第一周期校务评鉴、系所评鉴及部分方案评鉴。

从政策实施来看，2005 年 1 月，台湾教育主管部门相继发布“迈向顶尖大学计划”“奖励大学教学卓越计划”。“迈向顶尖大学计划”倾向于研究，参照国际一流大学水平，通过专项竞争性经费支持，引导台湾大学在优势领域建立特色，

---

① 吴清山，林天佑. 教育新辞书[M]. 台北：高等教育文化事业有限公司，2005：70-71.

② 校务评鉴是对教务、学生事务、总务、图书、人事及会计等事务进行整体评鉴；院、系、所及学位学程评鉴是对院、系、所及学位学程的课程设计、教师教学、学生学习等进行评鉴；专案评鉴是基于特定目的或需求进行评鉴。

③ 池俊吉. 台湾高等教育评鉴发展与评析[J]. 高等教育，2016（2）：129-162.

力求通过优质学术环境的创建以及资源的整合发展国际一流大学及顶尖研究中心。就愿景而言，与大陆当前的“双一流”建设目标相似，该计划自 2006 年 1 月起正式实施，截至 2011 年已完成第一个期程。“奖励大学教学卓越计划”可以理解为对前者的补充，主要是希冀通过竞争性的奖励机制，鼓励大学重视教学并强化区域教学资源的中心功能，促使学校重视课程规划与设计，引导教师重视教学，建立学生学习成效评估机制，以全面提升教学品质。两项计划推行的共同基础是竞争性教育经费的分配，而分配的依据和考核的标准其实就是高等教育评鉴结果。两项计划的实施传递出的一个强烈信号，就是对高等教育质量的追求。如果说 2005 年之前台湾高等教育评鉴的目的是维持高等教育质量“底限”，2005 年之后的评鉴开始关注要让优秀学校有更大的上升空间，这也进一步丰富了高等教育评鉴制度的内涵。

从制度实施来看，2006 年，评鉴中心受教育主管部门委托开始以分校分年的方式开展为期 5 年的第一周期系所评鉴，并在前四年完成了 76 所大专校院的系所评鉴工作。第一周期的系所评鉴以“认可制”为核心，旨在通过各大学系所的自我评鉴，加上评鉴委员的实地访评，了解大学系所的办学品质。认可结果分为“通过”“待观察”“未通过”，并针对“待观察”“未通过”的学校，设定追踪评鉴的程序和机制。第一周期校务评鉴的实地访评工作在 2011 年完成，涵盖 81 所大专校院，评鉴中心在计划书中特别标注出与第二期程的“奖励大学教学卓越计划”“迈向顶尖大学计划”性质相近的审查标准，以减轻学校准备评鉴资料的负担，这也体现出了政策与评鉴相辅相成的特点。第一周期的校务评鉴同样以“认可制”为核心，针对每一个评鉴项目都明确列出了参考效标以及建议准备的参考资料，并以“通过”“有条件通过”“未通过”来呈现高等教育机构的办学实效。①

总体而言，这一时期评鉴中心的评鉴工作还处于探索阶段，受教育主管部门的委托，将市场逻辑引入高等教育评鉴工作中，引导高等教育机构了解如何调整校务、系所目标，一方面提供给高等教育消费者更充分的信息，另一方面也给高校施加了高等教育必须注重品质及绩效责任的压力。②也就是说，当专责的社会评鉴机构开始参与到评鉴工作中时，就代表了第三方对高等教育办学品质的社会

① 根据台湾高等教育评鉴中心网站的新闻等资料综合整理得出。
② 戴晓霞. 高等教育的大众化与市场化[M]. 台北：扬智文化事业股份有限公司，2000：41.

审视。在第一周期校务评鉴和系所评鉴中，虽然评鉴目的中都明确列出了“提供政策参考”，但在具体的评鉴项目中均包含了对大专校院持续改善与品质保证机制的评量。

### 12.3.2 阶段特征

第一，专责评鉴机构正式成立。综观过去的所有评鉴，均由台湾教育主管部门组织评鉴委员会直接开展或委托相关学会开展，尚无专责机构负责整体规划及执行工作。“大学相关规定”赋予相对独立的、半官方性质的评鉴中心开展高等教育评鉴的专责机构的权力，具有划时代的意义。

第二，自我评鉴机制逐步确立。2007 年发布的“大学评鉴办法”相关文件明示了即便各大学应接受教育主管部门或其委托的专业学术团体、专责机构的评鉴，也规定只要建立了经教育主管部门认可的完善的自我评鉴制度，即可免去二次受评，但关于认可方面的内容，仍由教育主管部门规定。2009—2010 年，台湾教育主管部门相继发布“大学自我评鉴结果”“专业评鉴机构认可要点”“试办认定科技校院自我评鉴结果审查作业原则”等相关文件，希望大学明确自身的定位与办学特色，建立良好的自我评鉴机制，依循适切的评鉴指标，帮助学校持续改进与永续发展。

第三，多元评鉴机制初现雏形。评鉴中心的成立在一定意义上代表着社会力量开始参与高等教育评鉴。为进一步提高社会评鉴机构的参与度，台湾教育主管部门又于 2009 年制定了“认可专业评鉴机构审查作业原则”等相关文件，明确规定了对专业评鉴机构的认可细则，并依据此前的“大学自我评鉴结果”“专业评鉴机构认可要点”，在 2010—2011 年认可台湾评鉴协会、台湾管理科学学会等作为专业评鉴机构，分别开展台湾技职校院评鉴和工程领域的认证。依据“大学评鉴办法”相关文件，通过了经教育主管部门认可的专业评鉴机构的评鉴，亦可免去二次受评。至此，台湾地区高等教育的多元评鉴机制初现雏形。

综上所述，2005—2011 年可以被视为台湾地区高等教育评鉴制度快速发展的时期，台湾教育主管部门通过一系列政策的颁布与修订，开始让渡出最初由其完全掌控的高等教育评鉴权力，并尝试在让渡过程中逐渐实现行政力量、社会力量及高校主体力量的平衡。但行政力量仍然占主导地位，评鉴中心作为社会力量的参与度有限，高等教育机构的自我评鉴也并没有充分发挥其自主性。这一时期，“发展改进”的评鉴目的开始被关注，其与绩效责任之间的平衡问题开始凸显。因此，自 2005 年开始，“绩效责任”“发展改进”两大评鉴目的之间的动态平衡，以及行政力量、社会力量及高校主体力量的动态平衡，成为相关部门实施高等教育评鉴时关注的核心问题。

## 12.4 成熟期：教育主管部门督导评鉴（2012年至今）

在政策日益完善的背景下，台湾高等教育评鉴制度在 2012 年后进入稳定发展的成熟期。评鉴中心虽然在高等教育评鉴中始终占据重要地位，但并不是唯一的社会专责评鉴机构，即学校可以自由选择受评机构，逐渐消解了一元化的评鉴模式。[①]教育主管部门不断向外输出平衡权力结构的信号，评鉴中心在新的制度环境下不断探索新的角色定位，逐步成长为相对独立的专业性社会评鉴机构，高等教育机构的自我评鉴意识和能力也在这一时期进一步增强。

### 12.4.1 背景与实施

#### 1. 背景

从社会环境来看，吸引优秀国际生源需要保证高等教育品质。由图 12.7 可以看出，近年来台湾大专校院境外学生人数逐年增加，2012—2015 年的增速尤为明显，2018 年学位生人数首次突破 60 000 人，与非学位生人数大致相当，这既是对台湾高等教育发展现况的认可，同时也对高等教育质量提出了挑战。台湾教育

① 池俊吉. 台湾高等教育品质保证制度发展现况与趋势//苏锦丽. 高等教育机构品质保证制度与实践[C]. 台北：财团法人高等教育评鉴中心基金会，2015：287.

主管部门统计资料显示，近年来增加的学位生与非学位生以东南亚国家学生等为主，欧美地区生源相对较少且大部分就读于私立学校。[①]同时，高等教育国际化带来的影响还包括台湾本土优秀生源的流失。因此，只有不断提升高等教育品质，缩小与国际优质高等教育水平之间的差距，才能最大限度地吸引优秀的国际生源，改变招生不足的被动局面。

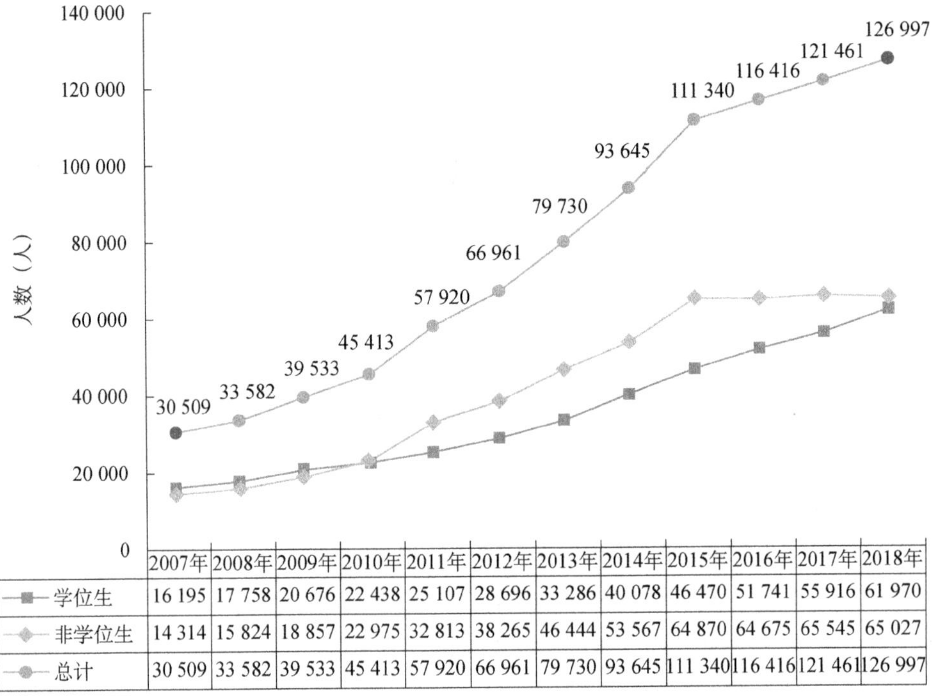


| | 2007年 | 2008年 | 2009年 | 2010年 | 2011年 | 2012年 | 2013年 | 2014年 | 2015年 | 2016年 | 2017年 | 2018年 |
|---|---|---|---|---|---|---|---|---|---|---|---|---|
| 学位生 | 16 195 | 17 758 | 20 676 | 22 438 | 25 107 | 28 696 | 33 286 | 40 078 | 46 470 | 51 741 | 55 916 | 61 970 |
| 非学位生 | 14 314 | 15 824 | 18 857 | 22 975 | 32 813 | 38 265 | 46 444 | 53 567 | 64 870 | 64 675 | 65 545 | 65 027 |
| 总计 | 30 509 | 33 582 | 39 533 | 45 413 | 57 920 | 66 961 | 79 730 | 93 645 | 111 340 | 116 416 | 121 461 | 126 997 |

图 12.7　2007—2018 年台湾大专校院境外学生在台湾研习人数折线图

资料来源：根据台湾教育主管部门统计处网站资料整理

从社会环境来看，大专校院数量持续减少，退场条令施行。2018 年，大专校院的数量减少至 153 所，甚至低于 2001 年的 154 所。根据台湾教育主管部门对 2015 年度各大专校院新生注册率的统计，高达 67 所校系新生注册率不到三成。基于此，2017 年 11 月 23 日，台湾教育主管部门通过发布私立大专校院转型及退场相关文件，明文规定了私立学校列入专案辅导的标准、强制转型退场的条件以及学生转学和教职员离退等配套安置措施，教育主管部门表示在三年内编列共

① 根据台湾教育主管部门公布的相关资料整理。

计约 50 亿新台币（超过 10 亿元人民币）退场基金协助。[①]何种境况的学校必须退场？如何妥善分配退场基金？如何尽可能地避免高等教育机构为争取生源在考核或招生方面降低标准？这些问题的解决都仰赖高等教育评鉴制度的进一步优化。

从政策环境来看，再次修订了“大学评鉴办法”“大学相关规定”。2013 年 1 月 31 日，修订“大学评鉴办法”相关文件，针对不同类别的评鉴需要，分别制定不同的评鉴办法以及申请放宽办学限制的条件和项目，增订自我评鉴免受评鉴的规定。2015 年 12 月 30 日，修订“大学相关规定”，将评鉴结果的使用由原来的“作为相关部门教育经费补助之参考”修改为“作为学校调整发展规模之参考”，也就是说评鉴结果不再直接与经费挂钩。2016 年 11 月 7 日，台湾教育主管部门发布修订后的“大学评鉴办法”，第八条将“以评鉴结果作为核定调整大学发展规模、学杂费及经费奖励、补助之参据”修改为“受评鉴大学对评鉴结果所列缺失事项，应依规定期限积极改进，并纳入校务规划，作为学校校务发展之参考”。至此，台湾高等教育评鉴结果在制度层面与相关部门的经费补助再无直接关联。

### 2. 实施

在政策实施方面，为适应新时期多元评鉴机制的发展需要，台湾教育主管部门于 2018 年 1 月开始实施为期 5 年的“高等教育深耕计划”，分别从“落实教学创新”“提升高教公共性”“发展学校特色”“善尽社会责任”四大目标提出未来发展方向，在大学多元特色发展的基础上，引导大学重视教学品质，持续深化并落实大学教学品质改善政策，激发教师投入教学意愿并使教学品质的改善确实反映在学生学习成效的提升上，通过鼓励教学方法的创新，激发学生的学习动能及自主性，继而培育新时代优质人才。该计划的实施成为台湾高等教育评鉴制度向“品质保证”转型的政策契机，为台湾高等教育的品质保证制度化提供了重要保障。

在制度实施方面，评鉴中心于 2012 年开始进行第二周期的系所评鉴，第二周期的校务评鉴也自 2017 年正式启动。具体的实施细节将在第 13 章展开论述。

---

① 根据台湾教育主管部门公布的相关资料整理。

### 12.4.2 阶段特征

第一，专业评鉴机构更具独立性和多样性。评鉴中心在这一时期的高等教育评鉴中发挥了更积极、主动的作用，教育主管部门进一步完成角色转变，通过条文规章的发布为高等教育机构自办外部评鉴或委托其他专业机构进行评鉴创造了良好的条件。

第二，高等教育机构自我评鉴的制度环境进一步宽松。2012 年，台湾教育主管部门正式公布“试办大专校院自我评鉴结果审查作业原则相关规定”，经修正后，于 2016 年 10 月发布“认定大专校院自我评鉴机制及结果审查作业原则相关规定”，再次放宽了授权开展自我评鉴学校的资格，鼓励大学建立完善的自我评鉴机制。例如，经认定小组认定，台湾交通大学得以免除接受第二周期的系所评鉴。高等教育机构自我评鉴机制的逐步建立，是台湾教育主管部门在制度层面上又一次实质性的权力让渡，也是高等教育机构从内部完善质量建设的原动力。

第三，强调高等教育评鉴的“发展改进”。新的“大学评鉴办法”宣布评鉴结果不再直接与教育经费关联后，离实现“发展改进”的目的就更近了一步。台湾高等教育评鉴对“发展改进”目的的重视上升为对高等教育品质的重视，并在评鉴制度的演进过程中逐渐走向制度化，即多元化高等教育评鉴制度的演进趋势是逐步形成以“最大限度释放高等教育机构的生命力”为途径，以“发展改进、提升品质”为目标的“高等教育品质保证机制”。

综上所述，台湾高等教育评鉴制度肇始于绩效责任运动的兴起，在数十年发展历程中，为应对高等教育机构数量扩张的推力、少子化的拉力、教育经费稀释的压力、高等教育国际化的动力形成的外部冲击，以及保证基本办学品质、追求更高水平发展的内部需求，通过相关规定与政策推行了多次动态的制度改革。从早期由教育主管部门实施评鉴、教育主管部门主导评鉴、委托专业学术团体开展评鉴逐步过渡到教育主管部门督导下的多元化评鉴发展阶段；从最初着意强调“绩效责任”到探索“绩效责任与发展改进”之间的平衡，逐步过渡到现阶段重在强调“发展改进”，教育主管部门不断让渡行政主体的评鉴权力，以实现相关部门、社会及学校各方的角色平衡。图 12.8 是依据上述四个历史时期整理的台湾高等教育评鉴制度演进脉络图。

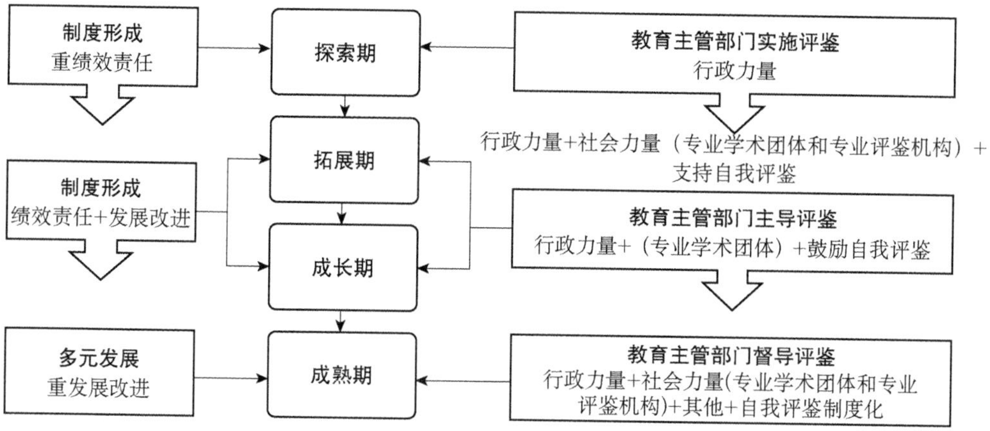


图 12.8 台湾高等教育评鉴制度演进脉络图

# 第13章

# 台湾高等教育评鉴制度的主要内容与实施

“迈向顶尖大学计划”“奖励大学教学卓越计划”“高等教育深耕计划”等一系列高等教育发展规划营造的政策环境以及“大学相关规定”“大学评鉴办法”相关文件等形成的制度环境，为台湾高等教育评鉴制度的成长成熟创造了良好的外部条件。相关部门、社会专业评鉴机构及高校开始共同参与评鉴，并不断寻求各方力量之间的动态平衡，绩效责任和发展改进也在逐步实现自身的平衡。本章主要就第二周期校务评鉴与系所评鉴的开展，具体阐述台湾高等教育评鉴制度的实施。

## 13.1 校务评鉴制度

校务评鉴是对学校整体事务的评鉴，是以学校为主体，对学校发展计划的规划、执行与结果等各项事务，以系统化的方式搜集与分析资料，依据客观的标准通过学校内部自评、外部访评等方式客观分析与描述，并依据一定的建议加以改进，以此衡量学校办学成效、决策参考并支持学校持续改善办学品质的过程。[①]校务评鉴除了具有检视学校办学绩效的功能外，还与校务发展息息相关。大至高

① 吴清山，林天佑. 教育小辞书[M]. 台北：五南图书出版股份有限公司，2009：70.

等教育机构的办学理念与愿景，小至行政与教学单位的各项工作开展、各种教学资源的利用率等，都可纳入校务评鉴的范畴。校务评鉴制度是在常态化、规范化地考量学校事务过程中形成的一整套程序规则。评鉴中心自第一周期校务评鉴完成后，于 2017 年开始开展包括 71 所一般大专校院在内、为期两年的第二周期校务评鉴，第一周期全部评鉴项目认可通过的学校被安排于 2018 年接受评鉴，对于其他学校，于 2017 年 4 月起开始进行实地访评。

### 13.1.1 评鉴目的与实施基准

第二周期校务评鉴的制度设计以美国西部院校协会（WASC）制定的核心指标为参考依据。2013 年，WASC 的四个评价标准包括：定义机构宗旨以及确保教育目标实现；通过发挥核心的功能达成教育目标；发展和运用资源、优化组织结构，以保证机构的品质和永续发展；创造对品质保证、学习及持续改进能够给予承诺的组织。因此，2017 年第二周期校务评鉴的目的定位和设计基准也围绕这几个评价指标展开。

**1. 评鉴目的**

第二周期校务评鉴的目的在于借用外部品质评鉴过程，引导学校持续精进，不断完善学校内部质量建设，通过内部自我评鉴与外部评鉴小组的实地访评，确认攸关校务运作品质的能有助于达成学校设立的各项宗旨与目标，并展现高等教育机构办学成效与履行社会公民的责任。同时，借由对评鉴结果的综合分析，为高等教育相关政策的拟定、优化、废止等提供参考。

具体而言，第二周期校务评鉴的目的包括以下几个方面：①评估办学成效，即从校务治理与经营、教学、研究、服务、学生学习成效等方面评定学校的办学成效；②落实自我定位与展现特色，即学校应依据自身的定位拟定校务发展计划，适时借由自我评鉴持续调整并积极落实，进而展现办学特色与达成教育目标；③展现社会责任，即展现大学教育与研发对社会的正向影响；④提供政策依据，即综合评鉴结果，为高等教育发展提出意见，为相关单位制定政策提供参考。

### 2. 实施基准

校务评鉴的实施基准表征着校务评鉴作业在何种理念的指导下开展，是校务评鉴制度运行的基本原则。第二周期校务评鉴借鉴 WASC 的核心指标，以“认可制”为指导原则，强化 PDCA 品质管理理念，强调大学的办学成效。PDCA 循环圈由美国质量管理专家戴明（Deming）博士首先提出，又称戴明循环圈，是指计划（plan）、试做（do）、检讨（check）、行动（act）的循环过程。

1）“认可”理念。认可是一项由高等教育机构自愿接受外部认可机构的品质检核，在品质符合或超越认可标准时，以获得认可地位的过程，鼓励机构朝实现最大效能努力。第二周期校务评鉴在“认可制”理念的指导下，经由外部访评机构（评鉴中心）对大专校院内部自我评鉴结果的判断，来确保高等教育机构办学质量的提升与改善。一般而言，“认可”的结果不分等第、不设排名，认可的标准也是大专校院基于自身的定位和发展目标及方向而定，即“认可”通过与否的考量标准是这一时期学校的理想状态与现实状态的契合度。

2）PDCA 理念。PDCA 在第二周期校务评鉴中的应用主要是在“认可”理念的前提下，根据评鉴内容设计（图 13.1），为大专校院拟定、核查自身的发展目标提供方向性的指导，即每所学校对自身的发展定位和愿景期许都不是盲目、短视和一成不变的，每个周期的校务发展与校务经营都要在 PDCA 可持续发展理念的指导下保持进取状态，而发展的方向及进取的目标要在一定程度上与社会期待相一致。从这个层面讲，PDCA 包括绩效责任与发展改进的双重内涵。

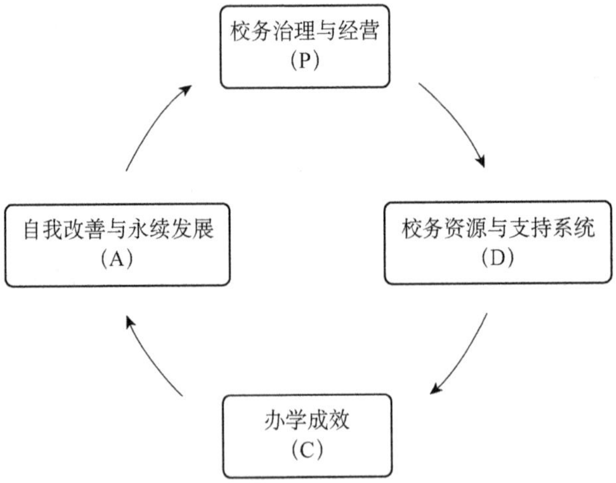


图 13.1　第二周期校务评鉴 PDCA 循环圈

3）强调办学成效的展现。第二周期校务评鉴特别将“办学成效展现”列在评鉴理念内。“成效”即办学效果，也就是说大学需要拿出能够证明自身在该周期内取得成绩的办学成果。对“办学成效展现”的强调是与该时期台湾整体高等教育评鉴制度发展的社会环境与政策环境分不开的。在少子化浪潮的冲击下，大学面临生源不足带来的退场压力，但高等教育的可持续发展不是单凭学校退场就能自然解决的，需要借助校务评鉴的外部机制去审视大学的办学成效、办学品质，促进其建构起有效的内部自我品质保证机制。因此，强调“展现办学成效”可以理解为是以“绩效责任”促“发展改进”。

### 13.1.2 评鉴主体与内容

评鉴中心接受教育主管部门的委托，开展大专校院的第二周期校务评鉴，具体的评鉴过程主要由大专校院的自我评鉴及专业评鉴小组的实地访评构成，直接参与校务评鉴的主体包括社会专业评鉴机构（即评鉴中心）和大专校院。评鉴中心负责设计指标框架，大专校院可以在既定的指标框架内自评，也可以根据自身的特色自定指标进行评鉴。

**1. 评鉴中心**

评鉴中心是第二周期校务评鉴的显性主体，评鉴项目和核心指标的厘定都由评鉴中心研究拟定。在 2011 年的第一周期校务评鉴中，评鉴中心对大专校院的校务评鉴共有 5 个评鉴项目、48 项参考效标、170 个子要素，且每个项目指标下都标明了内涵、最佳实务以及建议准备的佐证资料，其周详之至也反衬出大学在校务评鉴方面面临的巨大压力。第二周期校务评鉴在项目设计上大幅删减，四大评鉴项目下共设 14 项核心指标（表 13.1），并在评鉴计划书的核心指标附表中扩展出 28 项检核重点，以备参考。评鉴中心特别注明各大专校院可以依据自身的办学特色在核心指标外“自订特色指标呈现特色”。从这一点看，第二周期校务评鉴是想要在特色定位、成效展现与自我发展方面给予大专校院相当大的自主发挥空间。此外，评鉴中心也明确了第二周期校务评鉴中与“奖励大学教学卓越计划”“迈向顶尖大学计划”审查标准相同的项目内容，以减轻受评学校的负担。

表 13.1 第二周期校务评鉴项目及核心指标一览表

| 项目类别 | 核心指标 |
|---|---|
| 校务治理与经营 | ①学校自我定位下的校务发展计划与特色规划；②学校确保校务治理品质的机制与做法；③学校自我定位下的产官学合作关系；④学校确保教育机会均等与展现社会责任的做法 |
| 校务资源与支持系统 | ①学校落实校务发展计划的资源规划；②学校确保教师教学与学术生涯发展的机制与做法；③学校确保学生学习成效的机制与做法 |
| 办学成效 | ①学校自我定位下的办学成效；②学校的学生学习成效；③学校向互动关系人的信息公开成效 |
| 自我改善与永续发展 | ①学校内外部评鉴结果（含上一周期校务评鉴与系所评鉴）的使用、检讨及改善做法；②学校创新作为与永续发展的规划与做法；③学校维护教职员及学生权益的做法；④学校确保财务永续之机制的做法 |

资料来源：根据评鉴中心网站资料整理

2. 大专校院

一般大专校院在评鉴过程中的主体地位主要体现在：在评鉴中心所列评鉴项目框架内，对学校各方面的发展状况给出客观的自我评价。首先，在校务治理与经营方面，学校需明确自身在这一时期的发展计划与学校长期的规划、愿景紧密关联，且符合 PDCA 循环要求，在具体的软硬件资源投入方面足以支撑该时期发展计划的实施。同时，学校的校务决策层能够建立相应的考核机制，以衡量资源投入的实施效果及计划的达成度，并在处理与企业、政府的关系方面及承担社会责任方面有一定的作为。其次，在校务资源与支持系统方面，要综合评量校务资源支持建立的教师教学与学术生涯发展机制、学生学习成效机制与学校定位的一致性。再次，在办学成效方面，学校需要集中呈现在上述机制作用下取得的实际效果，包括教师教育教学的成效及学生的学习效果，实际成绩需定期或不定期公开，以体现客观性，提高可信度。最后，在自我改善与永续发展方面，学校要结合第一周期校务评鉴结果，总结自我改善的做法与成效，并围绕学校的相关要素（包括教师、学生、学校资源等）为下一阶段的持续发展提出相应的目标和规划。总体而言，各大专校院的主体性是项目框架下的主体性，但评鉴中心也鼓励各大专校院在各个项目指标下尽可能地彰显自身的办学特色，适度摆脱框架的约束。

## 13.1.3 评鉴程序与结果

在评鉴中心公示评鉴计划书及各个时期的受评学校名单后，第二周期校务评鉴正式开始实施。受评学校在评鉴项目指标的引导下，根据受评时期准备相应的材料，经评鉴中心的评鉴小组实地访评后得出认可结果。

**1. 评鉴程序**

第二周期校务评鉴具体的实施程序包含自我评鉴、实地访评、结果决定、后续追踪等阶段，总时长超过 4 年。在 2019 年完成所有受评学校的实地访评工作后，评鉴工作并未完全结束，评鉴结果的公布、申复、处理、后续追踪评鉴的二次实地访评仍会持续超过两年时间，具体如图 13.2 所示。

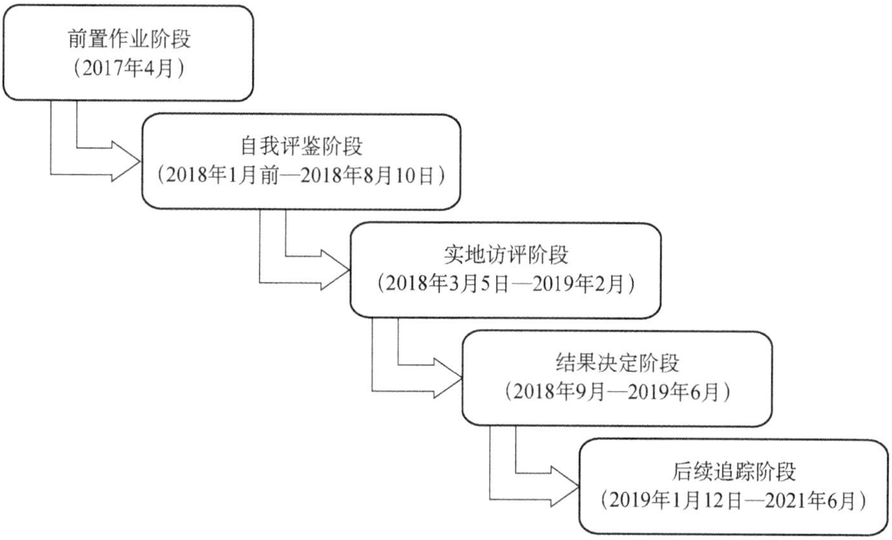


图 13.2 第二周期校务评鉴时程图

前置作业阶段即评鉴中心对评鉴计划书的研拟和评鉴对象的确定；自我评鉴阶段即依据评鉴计划书的项目指标，被评学校制定出符合自身发展定位的自我评鉴机制，并用质性描述或量化统表的方式予以呈现，按要求在实地访评前 1—2 个月上传自我评鉴报告，作为评鉴小组实地访评的参考。下面重点介绍实地访评阶段及结果决定阶段的程序。

（1）实地访评阶段

实地访评是指评鉴中心组织的评鉴小组到受评学校进行实地考察，其中涉及的重要问题包括“Who”与“How”。

“Who”是指评鉴小组成员的构成，包括选谁去以及去多少人。首先，选谁去既要符合专业性要求，也要考虑评鉴伦理。校务评鉴项目的设计既包括校务发展问题，也包括学术建设问题，因此评鉴小组成员的构成要在校务及学科上体现出专业性。评鉴中心会在实地访评前告知受评学校评鉴小组成员名单，如涉及利益或伦理问题，受评学校可申请评鉴小组相关成员回避，评鉴小组成员在访评前亦需签署伦理与利益回避同意书。其次，评鉴中心以受评学校的人数规模为参考，确定评鉴小组成员人数，一般为4—16人不等。

“How”是指评鉴小组成员如何进行实地访评。每一所学校接受实地访评的时间基本为1—2天。在对受评学校进行实地访评的前一天，评鉴小组经由评鉴中心组织召开预备会议，结合受评学校的自我评鉴报告对实地访评的程序与做法进行讨论，就考察重点达成共识。正式访评期间，评鉴小组成员会先介绍整个访评流程，通过对行政人员代表、教师代表、学生代表的访谈或问卷调查，在查阅受评学校的资料及走访考察的基础上，提出实地访评的问题清单。学校对相关问题予以回应后，评鉴小组要结合受评学校前期自我评鉴报告以及实际到访的所观所感写出实地访评报告，至此实地访评工作结束。

（2）结果决定阶段

评鉴小组成员完成实地访评报告后，会综合受评学校的各项评鉴指标提出相应的认可结果建议，并传达给受评学校。受评学校可就报告书暂定的认可结果进行申复。2007年，台湾制定的“大学评鉴办法”相关文件中专门订立了申复制度及处理机制，受评学校对评鉴报告初稿可提出异议和申复意见，评鉴机构应当进行复议。报告书上的结果建议仅代表实地访评小组的建议，为了减少因不可控因素造成的评鉴结果宽松度的差异，要将访评报告中的认可结果建议提交给认可审议委员会审议，认可审议委员会将复审的认可结果上报评鉴中心董事会形成正式的报告案，继而呈报台湾教育主管部门（隐性主体）核查，然后对受评学校最终的认可结果进行公示，具体如图13.3所示。

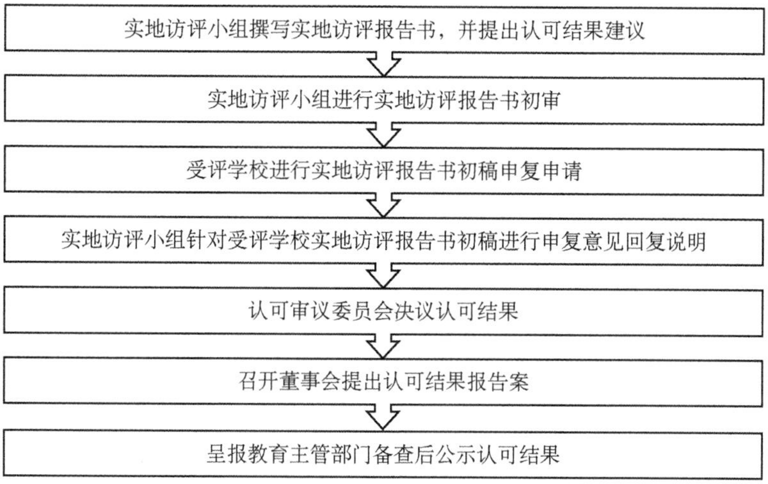


图 13.3　第二周期校务评鉴认可审议程序图

第二周期校务评鉴的认可结果分为“通过”“有条件通过”“未通过”。无论认可的结果是哪一种，受评学校都要根据评鉴小组的实地访评报告提出“自我改善的计划与执行成果”进行完善。不同的是，“有条件通过”的学校意味着尚未通过而有可能通过，在追踪评鉴中要根据评鉴小组在访评报告中提出的问题进行改进，而“未通过”的学校要依照完整的评鉴程序重新接受评鉴。

### 2. 评鉴结果

根据评鉴申复制度及处理机制，受评学校可就访评报告书中各个项目的认可结果提出质询。表 13.2 是第二周期校务评鉴结果申复及处理情况一览表，可以看出，提出申复的学校要求修正访评报告的事项占较高比例，而申复结果为维持原意见的比例分别为 85%、76%和 64%。评鉴小组维持原意见的理由之一在于，学校所提申复意见多是访评后的改善作为，不属于申复范围。其次，部分申复意见虽能补充说明学校已有的机制及运作情况，但仍存有改善空间，评鉴小组讨论后也倾向于维持原意见。

**表 13.2　第二周期校务评鉴结果申复及处理情况一览表**

| 时间 | 申复学校数（所） | 申复意见数（项） | 违反程序（项） | 不符事实（项） | 要求修正（项） | 接受并修正（项） | 维持原意见（项） |
|---|---|---|---|---|---|---|---|
| 2017 年上 | 10 | 124 | 0 | 15 | 109 | 19 | 105 |
| 2017 年下 | 10 | 100 | 0 | 15 | 85 | 8 | 76 |

续表

| 时间 | 申复学校数（所） | 申复意见数（项） | 违反程序（项） | 不符事实（项） | 要求修正（项） | 接受并修正（项） | 维持原意见（项） |
|---|---|---|---|---|---|---|---|
| 2018 年上 | 19 | 150 | 0 | 36 | 114 | 15 | 96 |
| 小计 | 39 | 374 | 0 | 66 | 308 | 42 | 277 |

资料来源：根据评鉴中心网站资料整理

在第二周期校务评鉴前三学期的实地访评对象中，一般大专校院为 50 所，这些学校中 4 个评鉴项目的认可结果全部获得“通过”的共计 41 所，综合通过率为 82%（表 13.3）。结合表 13.2 评鉴小组对受评学校申复意见的处理情况，2017 年上半年的实地访评报告中维持原意见的申复处理结果比例最高，与表 13.3 中同时期较低的通过率表现出显性一致。由此可见，尽管有认可审议程序以及评鉴中心董事会的核查，评鉴小组的实地访评意见对受评学校的最终认可结果仍具有相当大的影响。

**表 13.3　第二周期校务评鉴一般大专校院评鉴结果统计表**

| 时间 | 一般大专校院数量（所） | 4 个评鉴项目均通过（所） | 均未通过（所） | 通过率（%） |
|---|---|---|---|---|
| 2017 年上 | 13 | 5 | 0 | 38.46 |
| 2017 年下 | 13（含 1 所空中大学） | 13 | 0 | 100.00 |
| 2018 年上 | 24 | 23 | 0 | 95.83 |
| 小计 | 50 | 31 | 0 | 62.00 |

资料来源：根据评鉴中心网站资料整理

前三个学年校务评鉴结果的详细分析报告会在评鉴中心的网站上公示，评鉴中心的研究员也会就每一学年受评学校的具体评鉴结果进行系统、详细的解读，总结一些项目通过率较低的原因。后一学年的受评学校可根据前一学年公示的评鉴结果，检视自身在相应项目中是否存在同样的不足，并及时进行改善。例如，2017 年上半年校务评鉴结果的分析报告显示，在接受实地访评的 13 所一般大专校院中，8 所学校均有 1 个或 2 个项目评鉴结果为“有条件通过”，“校务治理与经营”指标的通过率最低，仅为 61.5%[①]，得出的结果为受评学校在校务治理、自

① 根据评鉴中心网站资料整理。

我改善方面仍然有很大的改进空间，后续受评学校就可以依据这些解读报告来为后面的实地访评充实相关的支撑材料。

结合受评学校的申复意见以及各评鉴项目最终的认可结果，评鉴小组会明确列出学校各项指标有待完善的事项以及对学校未来发展的参考建议。例如，在2018 年上半年的 24 所受评学校中，玄奘大学在“自我改善与永续发展”项目中的认可结果为“有条件通过”，评鉴小组相应地在学校中长期财务计划、学校内部稽核机制以及内部品质保证机制完善等方面给出了参考建议。表 13.4 列出了2017—2018 年评鉴小组给予受评学校的待改善事项与未来发展建议的数目，2018年上半年的两项数值均高于 2017 年下半年。结合表 13.3 的访评结果，在通过率几乎相当的前提下，明显增加的发展建议数量，意味着评鉴中心对受评学校的整体办学品质有了越来越高的期待。

**表 13.4　第二周期校务评鉴一般大专校院评鉴项目待改善事项与未来发展建议数量统计表**

单位：个

| 类别 | 待改善事项数 | | 对未来发展建议数 | | 两项总计 | |
|---|---|---|---|---|---|---|
| 时间 | 2017 年下 | 2018 年上 | 2017 年下 | 2018 年上 | 2017 年下 | 2018 年上 |
| 校务治理与经营 | 40 | 62 | 38 | 49 | 78 | 111 |
| 校务资源与支持系统 | 49 | 70 | 37 | 48 | 86 | 118 |
| 办学成效 | 42 | 73 | 27 | 52 | 69 | 125 |
| 自我改善与永续发展 | 39 | 76 | 33 | 48 | 72 | 124 |
| 小计 | 170 | 281 | 135 | 197 | 305 | 478 |

资料来源：根据评鉴中心网站资料整理

总体而言，第二周期校务评鉴与第一周期相比虽然在条目上做了大幅删减，但在核心倾向上保持连贯。第一周期校务评鉴考察受评学校的品质保证机制建立情况，第二周期就要看这种机制建立以后取得的成效；第一周期校务评鉴强调研拟学生学习成效评估机制并通过大量的参考校标加以引导，第二周期就要综合评量在这种机制的指导下学生的学习成就，且所有的评鉴项目指标设计都要紧紧围绕建立并不断完善保证学生学习成效的长效支持系统进行。表 13.5 详细列出了两个周期校务评鉴的具体对比情况。

表 13.5 第一周期与第二周期校务评鉴对比一览表

| 类别 | 第一周期 | 第二周期 |
|---|---|---|
| 评鉴时间 | 2011 年 | 2017—2018 年 |
| 评鉴期程 | 一年 | 两年 |
| 评鉴对象 | 81 所学校（70 所一般公私立大学） | 86 所学校（71 所一般公私立大学） |
| 理念来源 | 美国 WASC（2001）<br>①机构能力；②教育效能 | 美国 WASC（2013）<br>①学生学习成就；②品质与改进；③学校诚信、永续发展与绩效责任 |
| 重视面向 | 过程层面的机制拟定 | 输出层面的成效展现 |
| 评鉴理念 | ①学校自我定位，发展办学特色；②建构学生学习成效品质保证机制 | ①落实自我品质保证、展现大学办学成效及善尽社会公民责任；②落实学生学习成效机制与作为，展现学生的竞争力 |
| 实施基准 | 认可制；PDCA | 认可制；PDCA；办学成效 |
| 评鉴目的 | ①检视竞争态势；②落实校务发展计划；③评定教研绩效；④奖励优质，建立标杆校院；⑤匡正发展偏差；⑥为政策制定提供参考 | ①评估办学成效；②落实自我定位、展现特色；③展现社会责任；④为政策制定提供依据 |
| 评鉴原则 | ①明确公开；②专业认可；③公平公正；④连贯统整；⑤自我管制；⑥诚信透明；⑦绩效责任 | 无 |
| 评鉴项目 | ①学校自我定位；②校务治理与经营；③教学与学习资源；④绩效与社会责任；⑤持续改善与品质保证机制 | ①校务治理与经营；②校务资源与支持系统；③办学成效；④自我改善与永续发展 |
| 评鉴方法 | ①建立评鉴参考架构，引导学校进行自我品质保证；②评鉴项目下有项目内涵、最佳实务、参考校标、建议准备资料 | ①依前次评鉴结果进行分年评鉴；②依学校规模分类评鉴；③评鉴项目下仅设核心指标与检核重点，具有一定的弹性 |
| 评鉴结果 | 通过；有条件通过；未通过 | 通过；有条件通过；未通过 |
| 认可有效期 | 5 年 | 6 年 |

资料来源：根据评鉴中心网站资料整理

### 3. 第二周期校务评鉴制度分析

校务评鉴制度设计的初衷是对学校某一发展周期的目标、行政、课程与教学、师生及其他运作方式做整体的评鉴，这种评鉴是建立在学校自评基础上的外部评鉴。第二周期校务评鉴的制度运行表现出以下三个特征。

第一，以“绩效责任”促“发展改进”的制度内涵。首先，第二周期校务评鉴的准备材料的实质是学校基本办学条件的公示，涵盖了受评学校的在校学生人数及结构组成、学生综合就学情况、专任教师学术能力、学校的财政情况、软硬件构成等，属于办学机构基本情况的呈现。评鉴中心通过周期性的校务评鉴，统整大专校院的基本办学能力和办学状况，不断更新信息，并呈报教育主管部门。在这一意义上而言，评鉴中心扮演的角色是信息传递的媒介，教育主管部门通过核查受评学校的基本情况判断其综合办学能力，而准确、客观、翔实地报送这些材料是受评学校应尽的义务。其次，在具体的评鉴项目中，受评学校正视现阶段的问题，审视学校自身发展的现状，了解社会对高等教育的办学期待，在审视自身办学绩效的同时，不断明确自身的定位，实现发展改进。因此，校务评鉴制度的内涵体现了以“绩效责任”来促进“发展改进”。

第二，社会专业评鉴机构的评鉴主体地位突出，这主要体现在评鉴中心在整个校务评鉴制度设计与实施中所发挥的作用。首先，校务评鉴的计划书是由评鉴中心负责制定的，受评学校的自我评鉴报告不是直接交给教育主管部门，而是上传到台湾云林科技大学“大专校院校务资料库”，由评鉴中心统一审阅。计划书中会详细列出具体的核心指标、检核重点等，指导受评学校如何写自我评鉴报告、写什么、重点突出什么等。其次，在评鉴结果认定方面，基本上以评鉴小组实地访评的意见为主要依据，认可是否通过，评鉴中心有相当大的发言权。高等教育机构作为受评对象，其实并没有发挥与社会力量相当的主体作用，虽然评鉴工作由高校与社会力量共同参与，但参与度存在很大差别。此外，教育主管部门已经在很大程度上将高等教育评鉴权力让渡给半官方性质的评鉴中心，评鉴中心在第二周期校务评鉴中的主体地位更为突出。

第三，制度实施与高等教育发展政策相辅相成。“奖励大学教学卓越计划”“迈向顶尖大学计划”“高等教育深耕计划”本质上都是具有竞争性的经费分配计划，受评学校要想在未来争取更多的办学资源尤其是财政资源，就需要利用校务评鉴的平台展现自身的办学实力及现阶段的办学成效。为切实体现高等教育发展政策与校务评鉴的相辅相成，在第二周期校务评鉴实施中，评鉴中心特别聘用了2名国际委员，以了解获得“迈向顶尖大学计划”经费支持的受评学校建设世界一流大学的阶段性成效。2018年，教育主管部门发布的“高等教育深耕计划”既与第二周期校务评鉴相承接，也为未来高等教育机构的校务研究、校务发展以及下一周期的校务评鉴指明了方向。第二周期校务评鉴与“高等教育深耕计划”的对照情况如表13.6所示。

表 13.6 第二周期校务评鉴与“高等教育深耕计划”对照表

| 类别 | 第二周期校务评鉴 | “高等教育深耕计划” |
| --- | --- | --- |
| 时间 | 2017—2018 年 | 2018—2023 年 |
| 与校务治理的关系 | 纳入校务计划 | 纳入校务计划 |
| 性质 | 品质保证；过去成效 | 竞争性；未来发展 |
| 重点 | 学生学习成效、信息公开、社会责任 | 学生学习成效、教学创新、教育公共性 |
| 项目内容 | ①校务治理与经营；②校务资源与支持系统；③办学成效；④自我改善与永续发展 | ①落实教学创新；②提升高等教育的公共性；③发展学校特色；④善尽社会责任 |
| 审核模式 | 自评报告+实地访视 | 计划书书面审查+简报审查 |
| 结果运用 | 自我改善 | 经费分配 |

资料来源：根据评鉴中心网站资料整理

## 13.2 系所评鉴制度

系所评鉴是对高等教育机构中的具体教学单位的评鉴，因有学系与研究所之分，故称系所评鉴。相对于校务评鉴而言，系所评鉴的范围更小，但专业性更强。评鉴中心自成立后，接受教育主管部门的委托，在 2006—2010 年完成了对 79 所学校共计 1908 个系所的评鉴工作，并在此基础上于 2012—2016 年开展了第二周期系所评鉴。

### 13.2.1 评鉴目的与基准

第二周期系所评鉴初期与 2011 年校务评鉴在精神指向上保持一致。2013 年，评鉴中心为鼓励受评系所彰显特色，以指标简化、优化、多元化为原则，重新调整了评鉴计划书中的评鉴目的及项目指标。以下分析主要以评鉴中心 2013 年修订的系所评鉴计划书及其实践为参考。

### 1. 评鉴目的

2006 年后的台湾高等教育已经进入成熟的大众化阶段，知识经济时代衍生的学历消费倾向使得高等教育机构各系所广设在职专班，不断稀释着本来就不充裕的教学资源，在高等教育市场化的综合作用下，系所的教学品质难以保证。因此，在第二周期系所评鉴计划中，2012 年，将对在职研修班办学成效的评价列入评鉴内容，2012 年后，评鉴目的着重突出了依据系所评鉴协助大学了解办学状况及展现大学的绩效责任。如表 13.7 所示，在第二周期系所评鉴中，2012 年的评鉴目的倾向基本与第一周期保持一致，融入了第一周期大学校务评鉴对建立学生学习成效评估机制的要素，2013 年后的评鉴目的则明显与第二周期校务评鉴的理念相呼应。

**表 13.7 第一周期与第二周期系所评鉴目的一览表**

| 期程 | 时间 | 评鉴目的 |
| --- | --- | --- |
| 第一周期 | 2006—2010 年 | ①了解各大学系所品质的现况；②判断与建议大学各系所品质的认可地位与期限；③促进各大学系所建立品质改善机制；④协助各大学系所发展办学特色，迈向卓越；⑤公布评鉴结果，为相关部门拟定高等教育相关政策提供参考 |
| 第二周期 | 2012 年 | ①了解各大学系所确保学生学习成效机制与运作的成果；②判断与建议各大学系所落实学生学习成效评估机制的认可地位与期限；③促进各大学系所建立品质改善机制；④协助各大学系所发展办学特色，迈向卓越，促进在职专班发展办学特色，以符合业界的实务需求；⑤公布评鉴结果，为相关部门拟定高等教育相关政策提供参考 |
|  | 2013—2016 年 | ①协助相关部门与各大学掌握受评单位的办学现况；②促进各大学系所建立品质保证与改善机制；③协助各大学系所改进办学、发展特色；④提供评鉴信息，作为相关部门与大学拟定相关政策的参考；⑤公布评鉴结果，展现大学绩效责任 |

资料来源：根据评鉴中心网站资料整理

### 2. 评鉴基准

系所评鉴的实施基准即系所评鉴作业执行的理念，是系所评鉴制度运行的基本原则。第二周期系所评鉴的制度设计沿袭了第一周期校务评鉴、系所评鉴的“认可”和 PDCA 理念。[①]认可的标准是每个受评单位所在学校校务发展的需求与目标定位，“认可”通过与否的考量标准是受评单位参照评鉴中心拟定的项目指标，分析这一时期学生学习、教师发展、课程编排等方面的情况是否符合校务治理框架内对专业和学科发展的期待。

---

① 第二周期校务评鉴与系所评鉴均由评鉴中心规划实施，评鉴作业中的同质部分不再赘述。

PDCA 在第二周期系所评鉴中的应用主要体现在受评单位要理解评鉴项目之间互相促进、互相融通的关系（图 13.4），这种关系支撑着系所教学品质与学生学习成效的螺旋上升。首先，受评单位应明确告诉学生“学什么”，应根据不同班制设立不同的教育目标与核心能力指标；其次，在“执行”的层面上考察系所各项支持系统“如何做”；最后，要检查成效如何，成效是否突出要看是否达到了自身的预期，如果成果不明显，要自省如何改善。总之，每一个评鉴项目都不是孤立存在的，项目设计意在构成一种促进系所品质改善的整体联结。

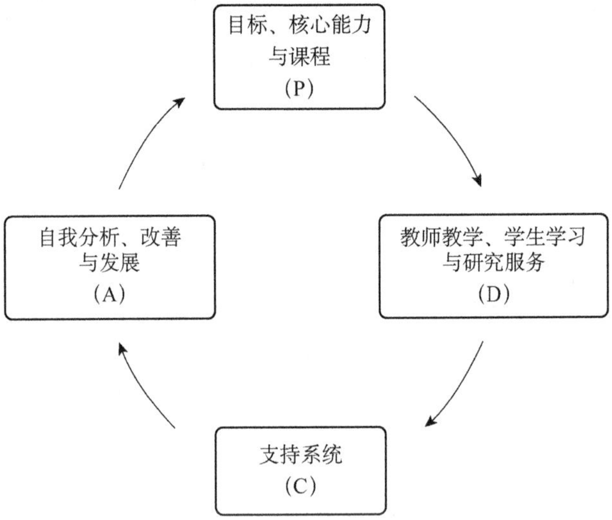


图 13.4　第二周期系所评鉴 PDCA 循环圈

### 13.2.2　评鉴主体与内容

第二周期系所评鉴同样是评鉴中心接受教育主管部门的委托开展的，因系所评鉴工作的专业性更强，评鉴中心以学门为分类标准，所有参评系所可依据自身的专业定位在 49 个学门中自行选择学门归属。台湾地区对“系所”的理解类似于大陆对专业的划分。第二周期系所评鉴的实施以每个系所为独立的受评单位，以每个系所的“班制”[①]为认可对象，因此直接参与系所评鉴的显性主体包括社

① 指各专业具体的教学单位构成，如教育学门下设教育学系、特殊教育学系等，教育学系又分设学士班、课程与教学硕士班、教育行政硕士在职专班、课程与教学博士班等不同班制。

会专业评鉴机构（即评鉴中心）和受评系所。评鉴指标主要由评鉴中心设计，受评单位既可以在既定的框架内自评，也可以自定指标呈现自身的特色。

### 1. 评鉴中心

评鉴中心在第二周期系所评鉴中的主体地位主要体现在评鉴计划的研拟特别是项目指标的设计上。在 2006 年第一周期系所评鉴中，评鉴中心就 5 个评鉴项目逐一延伸出 46 项参考效标，每个项目指标都注明了内涵、最佳实务[①]以及建议准备的佐证资料。2012 年，第二周期系所评鉴伊始，评鉴中心基本沿用了这套精细化的项目制定原则。为回应受评单位对“项目过多且过于细微”“弹性不足”的质疑，2013 年对评鉴计划进行修订，将 2012 年 5 个评鉴项目的 38 项参考效标缩减至 13 项核心指标（表 13.8），鼓励受评系所挖掘并展现自身的特色。

**表 13.8　第二周期系所评鉴项目及核心指标一览表**

| 项目类别 | 核心指标 |
|---|---|
| 目标、核心能力与课程 | ①班制的教育目标与核心能力及其制定情形；②班制的课程规划及其与教育目标、核心能力的关系 |
| 教师、教学与支持系统 | ①教师组成与聘用机制及其与教育目标、核心能力、学生学习需求的关系；②教师教学与学习评量及其与教育目标、核心能力、学生学习需求的关系；③教师教学专业发展及其支持系统建置与落实情形 |
| 学生、学习与支持系统 | ①学生组成、招生和入学辅导规划及其执行情形；②学生课业学习、支持系统及其成效；③学生其他学习、支持系统及其成效；④毕业生表现与互动及其资料建置、运用情形 |
| 研究、服务与支持系统 | ①师生研究表现与支持系统及其成效；②师生服务表现与支持系统及其成效 |
| 自我分析、改善与发展 | ①班制的自我分析与检讨机制及其落实情形；②自我改善机制与落实情形及其与未来发展的关系 |

资料来源：根据评鉴中心网站资料整理

### 2. 受评系所

在 2013 年评鉴计划书修订后，受评系所的主体地位得到了一定程度的提升，在自我评鉴报告的要素组成上有了一定的自由度，不需要再对照每一项参考效标“生搬硬套”，以求符合评鉴项目的所有要求。在评鉴内容方面，首先，受

① 即基于第一周期系所评鉴建立的毕业生生涯追踪机制，落实近 5 年毕业生生涯发展的追踪与建档，构筑一个完整的系友资料库。

评系所需要综合评价各班制的教育目标是否与学生发展现况、社会需求、校院系所的发展方向相一致，是否在各班制学生核心能力与素养塑造方面保持了这种一致性。其次，需要评价各项支持系统是否发挥了应有的作用，是否建立了持续发挥作用的长效机制。第二周期系所评鉴的作用特指改善学生学习效果，即所有的教育教学活动、科学研究乃至各项激励与奖惩机制等都要服从并服务于学生培养。最后，受评系所要针对以上直接评量或间接评估的结果，汲取经验、总结不足并提出改善计划。

相对于校务评鉴而言，系所作为微观教学单位，与教学现场的教师、学生直接发生关系，系所评鉴能更直观地发现教学活动中存在的问题，系所理应在评鉴中发挥更加积极、主动的作用，修订后的评鉴计划给予了受评系所一定的自由度以展现其特色，但受评单位的主体性和自由度有限。

### 13.2.3 评鉴程序与结果

在评鉴中心公示评鉴计划书及各个期程的受评系所名单后，第二周期系所评鉴正式开始实施。受评系所参照评鉴项目指标，根据受评时间准备相应的材料，评鉴小组经实地访评后得出认可结果。

**1. 评鉴程序**

第二周期系所评鉴具体实施程序包含前置作业、自我评鉴、实地访评、结果决定、自我改善、追踪与再评鉴六个阶段（图 13.5）。如图 13.6 所示，除了受评对象不同，第二周期系所评鉴前四个阶段的程序与前述第二周期校务评鉴大体相似，包括自我评鉴相关申报材料的提交以及实地访评过程中评鉴委员的选择，以及具体的访评流程、访评报告、认可结果及有效期等。第二周期系所评鉴的独特之处表现在三个方面。第一，实地访评评鉴小组的人数与访评时程不同。基本是由 4—6 名小组成员在 2—4 天完成一所受评大学所有参评系所的评鉴，且可依照受评系所的实际情况弹性调整，如系所的在职专班是夜间班，评鉴时间可适时更改。第二，明确列出认可要素。评鉴中心就第二周期系所评鉴的 5 大项目指标列出 15 项认可要素，意在考量受评系所是否符合“认可通过”的条件，这就明确了“认可通过”的标准范畴。第三，为了在专业性上客观地审议评鉴小组的实地

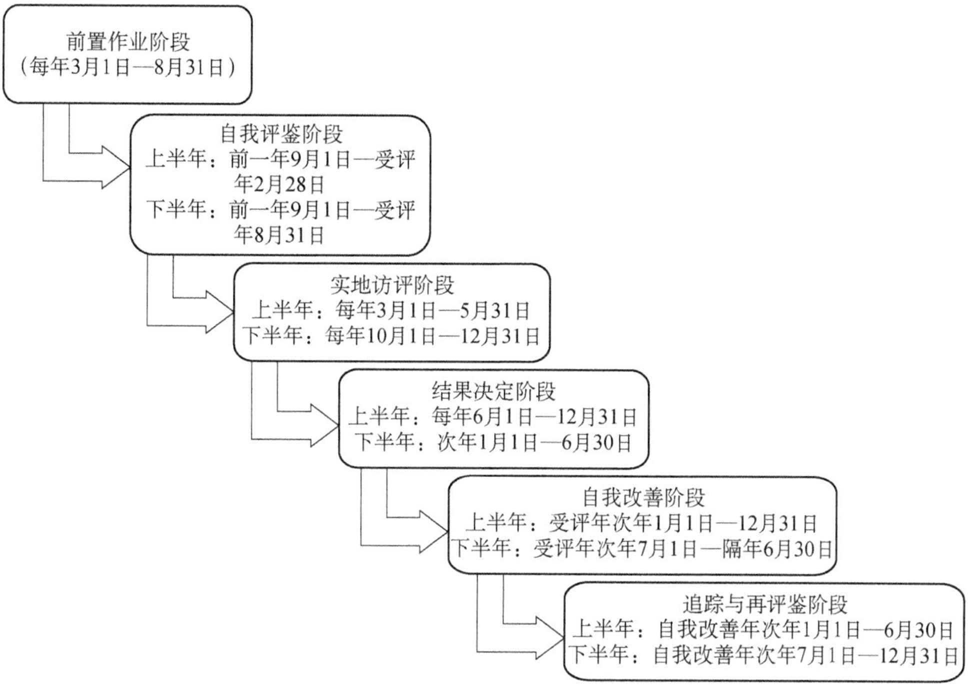


图 13.5　第二周期系所评鉴时程图

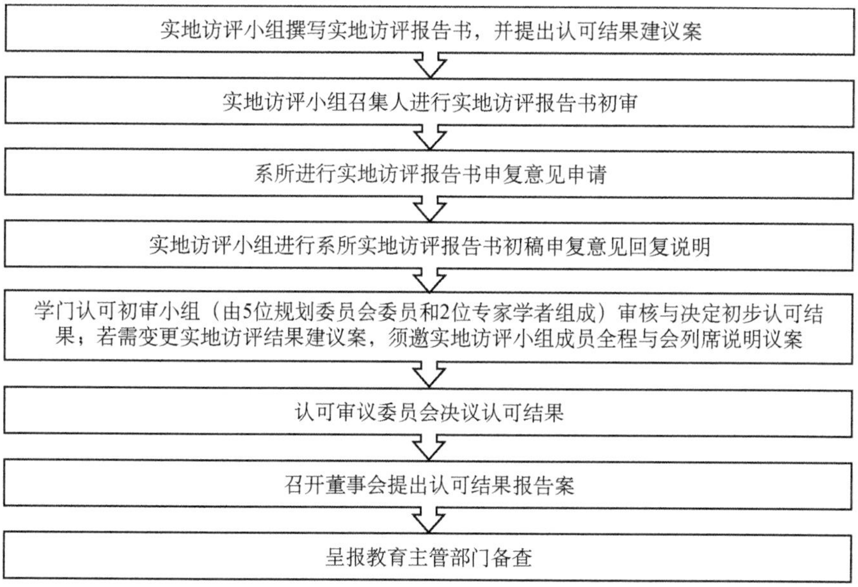


图 13.6　第二周期系所评鉴认可结果审议程序图

访评结果，在认可审议委员会决议前，特别组成“学门认可初审小组”对受评系所的认可结果进行专业的初步审议。第四，在认可结果方面，校务评鉴是就每个评鉴项目单项认可给予通过与否的意见，而系所评鉴主要是根据构成系所的子元素——班制，给予班制认可通过与否的建议。

此外，与第一周期系所评鉴的期程相比，第二周期系所评鉴不仅增加了自我改善和追踪与再评鉴阶段，且每项评鉴的时程均明显增加，即在第二周期系所评鉴中，评鉴中心投入了更多的时间和精力，留给受评系所一整年的时间就评鉴小组在实地访评中提出的具体问题进行自我改善。

### 2. 评鉴结果

首先，第二周期系所评鉴早于第二周期校务评鉴引入申复制度及处理机制。表 13.9 是 2012—2015 年受评系所的部分申复及处理情况，可以看出评鉴小组维持原访评意见的比例大部分没有超过 80%，即在受评单位提出申复意见及说明后，评鉴小组在一定程度上会部分采纳。一方面，可能是因为系所、班制更微观、更细化、专业性更强，外部评鉴未必能够完全反映真实现况并给予客观的评价；另一方面，也可能是因为评鉴小组对系所的观感与系所意图表现的倾向出现了偏差，以至于需要在评鉴小组完成访评报告之后再进行申复以举证。这种偏差可能来自受评对象对自身的认知偏差，即不知道自己是否做得足够好，也可能来自评鉴小组完全以上述系所评鉴认可要素来考量系所好不好，不管是何原因，其实都隐含了有效的系所评鉴最重要的是系所要对自己有全面、客观的评价。

**表 13.9 第二周期系所评鉴结果申复及处理情况一览表**

| 时间 | 申复受评单位（个） | 申复事项（个） | 全部接受（个） | 部分接受（个） | 未接受（个） | 未接受比例（%） |
|---|---|---|---|---|---|---|
| 2012 年上 | 138 | 1322 | 173 | 191 | 958 | 72.47 |
| 2012 年下 | 85 | 679 | 70 | 81 | 528 | 77.76 |
| 2014 年上 | 20 | 142 | 10 | 13 | 119 | 83.80 |
| 2014 年下 | 3 | 25 | 5 | 9 | 11 | 44.00 |
| 2015 年上 | 11 | 90 | 8 | 16 | 66 | 73.33 |
| 2015 年下 | 37 | 254 | 25 | 41 | 188 | 74.02 |

注：2013 年数据缺失

资料来源：根据评鉴中心网站资料整理

其次，在正式的认可结果上，第二周期系所评鉴采用的认可方式优化了第一周期的“权重打分制”，合计完成 103 所大学共计 1877 个班制的评鉴工作（表 13.10），绝大部分的受评班制都通过了评鉴。完成预期访评后，评鉴结果的详细分析会在评鉴中心的网站上公示。分析结果会呈现“未通过”认可的评鉴项目存在的普遍性问题，同时，因系所评鉴总期程较长，对于“有条件通过”“未通过”认可的受评班制，一年改善期结束，访评小组会以追踪评鉴或再评鉴的方式考察其改进结果，但并非所有接受“追踪评鉴或再评鉴”的受评班制都会通过认可。例如，2014 年对 2012 年下半年系所评鉴的追踪评鉴与再评鉴结果中，6 所大学共 26 个班制受评，其中 8 个班制“有条件通过”，1 个班制仍然未获得认可通过。

**表 13.10　第二周期系所评鉴结果统计列表**

| 时间 | 受评学校（所） | 受评单位（个） | 班制（个） | 通过（个） | 有条件通过（个） | 未通过（个） | 停招（个） | 通过率（%） |
|---|---|---|---|---|---|---|---|---|
| 2012 年上 | 9 | 207 | 515 | 467 | 46 | 2 | 0 | 90.7 |
| 2012 年下 | 6 | 159 | 365 | 332 | 31 | 1 | 1 | 91.0 |
| 2013 年上 | 9 | 182 | 357 | 305 | 37 | 6 | 9 | 85.4 |
| 2013 年下 | 5 | 86 | 156 | 144 | 7 | 0 | 5 | 92.3 |
| 2014 年上 | 13 | 64 | 105 | 93 | 10 | 0 | 2 | 88.6 |
| 2014 年下 | 6 |  | 10 | 10 | 0 | 0 | 0 | 100.0 |
| 2015 年上 | 8 | 58 | 126 | 120 | 4 | 0 | 2 | 95.2 |
| 2015 年下 | 17 | 88 | 165 | 143 | 17 | 0 | 5 | 86.7 |
| 2016 年上 | 7 |  | 6 | 2 | 4 | 0 | 0 | 33.3 |
| 2016 年下 | 23 |  | 72 | 51 | 9 | 2 | 10 | 70.8 |
| 合计 | 103 | 844 | 1877 | 1667 | 165 | 11 | 34 |  |

注：部分统计数据因含军警院校，统计结果未公布

资料来源：根据评鉴中心网站资料整理

最后，第二周期系所评鉴与第一周期系所评鉴和校务评鉴在评鉴实施中保持了连贯性。2006—2010 年第一周期系所评鉴着重从绩效责任方面考察受评单位提供给学生优质学习环境的程度，即“如何做”；2011 年第一周期校务评鉴是考评学校层面上给予了何种支持来建立学生学习成效评估机制；2012—2016 年第二周期系所评鉴则从学生本位来检验学生学习成效评估机制取得的成效，以及系所的教育目标设定、核心能力培养等是如何体现这种成效的；2017—2018 年第二周期校务评鉴从校务整体层面上评估机制落实的综合效度。第一、二周期校务评鉴以及

系所评鉴遵循一以贯之的理念，在时间和内容上前后呼应、首尾相连，体现了专责机构开展周期评鉴的优越性。表 13.11 列出了两个周期系所评鉴的具体类别对比。

**表 13.11　第一周期与第二周期系所评鉴对比一览表**

| 类别 | 第一周期系所评鉴 | 第二周期系所评鉴 | |
|---|---|---|---|
| 评鉴时间 | 2006—2010 年 | 2012 年 | 2013—2016 年 |
| 评鉴原则 | ①明确性；②一致性；③可信性；④自我管制；⑤统整性；⑥中立性；⑦等值性；⑧透明性 | ①学生本位；②专业认可；③明确公正；④系统整合；⑤诚信透明；⑥自主弹性；⑦自我管制；⑧绩效责任 | |
| 评鉴项目 | ①目标、特色与自我改善；②课程设计与教师教学；③学生学习与学生事务；④研究与专业表现；⑤毕业生表现 | ①目标、核心能力与课程设计；②教师教学与学习；③学生辅导与学习资源；④学术与专业表现；⑤毕业生表现与整体自我改善机制 | ①目标、核心能力与课程；②教师、教学与支持系统；③学生、学习与支持系统；④研究、服务与支持系统；⑤自我分析、改善与发展 |
| 评鉴重点 | 强调输入与过程面的教师本位绩效责任 | 强调过程与输出面的学生本位绩效责任 | |
| 培训时长 | 3 小时研习 | 12 小时研习 | |
| 认可结果 | 通过（5 年）；待观察；未通过 | 通过（6 年）；有条件通过；未通过 | |

资料来源：根据评鉴中心网站资料整理

### 3. 第二周期系所评鉴制度分析

系所评鉴制度设计的初衷是检验系所、班制等教学基本单位的教学目标设计与学生培养及其各项支持系统的成效，旨在让每个班制的学生都能够得到最佳的学习体验和学习效果。从第二周期系所评鉴的制度运行来看，主要呈现出以下三个特征。

第一，以“绩效责任”促“发展改进”。第二周期系所评鉴在评鉴目的中明示评鉴结果作为相关政策制定的参考。所谓政策即评鉴中心将认可结果呈报教育主管部门后关于“系所退场”的政策，与校务评鉴不同，系所评鉴的绩效责任主要体现在系所是否能办得下去。因此，在绩效考核的压力下，系所就必须重视评鉴中心所列的核心指标及认可要素，检视自身是否构建起了完善的支持系统与评估机制，并努力在课程、师资、教学等方面达成自定的预期目标，不断更新教学设备，聘请高素质、高技能的教师，重视学生诉求与反馈等，建立教育教学质量提升与学生学习成效改善的有效机制。因此，第二周期系所评鉴的制度实施是以“绩效责任”的方式敦促受评系所“发展改进”。

第二，与校务评鉴制度互为补充。评鉴中心于 2006 年开始进行第一周期系所评鉴，2010 年第一周期系所评鉴完成后，次年开始进行第一周期校务评鉴，然后是 2012—2016 年第二周期系所评鉴和 2017—2018 年第二周期校务评鉴，这些评鉴活动互为前提、互相补充，形成了有效的制度联结。评鉴中心主导的两次大规模的评鉴实践均是系所评鉴在前，积累一定的经验后再开展校务评鉴。校务评鉴的制度设计中要求体现特色，系所评鉴的指标设计中也强调要体现特色。同样，只有系所评鉴制度融入了多元化理念，校务评鉴制度才有可能免受“同质化”的诟病。系所评鉴与校务评鉴制度之间的互补关系在第二周期系所评鉴、校务评鉴的制度实施中表现得尤为明显。

第三，教育主管部门角色位移。随着内外形势的变化，高等教育办学机构与社会第三方评价机构在评鉴中的作用越来越凸显，教育主管部门逐渐退出原有的主导地位。就高等教育办学机构而言，2012 年起部分大学因通过了评鉴机构对自我评鉴机制的认可而免受评鉴中心的第二周期系所评鉴，2016 年评鉴工作结束后，“大学相关规定”“大学评鉴办法”相关文件又对经费、发展规模政策进行了修订，这些都代表着教育主管部门给予高等教育机构越来越大的自主权。就第三方评价机构而言，为适应相关部门不再委托评鉴中心或其他社会评鉴机构开展大专校院系所评鉴工作的新形势，2017 年 11 月和 12 月，评鉴中心相继公示了“大专校院自办品质保证认定实施计划”“大专校院委办品质保证认可实施计划”相关文件（表 13.12）。前者是针对已经建立或想要建立完善的自我评鉴机制的大专校院给予自办系所评鉴的资质认定；后者是针对暂时没有建立完善的自我评鉴机制的大专校院给予委托开展系所评鉴的资质认定。不管是自办品质保证的认定还是委办品质保证的认定，都意味着教育主管部门角色的位移和第三方评鉴机构自主权的扩大。

**表 13.12 “大专校院自办品质保证认定实施计划”与“大专校院委办品质保证认可实施计划”对比表**

| 名称 | 大专校院自办品质保证认定实施计划 | 大专校院委办品质保证认可实施计划 |
|---|---|---|
| 理念 | 落实自办品质保证文化 | 落实学习本位，形塑品质保证文化 |
| 目的 | ①协助大专校院建立自办品质保证机制；②促进大专校院落实自办品质保证与改善机制；③促进大专校院办学信息公开、透明；④提供品质保证信息，作为社会大众了解大专校院系所品质与办学情况的参考 | ①协助各大专校院系所提升办学品质，发展特色；②促进各大专校院系所建立自我品质保证与改善机制；③协助各大专校院系所提升国际影响力；④提供品质保证信息，作为大众了解大专校院系所品质与办学情况的参考 |

续表

| 名称 | 大专校院自办品质保证认定实施计划 | 大专校院委办品质保证认可实施计划 |
|---|---|---|
| 项目 | ①自办品质保证机制认定；②自办品质保证结果认定 | ①系所发展经营改善；②教师与教学；③学生与学习 |
| 有效期 | 6年；未获认定 | 6年；3年；重新审查 |

资料来源：根据评鉴中心网站资料整理

# 13.3 案例分析——以东海大学为例

台湾高等教育评鉴制度重在建立大学校园内部自我品质保证机制，自我评鉴是大专校院校务、系所评鉴的核心。东海大学是台湾第一所私立大学，校务与系所发展在第一、二周期校务评鉴和系所评鉴中均得到了肯定。本节以东海大学第二周期校务评鉴及东海大学社会科学院教育研究所（以下简称教育研究所）2015年的自我评鉴为例，剖析大学校务评鉴与系所评鉴中自我评鉴的过程和结果。

## 13.3.1 校务评鉴

东海大学在第一周期校务评鉴中全部项目均认可通过，第二周期校务评鉴的实地访评时间为2018年下半年。按照评鉴中心的要求，东海大学依照评鉴计划书中列出的大专校院自我评鉴参考流程，按准备与设计、组织、执行、结果讨论与撰写四个阶段做好相应的自评工作，并在评鉴小组实地访评工作开始前两个月寄交了自我评鉴报告。

### 1. 自我评鉴过程及分析

东海大学第二周期校务评鉴于2018年下半年正式开始，其自评工作2017年2月即已部署，也就是说在正式提交自我评鉴报告的一年半之前就已经启动了自评计划。2017年2月15日，学校召集行政、教学单位主管召开校务评鉴预备会议，针对整体评鉴程序、作业进度及工作分组等事宜进行广泛的意见交流，所达成的意见共识由专门的行政单位——研发处整理记录，并参考多方建议，修订自评计划。修订完成后形成基本完善的自评计划，提请自我评鉴指导委员会审议，于 2017 年 7 月发布正式的自评计划书。自评计划书的内容包括校务自我评鉴项目及指标、校务自我评鉴组织、校务自我评鉴作业时程规划、校务自我评鉴报告书大纲及格式、校务评鉴结果认可及自我改善与结果运用等。正式计划书对校务自评中关于“做什么”“怎么做”“什么时候做”“为什么做”等问题进行了清晰的阐释，各个教学或行政单位依照计划书的分工，正式展开自我评鉴工作。

按照评鉴中心对大专校院校务自评工作的指导意见，自我评鉴中也包括实地访评。实地访评小组的成员同样必须遵循客观公正以及利益回避的原则，在形式上相当于评鉴中心的正式访评。东海大学在 2017 年 11 月遴聘对高等教育具有研究或实务经验的教授，以及对大学事务熟稔的业界代表担任评鉴委员，于 2018 年 1 月 9 日到东海大学开展实地访评工作，基本的作业流程亦参照评鉴中心的正式访评程序进行。实地访评工作结束后，学校各行政与教学单位依据评鉴委员的建议研拟改进计划，并将自我评鉴的完整报告上传至台湾云林科技大学“大专校院校务资料库”。

综上所述，仅就自评作业流程而言，整个校务评鉴持续时间长，从学校准备自评计划书开始，到评鉴中心的评鉴小组正式完成实地访评工作、给出认可建议，经一系列审议程序到认可结果决定后的自我改善，基本超过了两年时间。受评校院在正式接受评鉴小组实地访评之前的自我评鉴中，几乎已标准化地先行操作过一遍。唯一不同的是，自评阶段的实地访评小组不会给出认可与否的结果，更多的是提出改善的建议。

### 2. 自我评鉴结果及分析

东海大学在第二周期校务自评报告中所列的自我评鉴项目与评鉴中心前期公示计划书中的四大项目完全一致，即完全依照四大评鉴项目及 14 项核心指标设计自评计划、完成自评作业流程、呈现自评报告。

如前所述，评鉴中心在第二周期校务评鉴计划书中大幅删减项目指标，并鼓励大学发展自己的特色。东海大学虽然在核心指标构成上完全沿用了评鉴中心所列的评鉴指标，但在第二周期校务评鉴 28 项检核重点之外，在四大评鉴项目框架之下增加了 7 项报告内容以展现自身的特色：“校务治理与经营”项目下第 4

项核心指标“学校确保教育机会均等与展现社会责任的做法”中补充了“善尽社会责任，营造友善校园”“营造永续生态圈”；“校务资源与支持系统”项目下第2项核心指标“学校确保教师教学与学术生涯发展的机制与做法”中补充了“针对教学品质、课程评鉴订定办法与提供激励措施”，第3项核心指标“学校确保学生学习成效的机制与做法”中补充了“推动主题村住宿学习机制，建构实践场域，培养学生的软实力”“制定学生英文基本能力指标、建立实习辅导机制及提升取得证照比例等强化就业竞争力措施”；“办学成效”项目下第1项核心指标“学校自我定位下的办学成效”中补充了“自我定位的全校性博雅教育推动成效”；“自我改善与永续发展”项目下第3项核心指标“学校维护教职员和学生权益的做法”中补充了“提供友善的工作环境与学习环境，并有定期检讨与改善机制”。也就是说，对于每个评鉴项目，东海大学都在既定框架之下增加了至少1个自我评鉴的特色指标，以展现办学成效。①

就自我评鉴结果而言，东海大学在自我评鉴报告中均详细列明了每项评鉴项目的特色、问题与困难以及改善策略，并统整所有资料表汇总提交，仅自我评鉴报告书及附件就已经超过了600页。按第二周期校务评鉴的实施程序，评鉴中心的评鉴小组对每所大学的实地访评时间基本不超过两天，两天的时间要给出一个相对客观公正和可信度高的认可结果，在很大程度上有赖于前期受评单位提交的自我评鉴报告。东海大学在自我评鉴报告中针对每项评鉴指标明确列出了学校在办学过程中表现出的特色和存在的问题与面临的困难，实地访评小组的访评就可以重点考察其特色表现在何处、提出的改善策略是否能有针对性地解决现阶段的问题与困难。大专校院校务自我评鉴的程序固然烦琐，但有利于大学发展愿景和定位的清晰化、具体化。即便是在评鉴中心圈定的框架范围之内，学校从领导层到执行层、从行政单位到教学单位、从教师到学生都在这个过程中不断深化对学校发展理念、发展方向的认识。因此，无论评鉴中心校务评鉴的结果如何以及评鉴背后的利益驱动是什么，单就评鉴过程本身而言，它给予了学校自省的机会，而这种自省有助于学校的可持续发展。

---

① 东海大学. 评鉴专区——校务评鉴［EB/OL］. http://eval.thu.edu.tw/web/news/news_detail.php?cid=1&id=33［2018-12-27］.

## 13.3.2 系所评鉴

依评鉴中心 2012 年初第二周期系所评鉴实地访评计划，东海大学各系所接受评鉴小组实地访评的时间为 2015 年下半年。但台湾教育主管部门在第一周期校务、系所评鉴完成后，于 2012 年 7 月起对获得“迈向顶尖大学计划”“奖励大学教学卓越计划”竞争经费补助的 34 所大学优先试行大学自我评鉴，获得“通过”即可免受第二周期系所评鉴。①符合自办外部评鉴标准的东海大学提交自办实施计划并获得“通过”，从而不用接受第二周期的系所评鉴。以下结合东海大学自办系所外部评鉴的情况，对教育研究所 2015 年的自评报告中的项目设计与评鉴中心第二周期系所评鉴计划进行对比分析。

### 1. 自我评鉴过程及分析

评鉴中心在第二周期系所评鉴计划书附录中同样给出了系所自我评鉴的作业流程。东海大学自办系所外部评鉴申请计划通过的时间为 2014 年 6 月，实地访评时间为 2015 年，也就是说依照自我评鉴的作业流程，教育研究所要在不足一年的时间内完成自评草案拟订、评鉴项目效标确认、评鉴资料搜集、自评报告撰写等工作。

与评鉴中心第二周期系所评鉴不同的是，在东海大学自办系所外部评鉴的作业流程中，在实地访评之前会先进行一次校内访视。教育研究所各工作小组 2014 年 9 月—2015 年 2 月依据计划时程，撰写分组自我评鉴报告并提交自我评鉴指导委员会讨论修订。自我评鉴报告初稿在 5 月完成后送交学校评鉴办公室进行初阅，随即接受校内评鉴访视。校内评鉴访视的目的在于对系所自我评鉴报告中的问题与不足、特色与优势进一步确认，并给出相应的改进建议。2015 年 6—8 月，教育研究所依据学校访视的结果以及学校评鉴办公室对自评报告初稿的意见，进一步修正补充自评材料，8 月中旬由学校邀请教育领域的资深学者对这些自评材料进行书面审查，并提出最后的修正建议。2015 年 9 月 15 日，完成教育研究所第二周期自办系所外部评鉴资料的定稿，再送学校评鉴办公室转送评鉴委员审阅，并接受评鉴委员的实地访评与指导，根据评鉴委员的建议执行后期改进

---

① 东海大学. 评鉴专区——系所评鉴[EB/OL]. http://eval.thu.edu.tw/web/results/resultsdetail.php?cid=4&id=6[2018-12-27].

工作，至此自评作业完成。

由上述教育研究所自办系所外部评鉴的流程可以看出，当系所评鉴的主体从受教育主管部门委托的评鉴中心变为大专校院自身时，虽然仍是以最终通过评鉴中心对自评结果的认可为目的，但整个评鉴程序设计由学校主导，发展改进的倾向性更为明显。从学校层面来说，为了能够获得教育主管部门对自办系所外部评鉴计划的认可，其会尽可能地从各个环节优化系所自评程序与机制的设计，充实和完善自办系所外部评鉴作业。在这个过程中，学校通过与系所进行更直接、更频繁的互动，能够更具体地了解系所的发展现状、发展诉求、需要学校提供什么样的支持、特色是否值得进一步发扬等，能对学校整体的校务经营、校务治理乃至校务评鉴产生积极作用，从而促进学校整体的发展改进。从各系所层面而言，与学校的直接互动有助于其更深刻地领会学校的发展定位、发展目标、发展愿景，形成学校、系所的办学合力，以系所的“姹紫嫣红”来实现学校的“春色满园”。

### 2. 自我评鉴结果及分析

就评鉴项目来看，教育研究所自评计划中拟定的自我评鉴项目包括教育目标、课程设计、师资教学、学习资源、学习成效、生涯追踪、整体改善、与他学校同质系所 SWOT 分析比较 8 项，除了最后一项 SWOT 分析比较，自评计划基本分解了评鉴中心第二周期系所评鉴计划设计的四大评鉴项目。对于每一评鉴项目，都从现况描述、发展特色、问题与困难及改善策略等方面进行了详述。从自评内容来看，教育研究所通过自评厘清了校、院、系三级教育目标，在对比分析东海大学、教育研究所的教育目标共通性的前提下，结合学校的发展愿景和学院的发展定位，明确了系所自身的发展方向。例如，东海大学发展特色重在塑造博雅文化，教育研究所的教育目标、课程编排、培养方向、资源支持就要在博雅教育的基础上融入系所的文化，进一步彰显自身的特色。

在对教育研究所的实地访评结果报告中，东海大学对每一个评鉴项目都给出了相应的访评意见，在 8 个评鉴项目、共计 30 项评鉴指标中，访评结果为“优”的有 20 项，其余为“良”，无“尚可、较弱及未符合”项。访评结果为“良”的项目集中在“学习成效”“生涯追踪”等方面，即教育研究所硕士班的学生学习品质、专业表现以及毕业生整体学习成效评估机制等方面仍有进一步改进的空间。

# 第14章 大陆高等教育评价制度研究

教育评价制度的发展完善是教育治理体系和治理能力现代化建设的必要手段。本章主要对大陆高等教育评价制度的形成与发展过程进行梳理，并对制度建设取得的成效、存在的问题及成因进行分析，以探索大陆高等教育评价制度的改革创新之路。

## 14.1 大陆高等教育评价制度的发展

我国的高等教育评价有着悠久的历史，闻名于世的科举制曾对世界教育评价产生了深远影响。但由于历史的原因，大陆的教育评价走过了一条不平坦的发展之路，现代规范的高等教育评价于20世纪80年代才产生。本章以此为起点，结合不同时期高等教育发展的特点，将大陆高等教育评价制度的发展主要划分为五个阶段。

### 14.1.1 酝酿期（1977—1984年）

1949年以来，我国高等教育发展既取得了巨大成绩，也经历了曲折。1978年12月十一届三中全会的召开，标志着改革开放正式拉开帷幕。改革开放是我国现代经济社会发展中的重大事件，标志着社会主义现代化建设进入新阶段。配合改革开放和国家经济建设，这一时期高等教育进入改革发展新阶段，高等教育的健康发展受到高度关注和重视，建章立制和恢复重建成为高等教育领域的热点。特别是根据邓小平的批示，教育部印发了《关于一九七七年高等学校招生工作的意见》，“文化大革命”前的高等学校入学考试制度得以重新确立。恢复统一招生考试制度是高等教育质量重建的一个重要标志，对高校选拔优质生源、推动高校教学工作回归正轨、提高人才培养质量都产生了深远影响。

为了适应高等教育领域的新发展和新变化，这一时期我国的高等教育评价开始酝酿萌芽，其主要表现如下。一是建立学位制度。1980年2月，《中华人民共和国学位条例》经第五届全国人民代表大会常务委员会第十三次会议审议通过，第二年国务院批准了《中华人民共和国学位条例暂行实施办法》，制定了学士、硕士、博士三级学位的学术标准，学位制度从此建立。二是设立负有评估职能的组织。如国务院设立学位委员会负责学位评定，学位授予单位成立学位评定委员会。三是零星开展评估活动。如国务院学位委员会连续两年开展学位授予单位、授权学科和专业点评定[①]，浙江大学开始探索系部评估，兰州大学开展毕业生调查、课程与教学评估，同济大学开展重点专业评审，西安交通大学开展教学过程评估，上海市高等教育相关机构开展专业评估等[②]。

### 14.1.2 探索期（1985—1999年）

1985年5月，《中共中央关于教育体制改革的决定》颁发，标志着我国社会主义教育事业进入了改革发展的新时期，高等教育管理体制改革全面展开。同

① 刘一凡. 中国当代高等教育史略[M]. 武汉：华中理工大学出版社，1991：109.

② 王向红. 中国高等教育评估质量保证研究——元评价的视角[M]. 北京：中央编译出版社，2017：23-24.

年，《关于开展高等工程教育评估研究和试点工作的通知》颁布，随后五年内，国家教育委员会启动了高等工程院校本科教学评估的实验。在试点的基础上，国家教育委员会于 1990 年 10 月颁布了《普通高等学校教育评估暂行规定》，“这是高等教育评估的一般规律同我国的实践和时代特征相结合取得的成果，是我国高等教育评估工作开始走向规范化的重要标志”①，标志着我国高等教育认证评估制度的初步建立。《普通高等学校教育评估暂行规定》规定了普通高等学校教育评估的基本任务、基本原则、基本形式（合格评估、办学水平评估、选优评估），明确合格评估（鉴定）是国家对新建普通高等学校的基本办学条件和基本教育质量的一种认可制度，由国家教育委员会组织实施。1993 年，中共中央、国务院出台了《中国教育改革和发展纲要》，明确提出“建立各级各类教育的质量标准和评估指标体系。各地教育部门要把检查评估学校教育质量作为一项经常性的任务”。在随后的几年里，教育部分别组织开展了对 1978 年以来新建本科院校的合格评估，对进入“211 工程”行列高校的优秀评估，以及对介于上述两种情况之间的高校进行了随机性水平评估。1999 年开始实施的《中华人民共和国高等教育法》规定：“高等学校的办学水平、教育质量，接受教育行政部门的监督和由其组织的评估。”自此，我国高等教育的评价制度有了法律依据。

“文化大革命”期间，我国教育事业受到严重打击，改革开放后，确立以经济建设为中心，明确了大力培养人才以支撑现代化建设的教育宗旨。②为提升高等教育事业的建设效率，教育评价制度得到重视，并呈现出明显的市场化改革特征。首先，开始探索建立教育评价制度，以评促改，以评促建，其中就包括全面恢复高考招生制度、教育评价相关法律和法规逐渐完善、教学奖励制度全面确立以及教育督导制度的建立等，成为我国高等教育评价制度后续发展和完善的基石。其次，引入市场化改革机制，促进教育评价权力下放，教育评价制度非集中化发展。20 世纪 90 年代，我国经济市场化建设已经卓有成效，在社会主义市场经济体制下，高等教育也开始从传统的国家包办统管的计划模式转变为“国家统筹规划，高校面向社会自主办学”的新模式。为实现更好的发展，政府将办学权

---

① 陆根书，贾小娟，李珍艳等. 改革开放 40 年来中国本科教学评估的发展历程与基本特征[J]. 西安交通大学学报（社会科学版），2018（6）：19-29.

② 覃创，严忠权. 新中国成立 70 年我国基础教育课程的回顾与展望[J]. 教育观察，2019（26）：14-16，37.

还给高校，开始逐渐放松计划管制，转而依靠教育评价实施调控，高等教育评价制度建设开始被重视。此外，民办高校、外资高校等不依靠政府拨款的高校逐渐增多，政府开始认识到通过教育评价制度来把控高校办学方向和提高教学质量的重要性。

### 14.1.3 形成期（2000—2010 年）

21 世纪以来，在高等教育扩招的背景下，我国高等教育规模不断扩张，高校学生人数急剧增加，高等教育从精英化迅速走向了大众化，实现了跨越式发展，同时高等教育质量问题开始显现。2003 年 8 月 21 日，教育部部长周济在教育部高等学校本科教学工作水平评估研讨班上宣布，从 2003 年开始用 5 年左右的时间，对我国所有普通高等学校教学工作进行一次全面的评估，并形成 5 年一轮的教学评估制度。[①]次年 8 月，教育部高等教育教学评估中心[②]成立，专门负责高校的教学工作水平评估。2003—2008 年，教育部开展了普通高等院校本科教学工作水平评估，在“以评促建，以评促改，以评促管，评建结合，重在建设”方针的指导下，重点解决了办学条件达标和教学质量监控体系建立等问题，使高等院校的本科教学取得了巨大进步。

这一时期我国教育体制改革和建设驶入快车道，高等教育评价制度初步形成，并呈现出层次性、全面性和科学性的发展特点。首先，教育评价制度呈层次性发展。具体体现在：建立了一套从上至下、分级考核各级党委及政府促进高等教育发展的评价制度；建立了对各级政府实施教育优先发展战略地位的教育督导制度；建立了符合高校发展实际水平的评估制度；等等。政府将“以评促改”作为改革手段，进一步扩充了我国教育评价制度的内涵。其次，高等教育评价制度全面性发展。具体体现在：这一阶段的教育评价制度涉及的评价内容相比之前更加全面，囊括了诸如教育政策、招生制度、教育教学管理、教育行政管理、师资力量、质量保障等方面，能更全面地反映教育教学活动的整个过程和更科学系统地促进教育评价功能的实现。最后，注重促进高等教育评价制度科学化发展，具体体

---

① 教育部：本科教学评估工作全面启动[EB/OL]. http://news.tongji.edu.cn/info/1084/61600.htm（2003-08-28）[2018-08-10].

② 2022 年 2 月更名为教育部教育质量评估中心。

现在评价方式、评价内容和评价主体上。这一时期各层级教育评价制度的完善都更强调教育发展的本质即增值和提高，有利于被评价者从评价过程和结果中更清晰地认知自我、完善自我，从而促进自身素质的提高和教育目标的实现。

### 14.1.4 发展期（2011—2017 年）

改革开放后，我国高等教育评价制度多元主体格局基本形成，教育评价制度改革步入深水区，其内外环境发生了极大改变。这一时期，教育在综合国力竞争中的作用更为凸显，国家也进入了深化改革开放、加快发展方式转变的关键时期，教育越来越成为社会整体发展的重要支撑。在权衡本科教学水平评估得失，对以往教学评估活动进行全面总结的基础上，2011 年 10 月，教育部发布了《关于普通高等学校本科教学评估工作的意见》，文件明确提出，要“建立健全以学校自我评估为基础，以院校评估、专家认证及评估、国际评估和教学基本状态数据常态监测为主要内容，政府、学校、专门机构和社会多元评价相结合，与中国特色现代高等教育体系相适应的教学评估制度”，其中“院校评估”包括合格评估与审核评估，前者以 2000 年来未参加过院校评估的新建本科院校为对象；后者以参加过院校评估并获得通过的普通本科院校为对象。“五位一体”本科教学评估制度体系的建立，标志着中国特色高等教育教学评估工作开始走向规范化、科学化、制度化和专业化的发展阶段。随着本科教学评估制度的建立和完善，我国的研究生教育、高职高专教育以及其他层次、类别的高等教育评价制度也相继建立和发展起来。

新时期国家对教育的发展需求和日新月异的信息技术颠覆了传统评价制度的理念和手段，同时，经济、政治、文化条件的改变对高等教育评价制度发展提出了新要求，高等教育评价制度的发展也体现出了内涵不断丰富和改革持续推进的特点。首先，高等教育评价制度改革的内涵不断丰富。教育评价制度建设的角度更加多元，各方的价值诉求更加立体和全面。这不仅表现在对学生的评价方式更加全面和科学，也表现在引导教师潜心育人、各类教师评价制度更加健全。从评价主体来看，各级党委和政府科学履职的水平明显提高，各级各类学校全面落实立德树人培养和评价机制，社会选人用人的方式较之以往也更加科学和公平。其次，教育评价制度改革持续推进。例如，近些年，高考改革一直是高等教育评价制度改革的一个重点。2014 年，国务院发布《关于深化考试招生制度改革的实施意见》，提出了“形成分类考试、综合评价、多元录取的考试招生模式，健全促进公平、科学选才、监督有力的体制机制，构建衔接沟通各级各类教育、认可多种学习成果的终身学习‘立交桥’”的整体设计方案，并首先开始在浙江和上海试点。在先行试点区的经验的基础上，现在有越来越多的省（自治区、直辖市）加入新高考改革的行列中，受到的社会关注也越来越多，也为近年来“两依据、一参考”的新高考改革方向的提出奠定了基础。“两依据、一参考”就是指高校依据统一高考成绩、高中学业水平考试成绩，参考学生综合素质评价，进行择优录取，改变以考试成绩为唯一标准评价学生的做法，从过于关注学生成绩向更加关注学生发展过程转变，切实转变教育观念和人才培养模式。

### 14.1.5 创新期（2018 年至今）

2018 年 9 月，全国教育大会在北京召开，这是自党的十九大宣布我国步入“新时代”以来的第一次全国教育大会，在中国教育发展史上具有承上启下的重要意义。会议进一步明确了教育的首要问题是培养什么人、怎样培养人和为谁培养人的问题，强调了以“全面加强党对教育工作的领导”为重点的“九个坚持”，指出要在“坚定理想信念”上下功夫，特别是站在国家发展的高度提出要扭转不科学的教育评价导向，“坚决克服唯分数、唯升学、唯文凭、唯论文、唯帽子的顽瘴痼疾，从根本上解决教育评价指挥棒问题”。[①]2020 年 10 月，中共中央、国务院印发《深化新时代教育评价改革总体方案》，这是我国首个关于教育评价改革的纲领性文件，它的出台表明了国家根治“五唯”顽瘴痼疾、建立科学的教育评价制度的决心。2021 年 1 月，教育部发布《普通高等学校本科教育教学审核评估实施方案（2021—2025 年）》，新一轮的审核评估实施方案突出强调以立德树人为统领，以推进本科教育教学改革为主线，要求以评估方法手段的创新实现减负增效，强调评估的结果运用要落到实处。教育部将根据新一轮审核评估对

---

① 习近平在全国教育大会上强调 坚持中国特色社会主义教育发展道路 培养德智体美劳全面发展的社会主义建设者和接班人[EB/OL]. http://www.moe.gov.cn/jyb_xwfb/xw_zt/moe_357/jyzt_2018n/2018_zt18/zt1818_bd/201809/t20180910_348145.html（2018-09-10）[2020-10-17].

象的数量、结构及分布，统筹制定配套政策和总体规划，选取不同类型高校开展评估试点后逐步推开。

新时代我国高等教育评价制度的发展是去功利化、去标签化，着重加强科学化、现代化和多元化的过程。总的来说，这一时期的高等教育评价制度建设具有坚持党的全面领导、坚持立德树人导向以及聚焦评价本身质量的提高三大主要特点。首先，坚持党的全面领导。加强党对教育工作的全面领导已经深入了政府、学校和社会等主体参与高等教育评价活动的方方面面，强调党管教育是我国教育长足发展的根本保证，“四个意识”“四个自信”“两个维护”融入各参与主体的教育评价实践中。其次，坚持立德树人导向。高等教育评价制度要积极回应新时代为党育人、为国育才的时代需求，育人为本，德育为先，从评价制度层面精准把握这一要求，从舍本逐末的教育评价转向关注“全人”教育评价。最后，聚焦评价本身质量的提高。努力推进评价目的由“教育问责”向“改进教学”转变；评价主体由“管理者主导”向“相关方参与”转变；评价标准由“学校投入”向“学生产出”转变；评价实施由“单向规制”向“协商对话”转变，倡导学生中心、产出导向、持续改进的现代评价理念，发展以政府监管为主导、社会第三方评价为主体、高校自我评估为基础的多元评价治理体系。总之，构建形成富有时代特征、彰显中国特色、体现世界水平的教育评价体系，已成为新时代我国高等教育改革发展的重中之重和核心关切。

## 14.2 大陆高等教育评价制度建设的成效

规范的高等教育评价制度在大陆的发展时间不长，但成效明显，尤其是连续几轮的本科教学水平评估的开展，在推动高校教学改革、促进高等教育内涵式发展和高等教育国际化等方面发挥了重要作用。

### 14.2.1 推动教学改革提质增效

教学是高校的中心工作，也一直是大陆高等教育评价制度关注的重点领域。高等教育评估指标体系的构建围绕教学条件、教学过程、教学效果、人才培养质量等来进行，客观上对于推动高校教学改革、促进高校自我激励和约束机制的构建发挥了巨大作用。一是教学理念不断更新。得益于近年来的高等教育教学评估实践，各高校落实立德树人根本任务，强化本科教学中心地位，推动了高等教育教学理念的更新，采取了一系列措施完善教学考核机制和激励机制。审核评估五个度（培养目标与培养效果的达成度、办学定位和人才培养目标与国家和地方经济社会发展需求的适应度、教师和教学资源条件的保障度、教学和质量保障体系运行的有效度、学生和社会用人单位的满意度）的质量标准成为高校的普遍共识，学生中心、成果导向、持续改进的现代教育理念深入人心，学校是质量保障与评估主体的理念在审核评估中也得到有效落实。[①]二是教学条件不断改善。为了迎接教学评估，我国各级教育主管部门和高校优化教育经费结构，持续加大教学投入力度，客观上促进了教学条件的改善。特别是在对本科生的培养上，在审核评估的促进作用下，各高校在人、财、物投入方面优先保证本科教学工作，不断加大本科教学经费投入总量，确保教学经费总额和生均本科教学日常运行支出逐年增长，为深化本科教育教学改革提供了坚实的保障。在互联网信息技术的加持下，教学仪器设备不断更新，教学场馆、智慧课堂的空间环境不断升级，教师充分利用大数据改进教学方法、创新教学模式，大大提升了课程教学的吸引力和教学效果。三是教学质量不断提升。在高等教育评估的推动下，各高校根据本校的学科专业特点，以学生中心、成果导向、持续改进等理念为指导，紧扣人才培养目标，采取一系列举措，积极推进人才培养方案和教学内容、课程体系和教学方法等的改革，构建了较为完善的实践教学体系，着力提升学生的实践能力和创新精神，提高了人才培养质量。[②]2021 年，教育部印发《普通高等学校本科教育教学审核评估实施方案（2021—2025 年）》，分类对普通高校开展新一轮的本科教

---

① 何秀超. 探索中国特色现代高等教育评估制度 全面提升人才培养质量[J]. 中国高教研究，2018（10）：1-5.

② 陆根书，贾小娟，李珍艳等. 全国普通高校本科教学工作审核评估：成效、问题与发展策略[J]. 大学教育科学，2020（2）：90-96.

学审核评估。相比前几轮教学评估，该轮评估将抓住高等教育战线普遍关切的突出问题和主要矛盾，着重解决评估目标导向、核心理念、分类体系、推动改革、管理制度、方法手段等六个方面的问题，形成更加成熟、更加完善的具有中国特色更高水平的高等教育评估制度体系，这将对我国高等教育质量建设产生更加深远的影响。

### 14.2.2 促进高校内涵式发展

高等教育评估开展以来，“质量是学校的生命线”“以质量求生存、以特色求发展”的思想深入人心，促使高校进一步理清办学思路，端正办学思想，强化办学的质量意识和特色意识。一是办学定位更加明晰。一所大学的发展必须要有明确的发展定位，在教育部统筹安排和统一规划的基础上，一些省（自治区、直辖市）结合本地区高等教育和经济社会发展的特点与需要，制定了符合本地区实际和整体发展规划的评估实施方案与计划，为地方高校的发展进一步明确了发展方向，引导高校进一步明确办学定位、明晰发展思路、审视人才培养目标，主动面向地方、立足地方，大力培养应用型专门人才，以地方性应用型目标定位统筹学校各方面的建设，增强服务区域经济社会发展的意识和能力。二是办学特色日益彰显。习近平总书记在 2016 年的全国高校思想政治工作会议上强调，“我国有独特的历史、独特的文化、独特的国情，决定了我国必须走自己的高等教育发展道路，扎实办好中国特色社会主义高校”①；习近平总书记在中国人民大学考察时强调“要坚持党的领导，坚持马克思主义指导地位，坚持为党和人民事业服务，落实立德树人根本任务，传承红色基因，扎根中国大地办大学，走出一条建设中国特色、世界一流大学的新路”②。近年来，我国本科教育教学评估方案及指标体系中都专门设立了特色项目，鼓励高校总结、培育本科教育教学的特色，鼓励学校走分类发展、特色办学之路。绝大多数参评高校对自身特色进行了总结和提

① 张烁. 习近平在全国高校思想政治工作会议上强调：把思想政治工作贯穿教育教学全过程 开创我国高等教育事业发展新局面［EB/OL］. http://dangjian.people.com.cn/n1/2016/1209/c117092-28936962.html（2016-12-09）［2021-01-31］.

② 张丽青. 习近平在中国人民大学考察时强调：坚持党的领导传承红色基因扎根中国大地 走出一条建设中国特色世界一流大学新路［EB/OL］. https://www.gov.cn/xinwen/2022-04/25/content_5687105.htm（2022-04-25）［2022-04-27］.

炼，推动了高校特色发展，对于促进我国高等教育的健康发展起到了积极作用。三是办学水平不断提高。高校接受评估、参与评估，其本身就表明高校在按照新的评估方案指标主动调整、优化原有的观念和模式，探索和构建适应时代发展与社会需要的新办学体制和新人才培养模式。从近年来高校的本科教学质量报告、研究生教育质量调查和质量报告、学位授权点合格评估自评报告、本科院校评估自评报告等可以看出，高校内部质量保证体系逐步完善，高校整体办学实力、办学水平不断提高。教师成长和学生发展是高校整体办学水平的重要体现，自高等教育评价制度建立以来，各高校均把人才培养质量作为学校办学的生命线，突出人才培养的中心地位，优化教师结构，强化师德师风建设，实施人才强校战略，为学校人才培养提供了有力的支撑和保障。随着办学水平和人才培养质量的提升，学生和用人单位对高校人才培养的满意度不断提升。

### 14.2.3 推动高等教育国际化进程

“高等教育国际化”是 20 世纪 80 年代联合国教育、科学及文化组织提出的现代高等教育发展的三个核心概念之一，也是各国高等教育发展的核心战略之一。[①]高等教育评价在服务高等教育国际化方面的贡献主要体现在以下三方面。一是促进世界一流大学和一流学科建设。习近平总书记在清华大学考察时指出，“一个国家的高等教育体系需要有一流大学群体的有力支撑，一流大学群体的水平和质量决定了高等教育体系的水平和质量”[②]。从 20 世纪 90 年代中期实施的“211 工程”“985 工程”等重点建设项目，到新时期实施的“双一流”建设，目的是面向国家重大需求和世界科技发展前沿，积极推动一批高水平大学和学科进入世界一流行列。在世界一流大学和一流学科的建设过程中，高等教育评价制度发挥了不可估量的作用。中国特色高等教育质量常态监测国家数据平台建设凭借强大的数据分析、统计与生成功能，利用信息和网络技术科学地监测与评估“双一流”项目的实施效果，用数据反映全国高等学校教学基本状态，为中国特色、

---

① 陈·巴特尔，郭立强．“一带一路”建设背景下我国高等教育国际化的转型与升级[J]．国家教育行政学院学报，2018（3）：9-15.

② 杜玉波．构建高质量高等教育体系[EB/OL]．http://www.moe.gov.cn/jyb_xwfb/s5148/202201/t20220 110_593495.html?authkey=boxdr3（2022-01-10）[2022-1-11]．

世界水平的高等教育质量保障体系建设提供了重要支撑。二是不断提升高校的国际地位。学科评估和大学排名在一定程度上反映了高校的学科水平、办学实力和社会声望。2018年，教育部发布《普通高等学校本科专业类教学质量国家标准》，涵盖全部92个本科专业类、587个专业、5.6万余个专业点。[①]大学排名是评估高等教育投入、过程与产出质量的方式之一，通过积极参与世界主流学术机构排名，如英国泰晤士高等教育世界大学排名、QS世界大学排名等，高校有更多机会在国际学术舞台上找准定位，认识差距和学习借鉴，有利于高校明确发展目标和方向，激发学校的办学活力和发展动力，不断提高学科建设和发展水平，提升高校的国际竞争力和影响力。三是逐步建立高等教育评价的中国标准。大陆高等教育评价制度既吸收了各国高等教育质量评估的优秀经验，又基于高等教育实践进行了独立探索，不但很好地指导了自身的评价工作实践，而且产生了很好的国际反响，在世界有越来越多的话语权。教育部高等教育教学评估中心（现更名为教育部教育质量评估中心）多次受邀走出国门，我国高等教育评估的国际影响力不断扩大。2015年，走出国门，对俄罗斯波罗的海联邦大学的4个专业（应用数学与信息学、生物技术与生物工程、物理与无线电、医疗护理）进行中俄联合专业评估认证工作。这是我国首次以中国标准、中国专家、中国模式对国外大学进行评估认证。[②]2016年，又受邀合作开展欧盟“伊拉斯谟+”重大质量保障合作项目。这说明我国高等教育质量评估和质量体系逐步得到国际社会的认可，并在融入世界的过程中开始影响世界。英国纽卡斯尔大学校长认为，中国教学评估把社会适应度作为高校办学和教学标准，是非常先进的。美国加利福尼亚大学洛杉矶分校教务长认为，中国开发的教学评估大数据全面、权威、可信度高。[③]

---

① 韩晓彤. 我国首个高等教育教学质量国家标准发布：涵盖全部本科专业类[EB/OL]. http://www.moe.gov.cn/jyb_xwfb/xw_fbh/moe_2069/xwfbh_2018n/xwfb_20180130/mtbd/201801/t20180130_326017.html（2018-01-30）[2020-10-17].

② 丁雅诵. 高等教育质量评估首次用“中国标准”认证国外大学[EB/OL]. http://www.moe.gov.cn/jyb_xwfb/s5147/201510/t20151009_212127.html（2015-10-09）[2020-10-17].

③ 刘振天. 现代高等教育评价体系建设：成效、经验及完善之路[J]. 社会科学战线，2021（3）：223-232.

# 14.3 大陆高等教育评价制度存在的问题及原因

"好的教育评价"既关注教育质量中可检测、可观察的一面，也关注教育活动中那些无法检测、观察的一面，既注重教育评价的科学性，也不断反思评价自身的局限性，使教育评估成为一个彼此相互理解、自由对话的过程。[①]客观审视高等教育评价制度存在的问题，分析这些问题产生的成因，直面新时代的发展需求，创新高等教育评价制度，能有效推动教育治理体系和治理能力现代化建设，不断促进新时代的高等教育事业得到新的发展。

## 14.3.1 大陆高等教育评价制度存在的问题

大陆高等教育评价制度建设取得的成就有目共睹，但制度的完善始终是螺旋式上升的过程，关于高等教育评价到底应该"评什么""怎么评"，在目前的制度设计和实施中仍存在一些问题。

### 1. 制度导向错位

首先，存在功利化倾向。高等教育评价制度功利化倾向的突出表现如下：一是忽视了对情感、态度和价值观的考察，过于重视对知识和技能的考查；二是忽视了学习与生活之间的联系，过于重视书本知识；三是忽视了对学生视野和思维的拓展，局限于课堂教学。教育评价制度过于重视基础理论、基础知识和基础技能，考试也以记忆性内容为主，过度重视课本，对学生创新思维、实践能力的关注不够，在高等教育领域中体现为过度重视论文等研究性成果的产出。[②]功利化倾向也体现在教育评价结果的使用上，升学、就业、职称晋升、资源分配等都会受到教育评价结果的影响。

---

① 杜瑞军. 什么是好的教育评估——对我国高校教育教学评估的理性审视[J]. 河北师范大学学报（教育科学版），2021，23（5）：24-40.

② 李立国，赵阔，王传毅等. 超越"五唯"：新时代高等教育评价的忧思与展望（笔谈）[J]. 大学教育科学，2020（6）：4-15.

其次，价值取向不够突出。价值取向和教育评价制度的关系十分密切，价值取向会决定和影响教育评价制度的建立，教育评价制度是一定价值取向的具体体现和反映。在不同的价值取向下，对教育对象、现象和活动的评价会产生截然不同的结果。比如，在常被人们诟病的“唯论文”现象中，从研究产出的角度来说，教师发表一篇 SCI 论文是有价值的，但是从人才培养的角度来说就不一定了。教育评价制度是基于一定的价值取向的，这一价值取向是什么呢？从根本上来说，应该是育人的价值。总体而言，目前我国教育评价制度的价值取向还不是特别突出。

最后，制度理念重问责。教育评价制度的目的可分为加强管理和促进教育发展两方面，管理偏向问责，而促进教育发展指向改进。在大陆高等教育评价制度实施过程中，教育评价者还主要是从管理者的角度，将教育评价作为一种管理手段对被评价主体进行“教育问责”。在应对这种“问责”的过程中，某些被评价主体深知教育评价结果对后续资源分配或相关利益的重要性，会“包装”自身的短处，凸显自身的长处，不敢暴露自身真实存在的问题。长此以往，这不利于促进被评价对象的发展，教育评价的真正作用也无法得到充分体现。

**2. 制度建构不全**

首先，从范围上看，教育评价一般会涉及院校、学科、专业及主题等方面，院校评估是对高校教育、教学、管理等活动进行的整体性评估；学科评估是对某一学科教育教学质量的全面评价；专业评估是对专业建设过程中诸多方面活动的评价；主题评估主要评价教育过程中某一特定领域或主题的实施及效果。目前，大陆的院校评估与学科评估取得了较大的成绩，五年一轮的本科教学工作水平评估主要属于院校评估，教育部从 2001 年开始的高等教育重点学科评选工作属于学科评估，两者为进一步提高高等教育质量、水平和效益做出了巨大的贡献。但是，专业评估在大陆仍然处于探讨阶段，针对教育过程的某一特定主题的评估，如学生咨询工作评估等还少有涉及。

其次，从办学层次与类型上看，大陆高等教育办学层次包括博士、硕士、本科与专科四个层次，办学类型包括普通高等教育、高等职业教育、成人高等教育、远程高等教育等。目前，大陆的高等教育评价主要侧重于普通高等学校本科教学工作水平评估，其他办学类型和教育层次的评估还需要加强。

最后，从环节上看，目前大陆的高等教育评价重输入环节而轻过程与结果。但是，输入只是教学环节的一个前置因素，教学过程与学生学习结果的产出才是教育质量的具体体现。2011 年，教育部颁布的《关于普通高等学校本科教学评估工作的意见》强调要围绕教学条件、教学过程、教学效果进行评估。但由于学生产出效果无法量化和难以测评，如何衡量和判断学生学习结果的实际产出仍然存在很大的探索空间。产出导向是当今世界高等教育评价的重要理念，学生学习的产出质量从根本上反映了教育质量，也是教育评价需要重点关注的领域，在高等教育评价制度的设计上对于产出效果的忽视，在一定程度上会影响教育评价的科学性和有效性。

3. 制度执行偏差

首先，政府的主导性较强。政府仍然在高等教育评价中占据主导地位。虽然目前我国存在政府委托专责评价机构实施教育评价的制度安排，如教育部教育质量评估中心受教育部委托实施普通高校本科教育教学评估工作，但是从评估高校选取到评估专家遴选，从评估指标设定到评估结果揭晓，都显现出一定的行政意志。高等教育评价还是主要由政府主导，高校作为下级受评单位和被评估对象主要接受来自上级的评估检查和问责，社会力量的实质参与也十分有限。

其次，元评价制度缺失。元评价制度源于认证制度，它是按照一定的标准或原则对评价机构本身进行评估的活动，目的是判断评价认证机构的资质水平，规范、完善评价认证活动。目前，大陆对于教育评价的元评价制度的理论研究不足，缺乏对评价制度本身的价值和功能的合理评价，较少关注教育评价制度的发展以及评价改革体现的逻辑，教育评价的元评价缺乏科学、有效的评价标准。

最后，信息化建设滞后。教育评价过程一般要求学校按照评估范围中的项目与要素，对数据进行搜集、整理，还需要学校提供以数据为基础、具有专业水准的写实性自评报告，帮助专家全面、系统地了解学校的基本情况。这需要被评学校应用相关信息技术对教育资源的配置、学生学习状态、招生与就业状况、课堂教学质量、学生与社会反馈等方面做出分析，找出问题。然而，当前一些高校人才培养质量保障的信息化建设工作滞后，教学基本状态数据库的采集填报还存在一些问题，一些高等学校教学基本状态数据采集和教学质量年报难以客观、准确、全面地反映教育教学工作整体状态；数据采集以学校整体的方式呈现，没有具体到院系，难以准确地反映各个院系的教学质量和人才培养质量；数据的采集和填报被当成单纯的常规性、行政性工作，没有将数据采集与学校的教学工作和人才培养工作联系起来，对数据信息的深度挖掘和分析不够，依托数据信息分析推进学校教育改革发展和人才培养质量提高方面的工作有待加强。[①]

## 14.3.2 大陆高等教育评价制度存在问题的原因

对于大陆高等教育评价制度存在的上述问题，可以从内外两个方面分析产生的原因。外部原因主要是传统观念的影响与科学评价意识的欠缺，内部原因主要是高等教育评价制度建立与管理的不足。

**1. 外部原因：传统观念的影响与科学评价意识的欠缺**

首先是我国有着 1300 多年科举制度的历史，在一定程度上导致整个社会对教育结果非常重视，在某种程度上忽视了教育的具体过程和价值增值。这一历史传统延伸到现在就是轻过程重结果，在某种程度上影响了教育评价制度的科学发展。其次是某些机关、企事业单位招人用人过于注重高学历、高文凭；还有一些高校过于看重科研论文，凭论文对学生奖优罚劣，以论文作为教师职称晋升、年终考核、科研项目申请等的首要标准，不可避免地加剧了教育的功利化倾向，也影响了人才竞争环境和校园生态。另外，一些家长从小就重视孩子的考试成绩，倒逼社会、教师、学校注重对学生应试能力的培养，加上某些教育主管部门对学校的评价也主要看考试成绩和升学率，导致教育评价制度难逃功利化、应试化的藩篱。[②]最后是教育评价对教育活动能够起到引导和激励作用，但它只是教育活动中的工具和手段。工具都是具有两面性的，当人们过于依赖和滥用教育评价，过于注重其鉴定功能时，教育评价就会走向反面，不利于教育活动的正常有序开展。

**2. 内部原因：高等教育评价制度建立与管理的不足**

首先，缺乏整体规范和顶层设计。目前，我国高等教育评价十分活跃，但国家层面还没有专门的法律法规。其次，运行保障制度不完善。高等教育评价制度

① 胡海建，曲中林. 本科教学水平评估视角下的高校教学基本状态数据库建设[J]. 高教探索，(1)：10-12.

② 冉亚辉. 基础教育应试倾向的深层原因论析[J]. 教学与管理，2010（28）：7-9.

的运行有两个必不可少的保障要素，即评价机构系统和评价质量管理系统。评价机构系统由具体实施评价的机构和人员构成，目前我国教育评价机构系统存在设置不够科学、管理不够规范和人员来源单一等问题。评价质量管理系统是确保评价信度、效度和发挥其效用的系统，包括元评价系统和反馈系统。目前，我国高等教育评价质量管理体系还不够完善，元评价和反馈系统处于初级发展阶段，还有许多工作需要做。①

① 单曦影. 我国高等教育评价机构研究[D]. 湖南大学，2017.

# 第15章 台湾高等教育评鉴制度的特色、问题及启示

评鉴工作的顺利推行仰赖一整套规范、科学的制度体系。台湾高等教育评鉴制度发展至今，从制度建设初期教育主管部门直接控制实施发展到现阶段社会专责机构、高校主体的参与，从最初片面强调“绩效责任”发展到当下“以绩效责任促发展改进”，“循序渐进、边做边改”的方式逐步建立并日趋完善。在这个过程中，形成了自己的特色和优势，但也存在一些问题与不足，对大陆高等教育评价制度的建设发展具有一定的启示，本章拟对此进行专门分析。

## 15.1 台湾高等教育评鉴制度的特色与优势

台湾高等教育评鉴制度建设初期，教育主管部门在探索与建立适切的大学评鉴机制方面发挥了强有力的作用，通过对一系列相关规定的修订，不断地为评鉴权力的扩散与位移充实制度依据，辅之以高等教育发展政策的实施与推行，进一步推进评鉴工作的顺利展开，此为特色之一。高等教育评鉴制度的框架基本建立，教育主管部门成立了专责评鉴机构，逐渐让渡高等教育评鉴的部分权力，以

校务评鉴、系所评鉴的实施串联起台湾高等教育评鉴制度建设的经纬线，此为特色之二。从台湾高等教育评鉴制度的发展脉络可以发现，受评单位的自我评鉴都是重要一环，当前台湾高等教育评鉴制度逐步发展和成熟，教育主管部门进一步放宽对高等教育机构的约束与管制，系所评鉴朝高等教育机构自办外部评鉴的方向发展，此为特色之三。

### 15.1.1 构建制度体系

不管是评鉴机制的建立还是品质保证机制的落实，都必须要有明确的规章和相应的政策计划做保障。高等教育评鉴相关政策的制定与完善以及推行几乎贯穿台湾高等教育评鉴制度体系的建构与实施的整个过程。

结合前述台湾高等教育评鉴制度的发展沿革，不管是最初的学门评鉴，还是之后逐渐扩大的学院乃至校务的综合评鉴，台湾高等教育评鉴均体现了教育主管部门的主体性。“办教育是学校的事情”，如果要强调“管教育是教育主管部门的事情”，就需要在制度层面上捍卫行政力量“管教育”的权力。1994 年修订的“大学相关规定”适时保障了教育主管部门的相关权力，这一时期的高等教育评鉴更强调绩效责任，教育主管部门的主要评鉴职责就是“问责”。其实，就台湾教育主管部门开展高等教育评鉴初期的社会环境来看，对问责的强调是必要的，它形成的“行政强制性”对评鉴制度框架的建构起到了重要的引导作用。

2005 年，评鉴中心的成立，意味着社会力量开始参与台湾高等教育评鉴工作，但这种参与不是只要成立了评鉴中心这个社会组织机构就可以实现的，必须要有政策的明确支持，教育评鉴专责机构才有权开展高等教育评鉴事务。因此，这一时期不仅重修“大学相关规定”，还专门颁布了“大学评鉴办法”相关文件。当然，此时教育主管部门并没有放弃开展大学评鉴的责任与权力，而是以“委托”的形式让渡出直接开展高等教育评鉴的权力，并以制度的形式明确规定。评鉴中心则依据这种权力的“让渡”，全方位、相继开展校务评鉴、系所评鉴、师资培育评鉴、通识教育评鉴、医学院评鉴等。在此期间，教育主管部门辅之以私立学校相关规定、师资培育相关规定等不断地为评鉴中心开展评鉴事务“开绿灯”，一系列支持和鼓励高等教育发展的政策规划与评鉴中心开展的各项评鉴活动相辅相成，共同推进了台湾高等教育评鉴制度的蓬勃发展。

随着台湾高等教育评鉴制度向品质保证制的转型，高等教育评鉴的目的由“绩效责任”转向“发展改进”，而且是以“绩效责任”的方式实现“发展改进”，即以制度的推进和政策的实施来加速这种转型。2015—2016 年，“大学相关规定”“大学评鉴办法”相关文件相继删除“评鉴结果以作经费参考”等内容，2018 年起推动“高等教育深耕计划”。综上所述，一系列政策在台湾高等教育评鉴制度体系建构中发挥了重要的作用，台湾教育主管部门适时运用政策的手段为评鉴制度的实施与完善“扫清障碍”。

### 15.1.2 专责机构完善制度实施

高等教育评鉴制度的完善，需要不同主体的参与，从多视角提升评鉴作业的有效性。教育主管部门在评鉴实施中仅代表行政的视角，以绩效责任为标准评量大专校院或系所，1991 年委托专业的学术团体直接开展的评鉴工作并未引起大专校院对评鉴的重视，反而因“行政干预过多”被学术界指摘。1991 年后，专业学术团体开展的学门评鉴实质上仍然是在教育主管部门的直接主导下进行的。一直到 2005 年评鉴中心作为独立的社会法人机构成立，在教育主管部门的主导下扮演开展大学校务、系所、方案等评鉴作业的专责机构的角色，台湾大规模、周期性、常态化的高等教育评鉴才渐成规制。

尽管评鉴中心一直被视为教育主管部门的“手”，尤其是在 2016 年台湾教育主管部门宣布评鉴结果与经费补助及学校招生政策脱离关系之前，但客观而言，评鉴中心作为专责的评鉴机构在完善台湾高等教育制度、促进高等教育品质保证机制建立等方面发挥了重要的作用。2006 —2019 年，评鉴中心已累计完成两次校务评鉴、两次系所评鉴、两次师资培育评鉴。每一次评鉴计划的设计都力求在充分吸收前次评鉴实践经验和教训的基础上实现突破和创新，从评鉴项目规划、访评作业实施、评鉴小组成员的选择、访评报告的撰写、申复机制的落实乃至最后的追踪评鉴与再评鉴等，评鉴中心都努力从提升高等教育品质、促进受评单位发展改进的目标出发，尽全力做好相关工作。

评鉴中心的基本方针是“公正、专业、迈向卓越”，促进台湾高等教育评鉴专业化，提升高等教育品质。评鉴中心创办的刊物《评鉴》在一定意义上成为架起教育主管部门、评鉴中心与大专校院之间沟通互动的"桥梁"，也是社会各界了解其各项评鉴活动的"视窗"。评鉴中心的研究员会借助刊物传达每次评鉴作业的计划、实施要点、如何准备、评鉴结果、问题分析、策略指导等，也会通过刊物介绍其他国家和地区先进的评鉴理念、政策和品质保证机制等。即便是台湾教育主管部门宣布停办系所评鉴之后，评鉴中心仍依照自身的定位积极调整和适应，努力在促进台湾大专校院自我评鉴机制的建立与完善方面发挥作用，功不可没。

此外，评鉴中心作为独立的社会专责机构进行高等教育评鉴，也意味着教育主管部门开始由以往的控制者、直接主导者逐渐转变为规范者及督导者。综上所述，评鉴中心作为社会评鉴的专责机构，为大学与社会、大学与相关部门以及大学之间建立良好的互信互助、互融互动关系提供了平台，由此台湾高等教育评鉴制度得以顺利运行和实施，高等教育品质也得以不断提升。

### 15.1.3 自评机制促进制度优化

大专校院是高等教育评鉴最直接的利益相关者，当自我评鉴有效且具有足够的说服力时，大学教育的自我改进就较易发生，因此强调高等教育机构的自我评鉴始终是台湾高等教育评鉴制度实施的重点。台湾高等教育评鉴制度建设初期就已经具有了大学自我评鉴的雏形，不管是接受教育主管部门、专业学术团体还是评鉴中心的实地访评，大学都要通过自我评鉴作业先行"自我反思"，而自我评鉴的程序基本与正式的外部评鉴程序相同。

在自评阶段，受评单位的准备过程固然烦琐，时间也非常久，但凝聚了团体成员的共识。在自评过程中，师生员工在省思阶段性的优势与长处、问题与困难的同时，也在不断缩小与目标、愿景之间的差距，建立品质文化建设所需要的团体成员的"共享价值、信念、期望和责任"。[①] 就此而言，自我评鉴本身不是目的，它更多的是一面"镜子"，受评单位可以通过这面"镜子"进一步看清自己，如果"干干净净"，就要继续保持，如果有"灰尘"，就要及时擦去，以实现

---

① Loukkola T，Zhang T. Examining Quality Culture：Part 1—Quality Assurance Processes in Higher Education Institutions[R]. Brussels：EUA，2010：16-17.

持续的改进与品质的提升。台湾高等教育评鉴制度建设遵循的是以外部评鉴逐步完善受评大学的自我评鉴机制，以促进高等教育评鉴制度不断优化。

多年来，评鉴中心开展了多种类型、多种层次的评鉴活动，各大专校院、系所的自评能力得以提高，并能够熟练进行自我评鉴，随即教育主管部门宣布停办大专校院系所评鉴，大专校院自办外部评鉴成为台湾高等教育评鉴制度成熟期多元发展的典型特征。自办外部评鉴不仅不同于评鉴中心对大学系所的认可评鉴，也不同于教育主管部门试办评鉴阶段只有符合既定标准的学校才可以申请的“自办外部评鉴计划”，而是所有的大专校院都可以自己研选评鉴指标。这要求大学在质量建设方面要有一定的自主性和能动性，也再次印证了评鉴的终极目的不是证明现阶段自己已经做得很好，而是为了探索更广阔的发展空间。

台湾高等教育评鉴制度探索初期主要由行政力量单一管控，随着专业学术团体、社会专责机构等多方评鉴主体的参与，行政力量借助政策与制度不断扶持多元化评鉴团体的形成。作为受评单位的大专校院是评鉴的重要参与者，自我评鉴机制的建立、完善与深化的过程，就是大专校院成为评鉴团体核心的过程，这既遵循了高等教育评价制度发展的客观规律，也是台湾高等教育评鉴制度实施过程中各利益相关方力量不断平衡与融合的结果。

## 15.2 台湾高等教育评鉴制度的问题与局限

台湾以高等教育品质保证为评鉴指向的制度化进程推进，要求评鉴应着眼于高等教育机构本身的自我改善与自我发展，评鉴中心借助制度与政策，通过一系列举措推进高等教育机构不断完善自我评鉴机制，促进自身的发展。然而，评鉴中心一直在台湾高等教育评鉴制度发展过程中扮演主角，不可避免地限制了评鉴制度的多元化发展，此为局限性之一。后设评鉴是针对已完成的评鉴，就评鉴的目标、系统、内容、历程、结果等方面进行再评鉴，将评鉴所得的资料加以描述、分析、应用和判断，以了解评鉴的价值和存在的缺失，作为下一次开展评鉴的参考。之所以倡导后设评鉴，是因为评鉴结果会深深影响到所有学生、教师，所以评鉴结果应该是准确和无偏见的。无论是评鉴中心的校务、系所评鉴，还是大学系所的自我评鉴，后设评鉴的缺位都致使诸多评鉴中的伦理问题难以被正视和得到解决，此为局限性之二。

### 15.2.1 评鉴机构单一且带有行政化色彩

评鉴中心的成立因应于大专校院对教育主管部门直接主导开展大学评鉴的质疑，以及对专责机构开展专业评鉴的呼唤，成立之初就被教育主管部门委以重任——开展为期 5 年的第一周期系所评鉴，继而成为开展台湾大专校院校务、系所、方案评鉴的专责机构。

评鉴中心在台湾高等教育评鉴制度建构过程中发挥了举足轻重的作用，但如此重要的角色定位是由教育主管部门"赋权"而得，就不可避免地带有行政化的色彩，尤其是在受教育主管部门委托开展第一周期校务评鉴、系所评鉴时，评鉴的结果与大学退场、系所停办、经费补助、招生规模等直接相关。虽然政策是教育主管部门下达的，但政策颁布的依据是大专校院、系所在接受评鉴中心实地访评后的认可报告书。外部评鉴机构要在许多方面了解大专校院的办学现况，而了解的目的是判断"给不给经费，让不让招生"，从评鉴政策的规划到评鉴事务的开展，教育主管部门和评鉴中心都很少与大专校院沟通商量，最多只是说明评鉴开展方式与反馈评鉴结果。①所以，评鉴中心前期存在的主要问题是在"绩效责任"的大旗下，机构运行虽为专责但并不完全独立。产生这种局限性，在很大程度上是因为评鉴中心成立之初需要"业绩"来得到教育主管部门的认可，需要顺利地持续运行下去，才有机会逐步争取独立与自主。

随着台湾高等教育评鉴制度的渐趋完善，评鉴中心的地位与作用进一步提升，后期的主要问题是"一头独大"。虽然技职体系下的校务评鉴是由台湾评鉴协会负责开展的，其他的社会评鉴机构还有台湾云林科技大学技术及职业教育研究中心等，但综合体系下的重点大专校院校务、系所、方案评鉴均由评鉴中心专门负责，而且大学"自办外部评鉴"政策正式开放后，评鉴中心适时发布"自办认可""委办认定"计划，且采用收费的办法成为自办外部评鉴的主要代

① 汤尧. 评鉴制度对台湾高等教育的影响[J]. 教育资料与研究，2011（103）：27-40.

理者，基本上没有其他的专责评鉴机构可以与之抗衡，这就在某种程度上限制了其他专责评鉴机构的发展，也不利于从品质上保证内涵向不同维度延伸与扩充。

## 15.2.2 伦理问题突出，后设评鉴缺位

台湾高等教育机构中几乎所有的大专校院都要参与到竞争中，争夺办学的资格、生源、经费，也争夺声誉和社会大众的认可，而竞争的方式就是参与一次又一次的校务评鉴、系所评鉴、方案评鉴、课程评鉴，也正是因为这种评鉴制度实施中潜藏的竞争性，构成了台湾高等教育评鉴制度最突出的伦理问题。

高等教育评鉴制度的建立与实施需要教育主管部门在高等教育领域投入大量的经费与资源，社会大众也有权利知道大学的办学成效，作为择校、择系的参考。因此，大专校院就会严格参照教育主管部门或其委托的评鉴机构（即评鉴中心）框定的评鉴计划（即竞赛规则）完成操作流程，强调要发展特色就找特色、要求建立自评机制就建立自评机制、检查什么资料只给多不给少，因为只有按照标准化的程序作业，才有可能达到教育主管部门的既定要求，顺利通过认可，并争取到竞争性资源。为此，参评学校就要有一份能自圆其说的漂亮的自评报告，按照能获得“认可通过”的“标准动作”操作。这样外部评鉴与内部品质保证机制之间的配合关系得不到有效的保障，由外而内建立的自评机制即使对外宣称已经设定目标并且达到预期，可能也只是表面说辞而已，事实上则是自我评鉴制度在大学内部仍未能受到应有的重视。

上述伦理问题的出现多是因为缺乏与高等教育评鉴制度相适应的后设评鉴制度。台湾地区的后设评鉴相当于大陆的“元评估”，即在评鉴作业完成后对评鉴作业进行的评鉴，目的在于改进评鉴实务，以确实发挥评鉴的功能，进而增进教育实施成效。后设评鉴制度的落实，需要在大专校院、系所提交自评报告，评鉴中心的实地访评工作完成，以及教育主管部门公示认可结果之后进行。参与高等教育评鉴作业的任何一方都能就整个评鉴作业流程、态度、效果反思各自的实际作为。也就是说，伦理问题的标准要在评鉴开始之前确定，同时也要通过后设评鉴反思评鉴过程是否存在问题以及如何解决这些问题。任何的标准原则或规划都

仅仅只能规范或描述伦理问题的一部分，评鉴现场的实际问题与两难情况会限制这些单一原则的适用性和实用性。[①]因此，缺乏后端的自我检核机制，一定程度上就会模糊和消解评鉴工作的效能，这也是台湾高等教育评鉴制度在品质保证方面发挥作用的重要制约因素。

## 15.3 台湾高等教育评鉴制度的启示与借鉴

借鉴台湾地区高等教育评鉴制度的成功经验，汲取其教训，规避其问题和不足，对于促进大陆高等教育评价制度的完善、提升高等教育质量、推进“双一流”建设具有重要意义。

### 15.3.1 完善高等教育评价的制度环境

以制度的形式确保高等教育评价工作顺利推行，是当今世界各国发展高等教育的普遍做法。台湾地区高等教育评鉴制度的建立与完善，依赖一系列政策提供的制度环境。就大陆而言，自 1977 年高考制度恢复以来，高等教育发展的制度建设在不断探索和实践中渐趋成熟。1985 年，国家教育委员会印发《关于开展高等工程教育评估研究和试点工作的通知》，标志着高等教育质量评估工作的探索起步；1990 年，国家教育委员会颁布的《普通高等学校教育评估暂行规定》是高等教育评估制度形成的标志；1998 年，《中华人民共和国高等教育法》的颁布为高等教育评估奠定了制度基础；2011 年，《教育部关于普通高等学校本科教学评估工作的意见》印发，从政策上确立了包括自我评估、院校评估、专业认证及评估、国际评估和教学基本状态数据常态监测在内的“五位一体”的本科教学评估制度。上述制度在促进大陆高等教育评估的发展和完善方面发挥了重要作用。总体来看，大陆高等教育评价方面的制度建设仍然不够完善，规范教育评估机构运

① 曾淑惠. 教育方案评鉴[M]. 台北：师大书苑有限公司，2002：159-176.

行的制度也存在不足，不仅影响了大陆教育评价中介机构的独立性、专业性和规范性，也影响了这些机构参与大学评价的积极性。

### 15.3.2 促进社会第三方专业评价机构成长

评鉴中心作为一个相对独立的社会法人专责评鉴机构，在台湾地区高等教育评鉴制度形成与演进的过程中，在促进“绩效责任”与“发展改进”的平衡中发挥了重要作用。近些年，社会第三方专业评价机构在大陆高等教育评估中发挥了越来越重要的作用，但大陆的第三方专业评价机构多是在相关部门的推动或主导下建立的，带有一定的官方或半官方色彩。特别是实施认证评估的教育评估机构基本上都是教育主管部门下属的事业单位，在资金来源和人事调配等方面依赖于上级主管部门，在业务（评估项目）上要依靠相关部门的委托，缺乏独立性和中介性。因此，建议相关部门真正按照管办评分离的要求，切实做好“放管服”改革，进一步转变职能，尊重社会力量参与大学评价的权利，通过制定相关政策，鼓励、支持第三方专业评价机构的发展，将评价职能逐渐转移到第三方专业评价机构，努力使第三方专业评价机构真正成为高等教育多元评价主体的重要组成部分，成为具有独立身份地位、能够独立行使评价权的教育评价实体，这也是目前高等教育评价制度建设过程中的当务之急。

### 15.3.3 优化高校内部自我评价与改进机制

台湾地区高等教育评鉴制度自起步阶段即将自我评鉴机制纳入完整的评鉴程序，秉持自动自发是评鉴的起点、自我改进是评鉴的本质、自我管理是评鉴的精神、自我发展是评鉴的目的、自我研究是评鉴的核心[①]来建构与落实高校自我评价机制，由内而外地充实与完善高等教育品质保证系统。当前，在大陆高等教育评价中，高校的主体性不足，很难寄希望于“以评促建”来彰显高等院校百花齐放的办学特色，进而打造卓越的一流大学、一流学科。只有当质量评价的外部力

① 李大伟. 技职教育测量与评鉴[M]. 台北：三民书局股份有限公司，1986：37.

量与被评估大学的内部动力相互作用时，高等教育评价促进高等教育发展改进的积极作用才会彰显。因此，我们不应该仅仅关注外部质量评价模型及其外部绩效功能，更应该研究外部质量保障体系及模式的实施未能为高等教育发展带来预期改善成效的原因，着力利用外部质量评价体系推动内部质量保证机制的建立与完善，进一步凸显自我评价的意义和作用，让高等教育机构形成一种类似不定期“体检”的自觉意识。健康检查只有在自己想了解“身体状况”的情况下才会有效，如果通过评价的过程，可以让大学正视学校的“健康”问题，仔细地查找“病因”，思考该如何保持健康，进而依据自己的身体状况打造一套与众不同的“健康检核表”，大学特色、大学文化才有保证，大学的质量建设才会具有内生性成长的可能。

## 15.3.4 重视元评估的跟进以提升评估效能

台湾地区高等教育评鉴制度中最明显的缺失在于后设评鉴机制不够健全，以至于在一定程度上影响了高等教育评鉴的效能。元评估即相当于后设评鉴，是遵照一定标准、原则及程序，对评估实施过程中的每个阶段及结果从整体上进行全面、深入的分析、考察和复查，评价其工作质量，判断其整体价值，专业化和客观性地就其信效度做出整体评价。① 任何评估主体都不是真理的判断者，而是由会犯错的人合理地接近真理。②元评估实施的必要性是高等教育评价在本质上始终难以完全摆脱各方利益团体主观意志的束缚与限制。从国外的经验来看，元评估在西方发达国家，特别是在美国的高等教育认证评估中发挥着重要作用。在美国，高等教育认证评估的元评估被称为“认可”，实施认可的组织有两个，一个是高等教育认证理事会，另一个是美国联邦教育部（United States Department of Education，USDE）。认可的目的是审查并检验认证机构的能力和质量，规范其认证行为。认证机构只有通过高等教育认证委员会或美国联邦教育部的认可，才有资格认证高校。我国的高等教育评价制度起步较晚，元评估机制的建立尚处于初步探索阶段，元评估的理论研究与实践探索均相对有限，这都影响了高等教育评

① 方鸿琴. 国外教育元评估的分析及对我国的启示[J]. 江苏高教，2004（1）：92-95.
② Weiss C H. 政策与方案评鉴[M]. 王丽云，译. 台北：学富文化事业有限公司，2014：137.

价制度的实施效果。特别是随着管办评分离改革的不断推进，教育评价中介机构在高等教育评价中扮演越来越重要的角色，但由谁来评价、评价机构应具备什么资质水平、评价机构的运行是否合法合规、评价结果是否可信等，都迫切需要通过建立元评估机制来保障。

# 结　论

本编梳理分析了台湾地区高等教育评鉴制度的发展历程和基本现状，从校务评鉴和系所评鉴两方面重点分析了台湾地区高等教育评鉴制度的主要内容与具体实施，并以东海大学为例进行了典型案例分析，结合大陆高等教育评价制度发展成效与问题的研究，剖析了台湾高等教育评鉴制度的特色与优势、问题与局限，以及对大陆高等教育评价制度建设的启示。

研究得出的主要结论如下。第一，行政力量在高等教育评价制度建设中发挥了重要作用。在台湾地区高等教育评鉴制度发展初期，教育主管部门直接负责实施评鉴，后因高等教育外部发展环境的变化及内部质量提升的需要，将评鉴权力部分让渡于专业学术团体以及专责评鉴机构，适时转变教育主管部门在高等教育评鉴中的角色、地位，经直接主导、间接主导进而过渡到督导。第二，“绩效责任”与“发展改进”可以实现平衡。台湾地区高等教育评鉴制度实施初期以绩效责任为评鉴取向的重点，这是教育主管部门在当时的教育内外部环境下做出的现实选择。随着高等教育评鉴制度渐趋完善，“绩效责任”与“发展改进”的冲突逐渐消弭，并在周期性的校务评鉴、系所评鉴实践中逐步实现了平衡。第三，高等教育评价制度的建立与有效实施离不开相关政策提供的制度环境。“大学相关规定”“大学评鉴办法”相关文件等的修订及“奖励大学教学卓越计划”“迈向顶尖大学计划”等一系列高等教育发展政策的推行，与台湾大学校务、系所评鉴的实施相辅相成，共同推进了台湾高等教育品质保证的制度化进程。第四，成立高等教育社会专责评估机构是完善高等教育评价制度的应有之义。评鉴中心的成立对台湾高等教育评鉴制度建设产生了重大影响，在代表社会力量推进评鉴制度成长成熟的同时，自身也一步步实现了独立与自主。第五，高等教育评价制度建设必须服从和服务于人才培养。人才培养是高等教育的根本任务，教育评价最终必须服从并服务于有效提升高等教育机构的人才培养质量，高等教育机构必须清楚地认识到这一点。第六，台湾地区在高等教育评鉴制度发展过程中突出了高校自评的作用，强调大学内部品质保证文化的塑造与构建，品质保证制的成功转型以大学自评自治为前提。